汉译世界学术名著丛书

社会正义与城市

〔英〕戴维·哈维 著

叶超 张林 张顺生 译

叶超 罗燊 校

David Harvey
SOCIAL JUSTICE AND THE CITY, REVISED EDITION
Revised Edition published in 2009 in the English language
in the United States of America
by The University of Georgia Press
Athens, Georgia 30602
Copyright © 1973 by David Harvey
"The Right to the City" © 2008 by David Harvey
All rights reserved
(中文版经作者授权,根据佐治亚大学出版社 2009 年版译出)

汉译世界学术名著丛书
出 版 说 明

我馆历来重视移译世界各国学术名著。从20世纪50年代起,更致力于翻译出版马克思主义诞生以前的古典学术著作,同时适当介绍当代具有定评的各派代表作品。我们确信只有用人类创造的全部知识财富来丰富自己的头脑,才能够建成现代化的社会主义社会。这些书籍所蕴藏的思想财富和学术价值,为学人所熟悉,毋需赘述。这些译本过去以单行本印行,难见系统,汇编为丛书,才能相得益彰,蔚为大观,既便于研读查考,又利于文化积累。为此,我们从1981年着手分辑刊行,至2021年已先后分十九辑印行名著850种。现继续编印第二十辑,到2022年出版至900种。今后在积累单本著作的基础上仍将陆续以名著版印行。希望海内外读书界、著译界给我们批评、建议,帮助我们把这套丛书出得更好。

商务印书馆编辑部
2021年9月

June 9th 2016

To The Geographers of China

Dear Colleagues

I am glad to hear that the tradition of critical geography is alive and well here in China. Marx once wrote, early in his life, of the necessity for a "ruthless criticism of everything existing." Our task is not only to understand our geography and how it came to be. We need also to examine and design the future of our geography, both as a discipline and as a reality on the ground.

I greet you all as comrades and colleagues in this project. Together we can make a better world. It will be a pleasure for me to help and participate in such a project.

Best-wishes

D. Harvey

戴维·哈维致中国地理学者的亲笔信（2016年6月9日）

June 9th 2016

To the Geographers of China

Dear colleagues,

  I am glad to hear that the tradition of critical geography is alive and well here in China. Marx once wrote, early in his life, of the necessity for a "ruthless criticizing of everything existing." Our task is not only to understand our geography and how it come to be. We need also to examine and design the future of our geography, both as a discipline and as a reality on the ground.

  I greet you all as commander and colleagues in this project. Together we can make a better world. It will be a pleasure for me to help and participate in such a project.

  Best wishes,
  David Harvey

2016年6月9日

致中国地理学者

尊敬的同行们:

  我很高兴地听到批判地理学的传统在中国富有生机并发展良好。在马克思早期的生活中,他曾经写道,有必要"无情地批判存在的一切"。我们的任务不仅在于理解我们的地理学及其如何形成,我们也同样需要研究和设计一门作为学科和立地之现实的地理学未来。

  我祝贺你们所有参加这个行动计划的人,包括组织者和参与者。联合起来我们能够造就一个更好的世界。我很高兴帮助你们并参与到这个计划中。

  衷心祝福!

戴维·哈维
(叶超 译)

与青年哈维相遇（代译序）

戴维·哈维是当代著名的马克思主义理论家和地理学家，也是马克思主义地理学的开创者，国外人文社会学科中被引用次数最多的二十位学者之一，已有 20 部著作被翻译成中文，是学术作品最多被译为中文的学者之一。他提出的"历史-地理唯物主义""空间修复""新帝国主义""城市权"等思想得到了地理学、规划学、哲学、文学、经济学、政治学等领域学者的高度评价，可见其跨界影响力之大。《社会正义与城市》是哈维最看重的作品之一，初版于 1973 年，正值西方社会和思想剧变的年代。当时的哈维才 38 岁，正是年富力强之时，而且在 4 年前，也就是 34 岁时他已经因《地理学中的解释》这部经典之作而名动天下。但哈维并未满足，而是锐意创新且气魄非凡，很像五四运动时期的那些"新青年"。正如那个时期的"新青年"们大胆革新一样，哈维的这部经典之作也具有十足的批判精神和鲜明的个人特点。这本书最有趣也最有意义的看点在于，其既打上了作者自己的烙印，也集中反映了当时的社会思潮，是独特个人风格与普遍理论概括的完美结合。

在时代氛围的深刻影响和哲学思潮的激荡之下，哈维在此书中开宗明义地提出并追索了"理论、空间、正义、城市"四大问题的本质，力图构建城市化与社会正义紧密联系的新理论，展现了自己从逻辑实证主义地理学向马克思主义城市研究转型的思想历程。哈维所思考的四大问题无疑都至关重要，甚至可以说是学术研究中最重要的命题，而且，既然是讨论"本质"，那么更是重中之重，研究起来也是难上加难。四大问题中的任何一个都值得经年累月的研究，相关著作也犹如汗牛充栋。与其他专门钻研某一领域的学者不同的是，哈维试图将这四个问题整合在一起予以回答，可说是"气吞万里如虎"。通过比较自由主义与马克思主义的城市研究方法论，他认为理论的本质是方法论和哲学的综合，空间的本质取决于人的实践，正义的本质取决于社会进程，城市化的本质则是资本生产的需要和产物。这些结论虽然抽象，但简明有力。由此也可见，哈维的方法论是坚持问题导向和价值导向的，这一点在《地理学中的解释中》已见端倪，在《社会正义与城市》中则彻底成型。只不过，前者的问题是纯学术的，价值指向或目的是为地理学寻找合法合理性而辩护，后者则兼顾了学术与社会现实，试图融合二者，价值判断上则从貌似中立的自由主义、实证主义转向了马克思主义，因而也就跨越了地理学之门，通往更重要和广大的"社会"大道。虽然哈维在接受访谈时开玩笑般地称自己已经很快将《地理学中的解释》弃之一旁，但一些方法论原则还是得到了沿袭。与《地理学中的解释》试图将地理学与其他学科关联起来相似的是，哈维在《社会正义与城市》中将社会学、城市规划、地理学、马克思主义、哲学、语言学等学科知识融会贯通，通过跨学科的理论交叉与融合，试图从整体视角厘清城市（化）问题，最终建构出一个新理论——"社会进程—空间形式"，实现了对这四个问题的统合与回答。这本书因而也成为一部超越学科界限而受到广泛关注的经典。

时间是最好的试金石。虽然相隔50年，但哈维的思想并未过时，离我们也并不遥远。在认真翻译和仔细校对《社会正义与城市》的过程中，我们不仅学到了很多，也受到思想和精神的洗礼。半个世纪以来，《社会正义与城市》已再版两次，并被翻译成意大利语（1978年）、葡萄牙语（1980年）、朝鲜语（1983年）、俄语（2018年）等多国文字。由于该书融合了自然和社会科学理论，涉及很多复杂的社会空间问题，在中国学术界仍是一部广为人知但罕为人解的作品。对于这种经典名著来说，人们自然会读它，我不应该饶舌或"画蛇添足"。但是，一方面由于经典需要也应该被不断解说；另一方面，作为"二传手"，对阅读此类经典的艰难和痛苦也体验深刻，但如果艰难后得到收获，痛苦后增长了智慧，则一切付出都是值得的。

阅读和翻译这部名著确实是一件幸事。幸运表面上是偶然的巧合，实际上是从偶然到必然的发展过程。我接触并研究哈维主要受两方面的"刺激"。2005年，当我报考博士研究生之时，试卷上有一个名词解释题——戴维·哈维，但我当时竟然对他一无所知，只能模糊地写"一位著名的地理学家"以搪塞。出考场后，对此题仍然印象深刻，就问一位已经在大学工作且同考的一位同道，他对我竟然不知哈维是谁很惊讶，但他似乎也没有深入的了解，只是告诉我是一位著名马克思主义地理学家。他的惊讶让我更加羞惭。虽然我是从经济管理专业转到人文地理学，但我的硕士专业是人文地理学，而且我在报考人文地理学的博士学位，但我竟然不知道这位近五十年最具影响力的地理学家！我感到挫败。即使我后来攻读博士学位并逐渐走上学术道路，这件事依然萦绕心头，挥之不去。谁又能想到，我后来的研究与他结缘，而且还如此密切相关。马克思主义地理学成为我的研究方向之一，我也有幸成为哈维这部经典的转型之作的译校者。

另一个"刺激"我关注哈维与马克思主义地理学的是学术氛围。20年前，不止我不知道哈维是谁，我读博期间的绝大多数同学也不知道，同行们大多也不关心哈维及其论著。这与国内学界长期缺乏学科思想史的基本认知和素养有关。追求"实用"和功利主义泛滥之下，思想史和方法论这些本来对一门学科发展来讲至关重要的课程，却普遍遭受忽视，相关研究更是阙如。虽然我对理论和思想一直偏好与热衷，但直到博士后期间才真正开展地理学思想史与方法论的研究。这个"坐冷板凳"的工作使我深切认识到：思想史并非名人名言辑录或简单枯燥的大事年表，地理学家也不是见物不见人的"科学家"，恰恰相反，地理学思想史昭示了这门学科变化多姿且与其他学科都交融的本质，地理学家（尤其是人文地理学家）是聚焦人地关系并富有人文情怀的学者。在地理学与其他学科交织且不断生长的丛林里，偶然发现哈维、段义孚、邦奇这些大树，深入理解其成长的时代与社会背景、情境，才能真正理解这些人物及他们的思想，才会认知并体会到一门学科或学术的核心价值。把思想家或学者放到思想史和社会现实构成的坐标系中至关重要，因为我们的思想之苗是前人思想和社会现实频繁交错而生、共同浇灌而育。国内学界之所以忽视思想且短于创造，我认为最重要的原因是缺乏这样一个坐标系和坐标意识,以至于认为重要的学者和作品涌现只是少数人和偶发现象。但是,正如从偶然到必然的发展一样,少数到多数也是一个发展过程。"新青年"一开始也是少数群体,哈维当年研究《资本论》甚至都要遮遮掩掩,由此可见当时西方的学术和社会氛围。但是,他的眼光、坚持和魄力最终化为这部革命性的著作,它确实也起到了改变社会和学术风气的作用。这是对个人、学术与社会关系的最好注解。

任何理论都是情境的产物,人文与社会科学的理论更是如此。但是,我们学习和钻研理论时,往往抛弃了情境只学内容,于是,理论就变成了干瘪枯燥也无趣无味的教条。正如哈维将当时的社会现实转化为学术命题,将不同学科的理论转化为导向"完整性"问题的理论一样,我们也需要了解哈维当时所处的情境及理论生长的现实与学术基础,才能理解这本书。但这也不是最终目的,因为这本书只是我们所面对的情境的一部分,我们不但要把它及其他理论结合并转化为我们自己的思考和判断,而且也需要结合我们当前所面对的社会现实进行再度转化。学术与生活就是这样一个由外而内、内外而一的不断转化或演化的过程。这是我在深入了解哈维其人其著以及长期研究思想史后的最大体悟。

回到《社会正义与城市》诞生的时代背景与社会情境,我觉得与其说哈维敏锐地捕捉到社会现实的巨大变化并从中提炼出重要的学术问题,不如说是剧烈变化的世界和社会现实驱动着他的研究转型。1969 年,刚出版《地理学中的解释》的哈维远渡重洋到巴尔的摩任教。"当我来到这座城市时,城市革命和大火的伤痕随处可见。我紧接着思考的问题是：为什么世界上最富的国家能够坐拥巨财却容忍极贫？"作为"事后诸葛亮"，我们现在知道了当时及后来欧美社会的历史及发展走向，自然部分理解了哈维当时的困惑。但对处在当时情境中的哈维而言，这些社会变化其实都在强烈冲击着他的学术理念甚至人生信仰。也许只有身临其境才能真正地感同身受。巴尔的摩对哈维来讲不仅仅是研究的样本和对象，更是他长期生活的地方，城市和社区发生的实际变化激发着他的思维，改变着他的行动，寄托着他的情感。哈维在这个环境之中，敏感到它的变化，在此驱动下进行并完成了他的学术转型之作。这个环境因而也就变成了"情境"。

理解哈维与《社会正义与城市》，或者更普遍一点，理解任何理论和生活，我们要做的就是一个"化"字。相逢不是偶然，是因为虽然时移世易、境遇不同，但情境还是有相似之处，甚至可以共情乃至互相转化。我所居的"魔都"上海的W镇也是中国城镇化与空间生产的一个缩影，它位处上海近郊区城乡结合带，流动人口众多，社会群体复杂，大学城、老工业基地、国家级高科技园区、乡村等多种社会空间样态并存，其间有太多值得研究的案例和故事。哈维与列斐伏尔给我们的最重要启示在于将社会与空间紧密结合起来进行思考和实践。我们并非外在于我们生活的社会空间，我们与时空是一个密不可分的整体。这个社会空间变动不居，存在多种尺度，理解它的一个关键词就是"情境"。我们在情境中并受它的激发与影响，这也许是人文地理研究与其他领域相比的独特之处。我们自身与地方是不断变化的，两者也是相互交织和相互塑造的关系，由此产生了情境，它触发了我们的思索与创造。我们当下所面临的问题与哈维当年碰到的问题极其相似。哈维尖锐地指出并批判了20世纪70年代的学术氛围:"我们面临着生态问题、城市问题、国际贸易问题,然而我们对此似乎没有什么高见。当我们说话时,却又是庸常之词和荒唐之言。总之,我们的范式已经无效,是时候把它扔到一边去了。"结合他个人的经历与情境,则容易理解他甚至有些激愤的语气。当"新青年"哈维犀利的笔锋直指学界陈旧的研究范式之时,我才真正知道20年前我对哈维其人其作无知的根源。当庸常成为习惯,批判和创新反而被视为异端;当庸常甚至变成了土壤和养料,最荒唐的则是,我们还要赖以为生。如何像哈维那样打破庸常的生活?也许我们需要的首先是一次觉醒,一个行动。

思想之花在绽放之前,往往经历了扎根沃土的长期准备过程。哈维的独特之处在于,他从青年时期就有理论创新的雄心壮志,并逐渐掌握了综合多种理论以灵活看待和解决空间问题的方法论。《社会正义与城市》集中体现了这个特点。虽然书于1973年出版,但哈维早在1970年和1971年就发表了第一、二章初稿,开始探讨社会进程与空间形式的关系问题。他在接受"电影中的地理学家项目"(Geographers on Film Project)采访时谈到自己1971年"一直在努力研究卡尔·马克思的整个著作,试图分析他对社会的特殊观点,看看这与地理学有什么关系"。1972年,哈维就在《对立面》(*Antipode*)这个著名激进地理学杂志发表《地理学中的革命与反革命理论及贫民窟形成问题》(Revolutionary and Counter Revolutionary Theory in Geography and the Problem of Ghetto Formation），从马克思主义视角分析了城市土地利用中的剥削问题，并提出理论革命纲领，成为其学术转型的里程碑，此文也被收录进《社会正义与城市》第二部分，作为"社会主义的模式"的开篇。1972年，哈维还新写了《社会正义与城市》的第五至七章，成功地在马克思主义和城市问题之间架设桥梁。《社会正义与城市》最重要的思想在1972年已经形成。创新的火花在学者和地方相互碰撞所产生的情境中激发出来。当我们梳理这段历史得出这点体悟时，更深刻理解了熊彼特评价门格尔时所说的："对每一个学者来说，人生中的第三个十年是神圣而丰饶的，在以后的学术生涯中，他主要是去完善青年时期的想法。"抓住宝贵的时机，借助难得的情境，勇敢书写，可能会开创新的格局。

　　哈维喜爱的诗人艾略特在《荒原》中写道，"四月是最残忍的月份，在死去的土地里哺育着丁香，记忆和欲望混杂，又让春雨拨动着沉闷的根芽"。但翻译校对《社会正义与城市》的过程使我们时常感到激动和振奋。在《人文地理学思想与方法》课上，同学们最关心的是："如何将马克思主义地理学应用于实践？"这也许是更多人的关切。所以，尽早将此经典翻译校对出来，无疑将有助于解答这一疑惑。在《社会正义与城市》的翻译校对过程中，反复品味其中的一些话语，倍感力量又发人深省："我们的主要对手往往是自己，很多人会发现在这条道路上迈出的第一步会让自己感到不适，并使自己看起来很可笑。这并不容易，特别是当我们自满于我们的智力时。此外，地理思想方面的真正革命的出现必然要通过献身革命实践的锤炼……这项迫在眉睫的任务就是，通过深刻批判我们现有的分析，自觉意识到要构建一种社会地理思想新范式。我们最有条件完成这一任务。毕竟，我们都是使用学术交流工具的学者。"这些豪言壮语既是哈维的真实想法，也是此书的一些点睛之笔，它们使得这部作品就如青年哈维一样精神充沛，斗志昂扬。

许多青年学子不理解哈维是怎么从逻辑实证主义转换到马克思主义的，研究者也倾向于把哈维的思想断代成两个乃至多个相互对立的时期，而不是在统一性中寻找转变的根由。归根到底，我们缺少一种真正面向时代问题的方法论立场，而这需要将世界与自我紧密联系起来。哈维在此书中展现的自由主义和社会主义双重视角坦诚地展现了自己思想转型的历程，也表明了他学术研究的连续性。书中两种貌似相互对立的思想都统合在哈维对城市总问题的现实关注中。只有带着这种整体性认识，才能明白《社会正义与城市》蕴含的这种双重架构，自由主义与马克思主义既是哈维不同时期的信仰与价值理念，也是他的研究方法论，这两者不能割裂，正如哈维以及我们每个人的人生不能割裂一样。现在来看，也许"统一性"的理论也是镜花水月，但寻求统一性的思想和努力却是理论乃至人生的本质。

哈维认为"通过切合时宜的方式重申马克思对世界的理解，赋予一切概念框架一个特殊的时代意义"是理论创新的一条"捷径"。作为地理学家，哈维主要是基于地理学的立场，但在此书中他纵横捭阖，社会学、语言学、经济学、政治哲学、科学哲学等学科的思想都被他召唤而集结在一起。比如第一章借用米尔斯的社会学想象力的概念提出地理学想象力，本身就很有想象力；再借鉴卡希尔的空间理论提出自己的空间范畴：绝对空间、相对空间、关系空间，这也是经常被引用的空间划分方法。其后各章所参引的也是各学科重要思想家的重量级作品，比如罗尔斯的正义论、库恩的科学革命和范式理论、马克思的地租理论、波兰尼的经济协调机制理论、皮亚杰的结构主义等，当然，列斐伏尔也是他对话的主要对象。他并非"炫耀式"地引用，而是根据自己的问题和方法论建构而进行的一系列"高峰"对话，相当于从"我注六经"到"六经注我"的转变。由此可见，哈维的理论创新不但是站在许多思想巨人的肩膀上，更是"以我为主"的思想的贯彻。

哈维以地理学者一贯的综合视野围绕社会正义与城市化本质问题进行理论创新，阐明了社会正义与空间在实践中紧密关联和城市化是资本主义的生存之道两大要点。他在讨论城市分配正义时提出的多层次领域组织构想、在讨论城市剩余流通地理时对制度因素的强调实际上隐含了尺度政治、文化制度转向的伏笔。此书也启发了地理学家爱德华·索亚、尼尔·史密斯，政治学家艾利斯·玛瑞恩·扬，社会学家萨斯基亚·萨森、莎朗·祖金等进行思想创新。他的理论也深刻影响了中国不同领域的学者，仅从中译本的数量和译者学科分布便可见一斑。空间的生产、历史-地理唯物主义等议题在哲学、文学、社会学、政治学等学科已经积蓄了众多力量。当然，相比国际同行，国内马克思主义地理学的研究还不成体系。就知识层面而言，马克思主义地理学领域还有许多人物、思想等待挖掘，国内同亚洲其他国家和地区、西欧、北美、拉美、非洲的批判地理学者的交流还很匮乏，我们的主张还没有得到世界的共鸣和响应。中国人文地理学及其他相关领域的学者更应该以世界视野和格局意识,积极关注和研究马克思主义地理学,不仅在名义上,更应在行动中。

结合中国城市化的问题进行理论转化和再造是我们时代的任务。就现实层面而言,虽然体制不同,但当前中国城市化率与20世纪50年代初的美国大致相当,哈维所经历的城镇化中后期阶段的欧美社会转型加快、社会分配问题凸显、阶层分化等问题在当下中国也日益成为研究的核心议题,这并非巧合。哈维所提出的"城市总问题"命题同样适用于当下的中国城市研究。《社会正义与城市》中关于中国的内容读来也颇有趣味。哈维将20世纪70年代的中国正在进行的城乡融合实践描写为一种充满希望的社会解放方案。"局外人"的思考启发我们正视尘封的历史,总结时空演变的规律,把握城乡融合的方向,探索城乡共治的道路。哈维的"城市总问题"方法论启示我们他者与自我正如社会与空间一样,其实俱为一体。《社会正义与城市》提供了从知识向信仰的马克思主义道路,需要我们在不平衡的城市化进程中明确城市总问题。在研究中应具有更宏大的格局观:既要把握中国城市化的长期历史经验,也要正视中国在全球格局中的位置,从而才能谋划城乡治理的综合方案。

面对新现实催生的新命题,我们更需要在思想和现实的冲撞中进行理论革新,由此也需要更多的新青年。青年并非基于年龄的划分,敢于批判和革新的精神恰恰是"新青年"的核心特征。哈维在此后的学术生涯中也并未止步于《社会正义与城市》,而是继续扩展和深化了马克思主义地理学,形成了自己独特的、有深远影响力的学术体系。学习哈维，我们应像他那样具有批判和自我批判精神，大胆进行革命性的理论建构。寻求理论与实践、自我与他者的统一性至关重要，因此需要打破领域的界限，掌握跨学科研究的方法，从不同领域的经典中吸取养料并为我所用。这部经典之作就像其他经典一样，它的事实或某些观点、结论也许会过时，但好问题与思想不会过时。向经典致敬的最好方式就是阅读它，而阅读经典的最好方式是代入我们的体验和问题，从而延伸乃至重构经典。这本书仍然有待重新解读和解构，但最终我们需要吸收其精华并进行内化，以创造出我们自己的思想。致敬并学习哈维的最终目的不是成为另一个他，而是为了发现并书写真正的"我"。我们的书写并非全然是新的，但书写别人也是书写自己。只要我们以新青年的勇气和精神去书写，那么，就必然会书写出新的自我与世界。

叶超

2024 年 4 月

目　　录

引言 …………………………………………………………… 1

第一部分　自由主义的模式

第一章　社会进程与空间形式 1 ………………………… 15
　　城市规划的概念性问题 ………………………………… 15
　　1. 地理学与社会学的想象力 ………………………… 16
　　2. 迈向社会空间哲学 ………………………………… 22
　　3. 交叉地带的方法论问题 …………………………… 31
　　4. 交叉地带的策略 …………………………………… 39
第二章　社会进程与空间形式 2 ………………………… 46
　　城市系统中的实际收入再分配 ………………………… 46
　　1. 城市系统的收入分配与社会目标 ………………… 48
　　2. 调节收入再分配的一些特征 ……………………… 51
　　3. 工作和住宅区位变化的再分配效应 ……………… 57
　　4. 再分配与产权价值变化 …………………………… 61
　　5. 资源可用性与价格 ………………………………… 65
　　6. 实际收入再分配和政治进程 ……………………… 70
　　7. 社会价值观与城市系统的文化动态 ……………… 77
　　8. 空间组织与政治、社会、经济进程 ……………… 84

9. 结论 ………………………………………………… 93
第三章　社会正义与空间系统 ………………………… 95
　　一、"分配正义" ……………………………………… 98
　　二、领域分配正义 …………………………………… 100
　　　　1. 需要 …………………………………………… 101
　　　　2. 共同利益贡献 ………………………………… 105
　　　　3. 绩效补偿 ……………………………………… 106
　　三、实现分配正义 …………………………………… 108
　　四、正当实现的分配正义：领域社会正义 ………… 116

第二部分　社会主义的模式

第四章　地理学的革命和反革命理论与贫民窟形成问题 …… 121
　　再论革命和反革命理论 ……………………………… 152
第五章　使用价值、交换价值与城市土地利用理论 …… 158
　　一、土地和房屋的使用价值与交换价值 …………… 163
　　二、城市土地利用理论 ……………………………… 166
　　三、微观经济城市土地利用理论 …………………… 169
　　四、地租和城市土地的配置使用 …………………… 184
　　五、结论：使用价值、交换价值、地租概念与城市土地
　　　　利用理论 ……………………………………………… 201
第六章　城市化与城市：深度阐释 …………………… 207
　　一、生产方式与经济一体化模式 …………………… 208
　　　　1. 生产方式 ……………………………………… 209
　　　　2. 经济一体化模式 ……………………………… 221

- 二、城市与剩余 ·· 232
  - 1. 剩余概念与城市起源 ······························ 233
  - 2. 剩余价值与剩余概念 ······························ 241
  - 3. 剩余劳动、剩余价值与城市化本质 ·············· 247
  - 4. 城市化与剩余价值的空间流通 ··················· 256
  - 5. 结论 ·· 257
- 三、经济一体化模式与城市化的空间经济 ············ 259
  - 1. 经济一体化模式内的变化 ························· 260
  - 2. 城市空间经济中经济一体化模式之间的影响力平衡与剩余流通 ····································· 264

第三部分 综论

第七章 结论与反思 ·· 309
- 一、方法与理论 ·· 309
  - 1. 本体论 ··· 311
  - 2. 认识论 ··· 319
- 二、城市化的本质 ·· 326

城市权（2008） ··· 339
参考文献 ·· 362
人名索引 ·· 376
关键词索引 ··· 383
译后记 ··· 399

引　　言

　　介绍本书撰写的过程细节对于人们阅读它十分重要，因为这解释了本书理论建构的特点。缺了这个环节，书读起来会觉得有些怪异。在完成了地理学方法论问题的研究并出版了《地理学中的解释》之后，我开始继续探究书中曾有意规避的一些哲学问题。我觉得探究社会和道德哲学中的观念如何与地理研究相关，如何与规划、区域科学等与地理学有很多共性的知识领域相关，是特别重要和适当的。这些思想通常被视为是独特的，且与我迄今为止所关注的科学哲学有区别。一个似乎是合理的初始假设是，例如，社会正义原则与空间、地理原则在城市和区域规划中的应用具有一定的相关性。既然几乎还没有文献涉猎于此，那么尽力做些工作就显得很重要，即使可能也有不足之处。在追求这个总目标的过程中，我很快意识到它不应过于抽象；因此，我决定在我逐渐熟悉和亲身体验过，且取材也足够广泛的场景中开展研究，以便必要时提供具体的实例和充足的经验样本。因为我刚移居巴尔的摩，所以，很自然地就想把它和我熟悉的其他城市联系起来，探究将社会和道德哲学问题引入传统的地理研究模式中去的路径。因此，对城市规划、城市系统以及城市化进行整体研究就成为当务之急。

　　"为思而思"的探索与具体调查经验的结果相互交织，激发了我对城市化和城市问题以及空间的本质、理论的本质,事实上是在一般意义上对知识和科学研究的本质等不同问题,形成了自己的观点。本书汇集的篇章就像循着一条演变中的道路的不同节点前行,体现了一种观点演变的历史。我不认为这段历史只具有个人特质(尽管本书的某些特点可能需要这样解释)。任何人如果要寻求一种可以把社会和道德哲学中形成的观点与西方城市中心状况所反映的实际问题联系起来的极为适当的方式,这种历史似乎都是不可避免的。

由于写作时间不连续,本书篇章间自然会存在一些矛盾和不一致之处。第二部分的总方法与第一部分存在很大差异(而且我相信第二部分更具启发性)。如果理解了不同篇章所持的总结论是如何得出的,那后面的章节会更有意义。记录这种探索过程十分重要,因为它可以把不同篇章串联组合在一起。需要重点强调的是,这不是否定第一部分的材料和内容,而是以第二部分发展出的框架来囊括并赋予它新的涵义。

回顾思想产生和演变的历程,我可以明确四个基本主题的演变,它们围绕一个绝对重要和几乎不变的核心关切,相互紧扣在一起。我们大多数人在认识上(如果不是在现实中)会把社会进程和空间形式区别开来。近几年来,如何弥合这两个我们视为有着区别的、好似不可调和的分析模式,成为我的基本关切。本书的篇章设计体现了对这个难题的构思及计划中的解决方案。例如,第一章提出这个问题属于语言学,并进行了相应的解释。但是到了第五章,这个问题已经成为人类实践的问题(语言学的问题本身就嵌入其中),因此解决方案就在人类实践范畴之中。

社会进程与空间形式的区别常被视为虚假而非真实的,但是后面的章节将在一种颇不相同的意义上将这种区别视为不真实的。空间形式不再是社会进程中所展现的无生命物,相反,空间形式"包含"社会进程,就像社会进程是空间化的那样。如何更好地刻画由人类实践引发的社会进程与空间形式的相互渗透关系,这本身就是人类实践需要解决的难题,而不是一个依附于现实性的问题。

围绕社会进程和空间形式这个核心关切,四个主题虽然经常被淹没在内容中,但作为分析的路标,它们往往在需要明确考虑的关键点上浮现。这些主题相互影响,仿佛处于一个魔幻的环形交叉中——不同图像在眼前循环旋转,但它们变幻的形状和颜色让人很难相信它们是相同的,或者它们彼此不同。由于图像围绕着社会进程—空间形式这一主题而展开,对于读者来说它们可能并非显而易见,我将在引言中努力阐明它们各自的显著特征。厘清这一过程的难点在于:各主题以极其复杂的方式相互联系与相互反映,为了清晰性而单独思考某个主题会损害思想的整体演变过程,导致难以补救的结果。既然我写作引言的目的是为读者提供路标,而不是详细地复述此书的论点,我将满足于描述每个主题在一开始时被如何看待,以及最后表现得怎样。通过这种方式,我希望读者能够更容易理解理论的本质、空间的本质、社会正义的本质及城市化的本质,以及每个问题是如何随着分析的进展而以一种大不相同的方式被看待。

1. 理论的本质

理论的最初观点源自人为地将方法论与哲学分离。我一直认为这种分离只是出于方便，但这种便利的诱惑之大实在令人惊讶。方法论与哲学的分离意在区分事实与价值，认为客体独立于主体，"事物"具有独立于人类认知和行为的本质，"私人"探索的过程与成果传播的"公共"过程是相分离的。《地理学中的解释》已清楚地展示了这些趋势，本书前两章对此也有所涉及。我现在拒绝做这种区分，因为即使为了便利而区分它们表面上没有坏处，但实际上对于分析是有害的。起初我也认为，理论建构需要丰富恰当的、有确切定义和涵义的语言表达，从而可以用逻辑一致的方式"谈论"现象。但我意识到，定义可能会主导结论，建立在固定的定义和既定范畴及关系上的思想体系，很可能会抑制而不是提升我们理解世界的能力。但这些似乎是整个科学研究过程中固有的小问题。我现在认为分类行为是非常基本的：理解范畴如何被建立，特别是理解它们如何在使用中被赋予意义和转化是至关重要的。因此，第二部分倾向于论证在情境和关系中确立的意义。换言之，意义被认为是可变化的，但不是以某种随机或任意的方式，而是作为过程的一部分，社会接受特定的思想路线并据此选择合理的、相对较佳的行动路线。

验证方法也有类似的演变过程。起初，验证被视为一个（通过一些普遍接受的方式）为抽象命题建立经验相关性和适用性的问题，我进一步认为它不能与一般的社会实践相分离。在同一社会背景下存在具有不同功能的多种理论，每一种都有其特定的验证程序。**现状、革命和反革命理论**之间的一般性区分（参见第四章注释）为验证问题提供了一些见解。验证通过实践来实现，意味着在某种非常重要的意义上理论也**是**实践。理论只有通过应用才能成为实践，也只有那一刻，理论才真正得到证实。当然，支持这个观点及本书篇章所涉理论概念的演变全过程的，是一种转型，即在特定的历史背景中出现的从哲学唯心主义向唯物主义解释的思想转型。

2. 空间的本质

我们可以通过多种方式思考空间。要理解城市现象和社会一般，建构一个合适的概念至关重要。但对于社会研究而言，空间的本质仍是某种神秘之物。如果我们把空间视为**绝对**的，那么空间就成了一个独立于物质而存在的"自在之物"。空间从而就拥有了一个我们可以用来分类或区分现象的结构。**相对**空间观将空间理解为物体之间的关系，空间存在只是因为物体存在并互相关联。在另一种意义上，也可以把空间看作是关系的，我选择把这种空间称为关系空间：因为一个物体，只有当它内在地包含和体现了它与其他物体的关系时，才可以说是存在的；所以，仿照莱布尼茨的思路，空间可以是被包含在物体之中。本书第一章提出了相对空间观，但以一种特殊的方式加以论证。这个本体论上的论证试图解决"空间是什么"的问题。而且，这个哲学问题被认为有一套与其他问题无关的哲学的或语言学的解决方案。我的思路是，一旦我们发现了什么是空间，并且已经发现了表征它的方法，那么我们就可以通过将我们对人类行为的理解放到一般的空间概念上来分析城市现象。这种思路在后面的篇章中（特别是在第五章中）变得微不足道了，因为空间变成了我们在分析过程之中所造就的而不是之前预设的东西。而且，空间**本身**也不是绝对的、相对的或关系的，而是可以根据情况同时成为三者或其中之一。空间的正确概念化问题可以通过与空间相关的人类实践得以解决。换言之，关于空间本质的哲学问题并没有哲学上的答案，答案在于人类实践。"什么是空间？"这个问题因而被"不同的人类实践如何创造和运用不同的空间概念？"这个问题所取代。例如，产权关系创造了垄断控制得以运作的绝对空间。因为需要钱、时间和精力等来克服距离障碍，所以人、货物、服务和信息的流动发生在一个相对空间。由于包含与其他宗地①的关系，宗地也可以获得利益。人口、市场和零售潜力在城市系统中是非常真实的力量，就租赁的形式而言，关系空间逐渐成为人类社会实践的重要方面。要理解城市化和"社会进程—空间形式"主题，我们需要理解人类活动如何创造出了对特定空间概念的需求，以及日常社会实践如何以完美的方式轻松地揭示了貌似深刻的、有关空间本质和社会进程与空间形式关系的哲学奥秘。

---

① 宗地是地面上连续的且具有同一权属主的土地单元。为被权属界址线所封闭的一块土地。地籍调查和土地登记的基本单元。一般一宗地为一个权属单位，当一宗地为两个（或以上）权属单位时，称为"共同宗"或"混合宗"。同一宗地可以包含若干地块。（本书注释，如无特殊说明，均为译者注。）

3. 社会正义的本质

社会正义问题最初被认为近似于一个独特的社会和道德哲学研究领域，在道德法则的全部力量驱动下，可以确定贯穿该领域的绝对伦理原则。这些原则一旦建立，应该可以用来评估城市背景下的各种事件和活动。这种思路含蓄地将观察的一面与基于道德上的赞成与反对的价值观这另一面区分开来。正如许多哲学家所言，事实与价值间的区分（与方法论和哲学之间的区分一样）是后文艺复兴时期弥漫在西方哲学中的无数二元论之一。这些二元论可被接受作为生活的事实，也可以充当某种方式的调和。例如，康德精心设计和建构了一套思想体系，旨在把二元论连贯成一门严整的哲学，但是他在此过程中被迫诉诸**先验论**。然而，马克思推翻了这些区分，从而宣告了所有哲学的终结（因为剩下来没多少通常意义上的哲学术语了）。在马克思之后，虽然哲学仍持续不衰地演变着，但我现在倾向于接受马克思的这个观点。这并不是说伦理学是多余的，也存在着某种马克思主义的伦理学。只是它关涉社会正义和道德的概念如何关联人类实践并从中发源，而不是关于这些概念的永恒真理论断。对马克思而言，观察的行动就**是**评判的行动，强行区隔它们实际上在人类实践层面也站不住脚。

这个问题的另外一面也值得详述，因为它很好地展示了本书的思想演进。第二章详细探讨了城市系统中实际收入再分配的控制力量，好似分配问题的研究完全独立于生产问题。这是一种典型的自由主义的方法，因此本书第一篇的标题是"自由主义的模式"。这种方法在当代的代表人物是约翰·罗尔斯①,他在1971年出版的巨著《正义论》中明确阐述了分配正义的本质,但不涉及生产,因为生产正义被假定是通过市场机制的运行得以解决了。罗尔斯的观点是第三章明确讨论的主题,但这是过渡性的,因为我认识到生产和分配相互关联,效率的一面与公平的一面也相互关联。但是,直到第六章我才接受生产也是分配,效率也是分配公平。我最终认识到,收入的定义(这是分配正义所关注的)本身就是由生产决定的。通过创造需要等方式,迫使消费也被视为是确保产品被有效需求的过程的一部分。

通过接受马克思的分析方法和技巧,存在于生产与分配之间、效率与社会正义之间的全部这种二元论的区分,都垮台了。本书在此问题上的突破,始于从自由主义转向社会主义(马克思主义)概念。我之前倾向于认为社会正义是永恒的正义和道德,现在转而认为它取决于整个社会进程的发展。但这并不是说社会正义只是一种可以随意改变以适应任何形势要求的实用主义概念。正义感是深植于许多人(包括我)内心的信念。但马克思问道:"为什么是这些信念?"这是一个令人不安但实实在在的问题。答案不可能是抽象的。就像空间一样,它作为哲学问题不可能有哲学的答案,答案来自于研究人类实践。

4. 城市化的本质

阅读第一章和第六章可以发现,城市化的概念在文中变化很

---

① 约翰·罗尔斯(John Bordley Rawls, 1921—2002),美国政治哲学家,代表作有《正义论》《政治自由主义》《万民法》等。

大。如果我们可以克服分析此问题的学科碎片化倾向和学术帝国主义的障碍,那么一开始城市化被视为"自在之物"就是可理解的了。在第六章中,城市化成为了一种可以在社会整体运行进程中获取某些显著特征的有益视角。社会进程,像以前一样,成了反映社会其他方面的一面镜子。发生这种转型的部分原因是城市化被"关系"所定义。例如,城市中心也隐含了外围之义,因为没有外围就无所谓中心,每一方都有助于定义另一方。生产和分配的分离被消解同样影响着看待城市化的方式。对城市化作为"自在之物"的初始关切逐渐淡化,并被对人类、社会、自然、思想、意识形态和生产等各方面的关切所取代,它们也是围绕由关系所定义的城市化概念而建构的。城市化提供了一条线索,将重要但看似不相关的话题联系在一起进行论证。城市化的复杂性不在于现象本身的内在复杂性,而是反映了我们围绕城市化概念组织错综复杂的观点的能力。由此可见,我们不能通过跨学科的研究来增进对城市化的理解,但可通过研究城市化而增进对学科贡献的理解。城市化及其内蕴的社会空间转型扎根于坚实的社会地理理论试验场。并且,正如第五章所示,我们的许多理论很不适应如此剧烈变动的环境。因此,分析城市化与城市理论建构必须同步进行。

在此要重申的是,四个基本主题并非毫不相关地各自演变着。四者在上述的演变中具有相似之处并相互作用。空间和社会正义的概念变化与理论方法变化如出一辙。空间、社会正义和城市化最初都被视为自在的,可以运用抽象的方法来研究,也就是说,一旦确定了空间和社会正义的定义,我们就可以继续进行城市化分析了。承认不能孤立地理解这些主题以及承认西方思想中普遍存在的二元论是无法连通而只会崩塌,这样的认识使得思想在两方面可以同时演化。当然,正是马克思分析的力量调和了分裂的主题和二元论的崩塌,且分析过程也没有失控。马克思的分析的出现作为研究的指针,需要更多的解释(从某些迹象看,我想我可能被归为某类"马克思主义者")。我并不是意识到它的内在优越性才转向它(尽管我发现我与它的一般假定和寻求改变的承诺不谋而合),而是因为我找不到其他方式完成我想做的工作或理解我必须理解的事情。例如,第一章和第二章的部分论述仍然恰当,但也引发了一些似乎不可解决的问题。第一章处理空间问题的思路引发了一个不可调和的矛盾,无奈地陷入了没有形式的相对主义。第二章处理城市社会问题的方法为理解内在于"城市进程"中的某些重要机制提供了一个有用的框架。但由于事实和价值之分影响了作为"对资源的控制"的收入概念,使得重要问题陷入了无助的没有形式的相对主义中,除了自以为是的道德劝诫竟无计可施。第三章尽力将社会正义和空间问题相提并论,但解决方案仍有赖于对社会正义本质的武断的描述。第四章标志着从旧方法中跳脱出来,并以一种虽粗糙但充满活力的方式,重启以问题为对策和以对策为问题的过程。第五章和第六章试图巩固这个不断发展的框架,在任何合适的地方都明确使用马克思的分析方法。正是到最后三章,一些基本思路和线索才涌现出来。

关于第一部分和第二部分的分析孰优孰劣的问题,我把它留给读者来判断。在作出判断之前,我有两点提示。首先,我认为

第二部分的分析是一个打开新思路的起点。这个分析很不常见却有必要，正因为新颖，使它能有时显得比较粗糙，有时又显得过于复杂。对此我希望读者能宽谅。其次，与西方常将意识形态视为有意识地、批判性地阐述思想不同的是，马克思明确界定它是特定社会情境下潜在思想和信仰的一种**无意识**的表达。第二部分的几章属于西方认为的意识形态，而第一部分的几章属于马克思主义认为的意识形态。

本书前四章基本上是对已经发表的论文的再加工。第一章以"社会进程与空间形式：城市规划的概念性问题分析"为题首发于《区域科学协会文汇》第 25 卷，在此感谢编辑同意将该部分收录于本书。第二章最初包括在第一章中，但由于篇幅太长而删除，原文经扩展后发表在《科尔斯顿区域预测文集》第 22 卷（由奇泽姆主编，伦敦巴特沃斯科学出版社出版），感谢科尔斯顿学会成员允许我再刊此文。第三章是我在美国地理学家协会第 67 届年会关于"美国贫困的地理视角"特别会议上汇报的一篇论文，随后发表在理查德·皮特主编的《对立面专著：社会地理学》（第 1 辑）上，也感谢他惠允重印此文。第四章首发于《地理学视角》第 2 卷，我感谢总编辑哈罗德·麦康奈尔和北伊利诺伊大学出版社惠允重印。第五章和第六章系本书原创内容。

我还要感谢许多有心或无意中为本书写作作出贡献的人。马西娅·梅利一直启发我，拉塔·查特吉提供了房地产市场动态相关的大量实验数据，吉妮·穆米、迪克·沃克和乔恩·巴恩布拉克都是很有趣的同事。当我有时显得愤世嫉俗时，芭芭拉、约翰和克劳迪娅给我温暖和活力。提多斯、杰里·科尼利厄斯、约翰·科尔特兰和甲壳虫乐队也有助益。最后，我想把这本书献给所有忠于事业并无处不在的新闻记者们。

戴维·哈维
巴尔的摩，汉普顿
1973 年 1 月

第一部分

自由主义的模式

第一章　社会进程与空间形式 1

城市规划的概念性问题

　　城市显然是一个复合体。在处理城市问题中我们所经历的部分困难来自其内在的复杂性。但难题也在于我们不能正确地概念化城市状况。如果我们的概念不完备或不一致，我们就不要奢望能厘清问题和正确施策。因此，我想通过本章解决这些概念性问题。我将忽视城市本身的复杂性，而试图揭示一些由我们自己看待城市的特有方式所导致的问题。一系列概念性问题源自城市发展进程中某一领域的学术或者职业的专业化。城市明显不能被我们当前的学科结构所概念化。然而，在城市问题上，跨学科的思考框架没有浮现的迹象，遑论理论建构。社会学家、经济学家、地理学家、城市规划师等似乎都专注于自己的一亩三分地，在他们自己限定的概念世界过活。正如查尔斯·利文①指出的，目前很多城市研究处理的是"城市中的问题而非城市的问题"（problems in the city rather than of the city）（Leven，1968：108）。每个

---

　　① 查尔斯·利文（Charles Leven，1928—2011），美国区域经济学家，区域科学协会创始人之一。

学科都将城市当作一个验证假设和理论的实验室,却没有学科提出关于城市本身的命题和理论。如果我们要理解(先不谈控制)城市这个复合体,这是首先需要克服的难题。然而,如果要克服它,我们就必须解决最难的方法论和概念问题。

1. 地理学与社会学的想象力

城市的任何普遍理论必须以某种方式将城市中的社会进程与城市所呈现的空间形式关联起来。按照学科术语,这相当于整合两个重要的研究和教育传统——我称其为搭建桥梁,即将那些拥有社会学想象力和充满空间意识或地理学想象力的人关联起来。

米尔斯[①]将"社会学想象力"定义为"促进拥有它的人从大众的内部生活和外部生涯意义角度理解更宏大的历史背景……这种想象力的第一项成果是让人们认识到:个人只有置身于时代潮流才能理解自己的经历并判断自己的命运,只有知晓周遭所有个体的生活机遇才能够知道自己的生活机遇……社会学想象力使我们能够把握历史、人生及两者在社会中的关系……运用社会学想象力的背后是个体总存在一种冲动,想知道在赋予他个性与生活的社会和时代中,个体的社会和历史意义"(Mills,1959:5)。

正如米尔斯继续指出的,这种社会学想象力并非社会学独有:它是所有社会科学学科(包括经济学、心理学和人类学)的共同纽带,也是历史和社会哲学的核心关注点。社会学想象力背后有非常深厚的传统。从柏拉图、卢梭到马尔库塞,在个体与

---

① 查尔斯·赖特·米尔斯(Charles Wright Mills,1916—1962),美国社会学家。

社会的关系及个体在历史中的角色方面，存在无休止的争辩。大约在 19 世纪下半叶，与社会学相关的方法论越来越严谨和科学（一些人会说是伪科学）。现在社会学想象力还依靠大量推测性文献、许多调查研究结论以及少数对社会进程某些方面表达清晰的理论来滋养。

比较"社会学想象力"与更加难解的、我称之为"空间意识"或"地理学想象力"的概念，是有用的。这种想象力既促进个体认识空间和地方在他自己的人生中所起的作用，也将周边他所观察到的空间进行互相关联，使他意识到个体间、组织间的交易如何被分隔他们的空间所影响。空间意识使个体认识到他与他的邻里、领域或者"地盘"（街头帮派用语）的关系。空间意识使他能判断发生在其他地方（其他人的地盘）的事件的相关性——无论他现在身在何处，都需要判断越南、泰国和老挝的共产主义运动与他是否相关。空间意识使他能够创造性地塑造和使用空间，并理解其他人创造的空间形式的涵义。这种"空间意识"或者"地理学想象力"在许多学科中都有体现。建筑师、艺术家、设计师、城市规划师、地理学家、人类学家、历史学家等都拥有它。但是，在它背后只有极其微弱的分析传统，而且其方法论仍严重依赖于纯粹直觉。当今西方文化中空间意识的主位仍旧被造型艺术所占据。

当我们试图将城市问题关联起来的时候，发现地理学想象力与社会学想象力的区分是人为设置的。但当我们考察思考城市的方式时，这种区分却非常真实。许多人有强大的社会学想象力（查尔斯·赖特·米尔斯就是其中之一），但他们似乎生活和工作在一个无空间的世界。许多人也拥有强大的地理学想象力或者空间意识，却没意识到塑造空间的方式能够深刻影响社会进程——现代生活中大量美丽但不宜居的设计由是而生。

在采用社会学的和空间的方法解决问题时，许多个体、群体甚至整个学科都开始慢慢溜进社会与空间方法的交界处。很多拥有社会学想象力的学者开始认识到空间维度在社会进程中的重要性。如：哈洛韦尔①和霍尔②在人类学中（后者提出了空间关系学）（Hallowell, 1955; Hall, 1966）、廷贝亨③和劳伦兹④在行为生物学中（Tinbergen, 1953; Lorenz, 1966）、萨默⑤关于个人"心理"空间在影响人类响应环境设计中的作用研究中（Sommer, 1969）、皮亚杰⑥和英海尔德⑦关于儿童空间意识发育

---

① 阿尔弗雷德·哈洛韦尔（Alfred Irving Hallowell, 1892—1974），美国人类学家、考古学家。
② 爱德华·霍尔（Edward Twitchell Hall, 1914—2009），美国人类学家和跨文化研究者。他发展了代理概念，探索了文化和社会凝聚力，描述了人在不同类型的文化定义的个人空间中的行为和反应。
③ 尼古拉斯·廷贝亨（Nikolaas Tinbergen, 1907—1988），荷兰生物学家，获1973年诺贝尔生理学或医学奖。他是现代动物行为学的创始人之一。
④ 康拉德·劳伦兹（Konrad Lorenz, 1903—1989），奥地利动物行为学家和鸟类学家。
⑤ 罗伯特·萨默（Robert Sommer, 1929—2021），美国环境心理学家。
⑥ 让·皮亚杰（Jean William Fritz Piaget, 1896—1980），瑞士心理学家，以儿童发展研究而闻名。皮亚杰的认知发展理论和认识论观点被称为"遗传认识论"。
⑦ 芭贝尔·英海尔德（Bärbel Elisabeth Inhelder, 1913—1997），瑞士心理学家，她是皮亚杰的学生。

的研究中（Piaget and Inhelder, 1956）、哲学家如卡希尔①和朗格②清楚地认识到空间意识对人类看待自己与周边世界关系的影响（Cassirer, 1944, 1955; Langer, 1953），但这些例证还不够。我们也应该发现属于这一群体的区域经济学家和区域科学家。其他人则从别的方向进入这个交叉领域。在传统空间意识的训练下，他们已经认识到空间形式的构建如何影响社会进程——建筑师有林奇③和道萨迪亚斯④（他提出了人类聚居学）（Lynch, 1960; Doxiadis, 1968），城市规划师有霍华德⑤和阿伯克龙比⑥。在跨界研究中，我们也发现尽管方法论有许多限制且分析工具薄弱，但区域地理学者偶尔也能设法传递一些真知灼见，即随着时间的推移，区域意识、区域身份以及自然、人文环境彼此交融并

---

① 恩斯特·卡西尔（Ernst Alfred Cassirer, 1874—1945），德国哲学家。新康德主义马堡学派代表。

② 苏珊·朗格（Susanne K. Langer, 1895—1982），德裔美国哲学家、符号论美学代表人物之一，主要著作有《哲学新解》《情感与形式》《艺术问题》等。

③ 凯文·林奇（Kevin Andrew Lynch, 1918—1984），美国城市规划师、建筑师，以研究城市环境的感知形式闻名。

④ 道萨迪亚斯（Constantinos Apostolos Doxiadis, 1913—1975），希腊建筑规划学家、建筑师。

⑤ 埃比尼泽·霍华德（Ebenezer Howard, 1850—1928），英国著名社会活动家、城市学家、风景规划与设计师、英国"田园城市"运动创始人。他针对当时大批农民流入城市造成城市膨胀和生活条件恶化的状况，于1898年出版《通向未来：一条通往真正改革的和平道路》（*To-Morrow : A Peaceful Path to Real Reform*），1902年修订版改为目前学界所熟悉的《通向未来的田园城市》（*Garden Cities of To-morrow*）。需要注意的是，To-morrow 一词以连字符分开，既有静态的"明天"或"未来"之意，也强调了"通向"。国内译本《明日的田园城市》应加上"通向"一词，会更准确。

⑥ 帕特里克·阿伯克龙比（Patrick Abercrombie, 1879—1957），英国城市规划师。

在人类组织中创造出一个独特的空间结构。近年来，人文地理学家更加积极地探索社会进程与空间形式之间的关系（Buttimer, 1969; Harvey, 1969）。

有大量但很分散的文献与这个交叉领域相关，然而，很难将其整合以获取信息。也许我们寻求构建一个理解城市的新概念框架的第一步工作，将是收集和综合这些大量的分散的文献。没有核心概念的统领，在这个领域进行综合分析将寸步难行。例如，思考一下城市规划师和区域科学家为了理解城市进程而花了多长时间来相互协调，是饶有趣味的。空间形式问题的复杂性似乎被早期区域科学工作者所忽视。空间要么生成了区域结构（通过假设而不是理解的过程），可以应用到国家层面的核算框架（据此我们有了地区核算和跨区域投入产出计算）；要么仅生成了在生产过程中可以被其他成本替代的交通成本（据此我们有许多区位理论和跨区域均衡模型）。在主要为非空间经济分析设计的概念性框架中，空间仅仅是一个变量。区域科学家和区域经济学家仍然展现了理解经济学但曲解空间的偏好。然而，城市规划有依靠图纸设计特别是通过地图设计的传统（如果有的话，可以说是一种臭名远扬的自我欺骗工具），受此影响，就像在土地利用上表现的那样，城市规划完全沉浸在人类空间组织的细枝末节中。对一块具体的土地做规划决策，城市规划师很少或者完全没有利用区域科学家、经济学家或社会学家那些已整合但尚未完全证实的普遍理论。他仅根据想象（前提当然是他的决策不是由于平衡政治压力）就对空间形式设计和经济社会因子进行直观评估，借此在规划地图上将土地描红画绿。在空间设计方面，梅尔文·韦伯①是强烈呼吁推动设计师深度认识社会进程的倡导者之一，他认为对于规划师很重要的是必须反思"通过在地图上简单画线就得出秩序的某种根深蒂固的教条，真正隐藏在很复杂的社会组织中的秩序反而被教条掩盖了"（Webber, 1963: 54）。

因此，在城市背景中将社会学和地理学想象力整合起来还存在一些压力。但这是一场斗争。地理学和社会学方法经常被看作不相关，或至多看作是城市问题分析中替代性的方法。例如，一些人寻求改善城市空间形式以修正社会进程（这是霍华德派自然规划师的典型方式）。其他人则寻求以制度约束社会进程，期望仅此一举就能实现必要的社会目标。这些策略并不是替代性的，而应被视为补充性的。但麻烦在于用这种方法就会与另一种发生冲突。任何成功的策略都必须清楚，空间形式和社会进程是对同一事物的不同思维方式。因此，我们必须调整处理城市问题的思维方式，不然会继续产生自相矛盾的策略。梅尔文·韦伯抱怨"意识形态运动要对适应过往时代社会结构所预设的城市形态"进行重建，并认为"出现了一种实用主义的问题解决模式，由此大都市的空间面貌被视为城市社会进程的延续并被它所定义"。查尔斯·利文也有类似呼吁，"一些理论框架既能识别决定城市形态的要素，也产生可分析预测的空间形式"；然后，我们能够"搜寻一些方法来评估由此产生的空间绩效，这转而可能反作用于空间形式本身的决定因素"（Leven, 1968: 108）。

共识应该是明确的：唯一恰当的理解城市的概念框架是包容

---

① 梅尔文·韦伯（Melvin M. Webber, 1920—2006），美国城市设计师和理论家。

的并建立在社会学和地理学想象力的基础之上。我们必须将社会行为和城市具有的特定地理、空间形式联系起来。我们必须意识到，一旦某种具体的空间形式被创造，它就将趋于制度化，并在某些方面决定未来社会进程的发展。总之，我们需要构建概念，使我们能够协调和整合各种策略，以处理纷繁复杂的社会进程和多种多样的空间形式。这也正是我现在想做的工作。

2. 迈向社会空间哲学

通过详细考察地理学界的状况，冒险地在社会学和地理学想象力的鸿沟上搭建桥梁似乎有些奇怪。但是，从这点出发是有用的，因为那些充满深切空间感的人从整体上却不能说已经清楚地了解了那用于分析的且很容易就被社会进程分析者所理解的空间观。如果我们试图更彻底地理解空间的涵义，那么我希望在我们搭建桥梁的过程中出现的一些问题将迎刃而解。

当然，研究空间哲学的文献多得汗牛充栋。不幸的是，绝大多数文献只顾解释空间的意义，就像它在现代物理学中定义的那样。这在某些方面是有用的，但它仅是一种特殊的空间观，我不确定它对考察社会活动也普遍有效。另外一些观念也需要思考。为了明确说明，我要对空间经验模式以及我们分析经验的方式提出一些简单的看法。作为为数不多的持有一般空间观的哲学家之一，卡希尔提供了一个有用的出发点（Cassirer, 1944）。他区分了空间经验的三种基本类型。第一，**生理空间**，指的是由基因转型及其生物性决定的空间经验。由人类学家验证的许多行为（直觉空间导向和迁移、本能的领域意识等）都可归于此类。第二，更复杂的**知觉空间**。它涉及所有感觉经验的神经综合——视觉、触觉、听觉及运动感觉。这种综合相当于空间经验中交织了各种各样的感觉。一个瞬时的图式或者印象一旦形成，记忆会长期保留这种图式。当记忆和学习联系起来，这个图式可能受文化习得思维模式支配而增减内容。知觉空间首先经由感觉体验，但我们对感觉的表现在多大程度上受文化影响仍所知其少。第三种空间经验是抽象的，卡希尔称之为**象征空间**。在此，我们通过对缺乏空间维度的符号表征的解读间接地体验空间。不用看到三角形的实物而仅看到这个词，我就能想象出一个三角形的形状。我能够通过学习数学，特别是几何学，获得空间形式的经验。几何学为我们讨论和学习空间形式提供了一个方便的符号语言，但几何学并非空间形式本身。

三个层次的空间经验并非相互独立。如果要使我们构建的抽象几何学具有直观而非逻辑的意义，就需要在知觉层面加以解释，因而经典的几何学课本中都提供了许多示意图。我们的知觉经验可能受生理经验影响。但是，如果我们要建立一个便于分析的空间形式理论，我们最后必须求诸正规的几何学。因此，当事件发生在知觉或生理层面，我们需要通过一些几何学的抽象符号系统找到表现事件的方法。反过来说，在抽象层面形成的观点，我们需要在生理或者知觉层面进行解释。

我在其他著作中讨论过将得自某个层面的经验转换成另一层面运行的经验模式过程中所产生的一些问题（Harvey，1969：第14章）。争论的重点是在分析时，我们需要在所用的几何学和具体知觉经验或一套经验之间找到某种同型结构（structural isomorphism)。有了同型结构，我们就可以将源于知觉层面的信息可视化为一张可供分析的几何地图。成功的制图过程将解析几何的结论转回到知觉经验领域，以获得对知觉状态的控制或预测能力。例如，在一个平面中，运用欧几里得几何（后文简称"欧氏几何"）及其衍生的三角函数，我就能做到仅凭少数关键测量值预测许多物体之间的物理距离。这是个非常重要的例子。这种长期的构图经验教给我们，欧氏几何是讨论物理空间中物体组织的几何学——至少就地球上的现象而言如此。欧氏几何在工程与物理构造过程中自动展现，因为它是与物理定律一样在地表运行的"自然的"几何学。

由此可见，我们所需要的空间形式分析方法是从欧氏几何学中发展出来的。但是，我们尚未形成这种方法：例如，我们仍然没有设计出恰当的方法对这种欧氏几何表面的形状、模式、形式进行归纳。但即便有这些方法，我们面对的问题也不简单，因为社会空间并不与物理空间同构。这里，物理学历史对我们有重要启示。我们不能指望适合一种类型进程的几何学也适合另一种类型。选择合适的几何学本质上是一个经验问题。我们必须明确说明（通过成功应用或研究同型结构）一种特殊知觉经验如何能描绘成一种特殊几何学。一般而言，空间哲学家告诉我们，我们不能脱离某一进程选择一种适当的几何学，因为正是进程定义了我们必须用来分析的协调系统的本质（Reichenbach, 1958：6）。我相信这个结论可以转而用于社会领域。社会活动的每一形式都界定了自己的空间，没有证据表明这些空间是欧几里得空间甚或它们彼此间有点滴相似。从这点出发，我们有地理学家的社会经济空间的概念,心理学家和人类学家的"私人空间"概念等。因此,如果我们要理解城市的空间形式,首要之事是阐明社会空间哲学。我们只能以社会活动为参照系来理解社会空间,就此而言,我们不得不尝试整合社会学想象力和地理学想象力。

因为我们需要太多关于空间经验的知觉领域持续演变的知识,所以建构社会空间哲学是个难题。例如,我们在画家或建筑师将空间构思转化为审美经验的确切方式等方面所知甚少。我们知道他经常成功(或失败),但我们很少知道这是如何而致的。我们知道,建筑师设计空间的原理与工程师大不相同。好的建筑可能兼容两套空间组织的原理——一套使所创造的结构不违背物理约束,另一套设计便于传递审美经验。物理原理不难处理——它们属于欧氏几何并容易分析。但审美原理极难处理。苏珊·朗格为艺术的空间理论提供了一个非常有趣的出发点(Langer,1953:72)。她假设"我们居住活动的空间与艺术处理的空间根本不同",因为,我们身体存在的空间是一个关系系统的空间,而艺术的空间是由形式、色彩等创造出来。因此,绘画所定义的视觉空间基本上是一个幻象……就像镜面'背后'的空间,它是物理学家所谓的'虚拟空间'——一个无形的想象。这个虚拟空间是所有造型艺术最基础的意象"。在后来的章节中,朗格继续将这个概念延伸到建筑(Langer,1953:93)。建筑明显具有某种实际功能,它也根据实际的空间关系来界定和安排空间单元,我们可以根据我们生活和移动的空间来明确空间关系的涵义。但是,无论如何,"建筑是一种造型艺术,其首要成就总是也将是不可避免且无意识的一种幻象:某些纯粹的、想象的或者概念性的东西转换为视觉印象。"

我们要转化为视觉印象的东西究竟是什么呢？朗格认为，建筑属于**族群领地**（ethnic domain）——"自然地展现表达文化构成特色、节奏、功能模式的人类环境"。换言之，建筑中以及城市中的空间塑造是我们文化的符号，也是现存的社会秩序、我们的愿望、需要和恐惧的符号。因此，如果我们要评估城市的空间形式，那无论如何都不能只理解物理维度，还必须理解它的创造意义。

在艺术和建筑中有条重要原则，就是空间形式能够以多种方式被塑造以产生不同的象征意义。直到近来，我们依然不能科学地研究该过程。艺术心理方面的文献增多，越来越多人认识到我们需要理解人造环境怎样为居民呈现意义。例如，建筑内部经常象征着更多关于社会秩序的本质和应该在其中延续的社会进程的本质。中世纪的教堂设计简单地通过某人必须成为中心焦点的空间关系，将社会等级体系的本质揭示得淋漓尽致。与那些中殿的人相比，唱诗班看起来与上帝更近（而且更有特权）并非偶然。罗伯特·萨默拓展了这个原则，力图表现宏大多样的背景下不同空间设计怎么影响人类行为和活动系统（Sommer，1969）。这项工作刚起步，要产生一些理解空间象征主义影响人类行为的有用的原则却指日可待。同样的原则可能在更基础的层面应用。列维-斯特劳斯[①]已经揭示，原始文化中乡村空间结构如何反映人们的

[①] 克洛德·列维-斯特劳斯（Claude Lévi-Strauss，1908—2009），法国人类学家，结构主义人类学创始人。

第一章 社会进程与空间形式 1

神话故事和不同人群之间的社会关系的细节（Lévi-Strauss，1963）。一个18世纪英格兰的典型村庄结构暗含了大量社会秩序信息，类似当时的教会与贵族双寡头权力结构。洛温塔尔和普林斯也同样指出每个时代是如何塑造其环境来反映当时的社会规范（Lowenthal and Prince，1964）。城市整体上具有象征意味，即使没有定式的现代城市也如此。教堂和圣殿尖顶矗立于牛津（此城建于教会掌权时）并非偶然，而在垄断资本主义时代，则是克莱斯勒大厦和大通银行大厦坐拥曼哈顿岛。这些都是大概的例子，而空间形式、符号意义和空间行为的互动非常复杂。如果我们不准备"重建与过去时代社会结构相匹配的、预期的城市形态"（此处再次引用梅尔文·韦伯），那么理解二者间的相互作用就非常重要。我试图说明的基本观点是：如果我们要理解空间形式，我们首先必须深入了解其象征特性。怎样才能做到呢？

我很怀疑我们是否真正理解引导创造性艺术家将空间转化为信息的那种直觉。但是，我认为理解信息对接受者的影响对我们大有裨益。就整体居民活动模式而言，我们必须学会评估这种反应。如果城市包含了各种形式的信号和符号，那么，我们可以尝试理解人们赋予它们的涵义。我们必须尽力理解人们从他们构造的环境中获得的信息。为了做到这一点，我们需要一套普遍的方法论以衡量空间和环境符号的象征意义。在这方面，心理语言学和心理学有较多技术值得推荐。这些技术使我们通过验证行为意向及其相关行动来评价一个目标或事件的重要性。我们有多种方式推敲这种行为意向。我们可以对个体或者群体的精神状况进行取样，发现他们对身边空间的态度指向和空间知觉。我们做这类事情有大量技术可用，从个体建构理论、语义差异辨析到更直接的问卷调查技术都可以。目的是尽力评估个人对其空间环境的认知状况。另外可选择的是，行为学家和操作心理学家（operant psychologists）所喜欢的方法是直接观察人们行为以此估算他们对目标和事件的反应。在这种情况下，空间中的公开行为为我们提供了理解空间意义的必要线索。当涉及大规模集中人口问题时，例如，研究在整个城市尺度上发生的工作和购物路线现象时，现实经验告诉我们，公开行为几乎不可替代。

用这些技术测度城市中空间符号象征的影响则困难重重。在宏观层面，我们不得不依赖城市空间活动一般化描述所提供的信息，这种活动模式可能是除空间形式和意义之外的许多变量的一种函数。毫无疑问，社会进程中确实有部分活动独立运行于空间形式之外，我们需要知晓活动的哪部分受空间形式影响而哪部分相对独立。甚至在微观层面，我们也面临一个难题，就是对不想要的变量进行剔除。我们从实验室试验得知空间组织刺激下的多种反应形式——复杂性反应、深度知觉、涵义联想、模式偏好等，但是，将它们与城市中展现的复杂活动模式关联则极为困难。虽然如此，更多有趣的文献关涉环境设计某些方面的行为响应、个体对城市空间形式的多方面反应和概括（Proshansky and Ittelson, 1970）。我并不想在此评论这些研究，但是，我确实想辨识它们所指向的一般哲学框架。

该框架是这样的：空间只有体现"重要关系"时才有意义，重要关系不能单独由某些个体认知状态和个体从中发现自我的背景来决定。因此，社会空间是由个体对围绕个体的空间象征的感觉、意象以及反应构成的复合体。每一个人好似生活在自己个人构建的空间关系网络中，就好像包含在他自己的几何系统中。从分析角度看，所有这些将形成一个令人沮丧的景象，好像人类群体没有对围绕他们的空间具备同样的意象，也没能发明出判断重要性和行为的相同方法。虽然证据还不确凿，但是在这个阶段，可采用一个合理的工作假设：个体拥有部分（仍不确定的）来自于某些群体标准的"共同意象"（也可能是根据意象行动的某些标准），也拥有部分非常特殊和不可预测的"独特意象"。如果将细枝末节排除在社会空间的实质之外，那么空间意象的共同基础部分是我们必定首先关注自身。

我已经说明，迄今为止汇集的空间意象方面的研究材料非常分散，但颇具建设性。例如，林奇展示了个体结合拓扑构建的空间图式——通常波士顿人从某一焦点（或节点）沿着既定路径移动到另一焦点（或节点）（Linch，1960）。这留下大片未涉及的物理空间领域，对个体而言确实也是未知领域。这个特别的研究的启示是，我们应该想到分析城市组织的工具是拓扑学而非欧氏几何学。林奇也提出，物质环境中的某种特征创造出许多个体明显不能穿越的"边缘"。特伦斯·李和卡尔·斯坦尼兹都证实了他的发现——城市某些地区的边界清晰可辨，它们似乎可形成独特的居民区（Lee，1968；Steinitz，1968）。在某些情况下，这些边界很容易被跨越，但在其他情况下，它们却成为城市运动的阻碍——某些中产阶级白人对贫民窟的回避行为，某些族群和宗教团体（如北爱尔兰的新教—天主教地区）有强烈的领域意识，都是极佳的例子。因此，我们可以预计社会层面的空间结构存在强烈的断层。在更宏观层面（例如城市通勤模式），许多个体的心理意象差异会相互抵消，类似系统中可以描述处理的某种随机噪声。但是有证据显示，即便出于建立城市大规模互动模式的目的将数据集中到庞大的组群，在这个层面依然存在大量非同质的空间行为。城市中存在着明显不同的群体行为，其中一些但不是所有能够被群体的社会特征（年龄、职业、收入等）明确表达，城市中也存在明显不同的活动模式，这意味着城市各部分差异相当明显，吸引力也完全不同。在这种状况下，归纳出一个更加连续的几何学是有道理的，但即使如此，地理学家的著作也暗示空间远不止是欧几里得式的（Tobler, 1963）。在这点上，我们陷入我们要处理的社会经济表面的精确本质是什么的问题，还涉及发现恰当的转换以分析发生在该表面事件的问题。总而言之，我们必须得出结论，社会空间是复杂的、非同质的、可能非连续的，且迥异于工程师和规划师通常用的物理空间。

然后，我们必须考虑以下问题：个人空间观念是如何产生，如何被经验所塑造，如何面临变化的空间形式而保持稳定的？我们可用的证据是分散的。皮亚杰和英海尔德的主要工作是研究儿童时期空间意识形成的途径（Piaget and Inhelder, 1956）。从映射关系的拓扑学到物理空间的欧几里得式概念，似乎存在着明显不同的演变阶段。然而，似乎儿童不必习得所有文化中都相同的空间能力，特别是空间信息的图式化方面（Dart and Pradhan, 1967）。有证据表明，个体构建空间图式过程中涉及文化条件、群体学习和个人学习。很有可能的是，不同文化群体会形成完全不同的空间关系表现方式，它们本身与社会进程和社会标准直接相关。因此，不同人群的空间刻画能力差异很大，教育在决定空间能力过程中无疑作用甚大（Smith, 1964）。人们在地图识别、方向感维系等方面都存在很大差异。在个体或者群体构建心理图式的方法方面，也存在显著差异。可能最简单的是通过死记硬背记住关系（这在初级或者缺乏教育的人中特别明显）。其他人可能由简单的坐标参照系形成分类的经验，而另一些以更复杂（也可能是更不一致）的方式将空间关系图式化。但是，构建空间图式的多数信息必定是个体经验的结晶，而图式可能与经验一样多变。经验的本质可能是决定符号象征的关键——你厌恶走近城市的某些地方是因为不快乐的记忆。经验不断增长，修正或拓展心理地图或者空间形式意象的本质。记忆本身会褪色，没有被强化的那部分空间意象会很快消失。社会空间不仅是个体到个体、群体到群体的变量，也是时间的变量。

在这部分，我已试图说明空间不像物理学家或者科学哲学家让我们相信的那样简单。如果我们要理解空间，就必须考虑它的符号象征意义和对行为的复杂影响，这些影响经由认知过程来调节。构建这种空间观的一个好处是能够整合地理学和社会学的想象力，因为如果没有充分理解纷繁复杂的社会进程，我们就不能奢望理解纷繁复杂的社会空间。

3. 交叉地带的方法论问题

以下部分我力图表明，对空间各种复杂性的理解取决于对社会进程的理解。我想也可以对社会进程提出一个类似的论断：对社会进程各种复杂性的理解取决于对空间形式的理解。但是，讨论这个问题之前，我更愿意考虑横亘在社会学和地理学研究交叉地带的方法论问题。这将表明交叉领域的工作可能有多么困难，并以一些证据说明空间形式对社会进程研究是多么重要，如同它在城市中展现自身那样。

只有拥有足够多的工具，我们才能构建社会学想象力和地理学想象力之间的桥梁。这些工具相当于一套概念和技巧，能够将两者焊接在一起。如果由此产生的概念适用于解析论证和易于经验验证，那么数学和统计方法是需要的，因此，我们必须界定它们。除非在某种既定的背景下，这些方法似乎不容易被界定。例如，如果我们对城市空间符号象征与个人的心理地图、他们的压力状态、他们的社会和空间行为模式之间的互动感兴趣，那么，我们需要一套工具。如果我们对城市整体变化形式和与之关联的社会总动态感兴趣，我们需要一套不同的工具。在第一种情况下，我们需要一种容纳变化中的个体几何学和社会活动系统复杂性的语言工具。在第二种情况下，我们可以忽略个体行为细节，以使我们在验证城市空间形式与其公开的集体行动之间的关系方面感到满意。因此，在交叉领域工作，我们不能设定普遍化的方法论框架。但是，通过验证我们在某一背景下所拥有的搭桥工具，我们能够说明面临的各种问题，即分析城市整体空间形式及其内部集体行动模式方面的问题。在此背景下，我想集中关注推断和预测控制的问题。我选择这个特殊的焦点，是因为如哈里斯指出，规划师对"功能和发展的条件预测"感兴趣（Harris, 1968），而且这与社会科学家将条件预测作为一种有效理论并无不同。因此，在城市的预测与理论构建方面，两者都将依赖于存在一个可以设置检测和进行推断的有效框架。正如我将力图展示的那样，这种框架目前并不存在。我将有选择地只考虑该问题的某些部分，我选择验证个性化问题、混淆问题和统计推断问题。

（1）个性化

普遍认可的是，设定推理框架的第一步是界定组成整体的一系列个体。界定个体的过程可以命名为"个性化"，这显然非常重要。逻辑学家尼尔·威尔逊和卡那普已经验证了个性化引发的一些普遍性问题（Wilson，1955；Carnap，1958）。他们描绘出实质语言中的个性化与时空语言中的个性化的重要差别。在第一种语言中，个体可以由它所具备的一系列特性说明来界定（如 P_1，P_2，P_3，……P_n）——我们可以通过最小集聚规模、就业结构本质等描述将城镇个性化。然而，在时空语言中，个性化取决于说明物体在时空坐标系中的位置（按照惯例写作 x，y，z，t）。这两套语言系统具有颇不同的本质，因此，在个性化过程中将它们混淆是危险和困难的。社会进程的研究者擅长运用实质语言，而纯粹的地理学家擅长运用时空语言。在两者之间搭桥涉及两种语言的同时运用，或者是最好发明能够兼容两种语言特征的元语言。这种元语言目前还未发明，对元语言属性的一些初步调查揭示，开发元语言并不容易（Dacey，1965）。因此，就我们此刻的目标而言，我们必须满足于在同一背景下运用两种语言。此过程中的危险可以通过区域化的验证方法完全展示。

考虑一下两种语言中的"平等"问题。实质语言很适合分析同一状态的两个个体（两个城市可能恰好有相同的人口规模等），但是，这种条件在时空语言中不可能（两个城市不可能刚好在同一区位）。但是个体一旦被界定，在时空区位上会具有许多属性。其中一个相关属性可能是相对区位（相对于其他地方的距离）。因此，空间可以用于使目标个性化，或者无论在时空语言中还是实质语言中，空间都能够被视为个体的一种属性。因此，两种语言各具特色，空间本身能够以不同的方式进入到任一语言中（Bergmann，1964：272—301）。不足为奇的是，这种状况产生很多哲学和方法论的困惑，区域化问题饱受争议。争议总是由难以界定不同语言如何及何时使用所致。彼得·泰勒[①]揭示，产生混淆是由于"不能理解区位在问题中出现两次"（Taylor，1969）。我们可以将区位看作可识别变量（我们将空间的区位作为一个个体的属性），或者我们可以接受既定空间划分为区位单元，在实质语言中利用这些时空单元（例如行政区）来收集信息。那么，区域化可能是基于实质语言中的邻近性。我们能采用不同的组合和策略，例如在集体程序中引入连续性约束（如将空间作为属性之一），或寻求某方面具有同一属性的时空个体（这导致均质区域）。城市规划师通常接受区位单元观点（通常是人口普查），找出衡量每一片土地属性的变量，根据属性相似性将各地块分类，同时考虑土地连续性这个约束条件。然而我不想详细讨论这些策略，因为我已经有核心观点：在社会学想象力

---

① 彼得·泰勒（Peter James Taylor，1944—），英国地理学家。他是《政治地理学》杂志的联合创始编辑，也是全球化和世界城市研究网络的创始人。

和地理学想象力交叉领域个性化的过程中,需要彻底理解两种截然不同的语言,也需要恰当的方法论统摄二者。这在某些方面似乎微不足道,然而,在规划师试图将物理邻里观(通常以时空语言思考)和社会功能观(通常以实质语言思考)相关联而面临的困惑背后,正是这个基础的方法论议题。因此,规划师得出的政策结论既依赖于他将一种语言放在主导地位,也依赖于他如何精确地将两种语言整合成某种分析框架。

(2) 混淆

交叉领域研究中,一个最难缠的需要解决的问题是控制不想要的变量和识别每个变量在复杂互动、非实验状态中的作用。如果没有恰当的实验设计程序,很容易混淆不同变量、混淆因和果、混淆功能关系与因果关系,从而导致一系列线性推断错误。当然,这很容易使我们对实验设计变得过分洁癖或负面看待,但即使我们试图积极应对、不过早秉持严谨标准,困难也会在每次改变研究设计时扑面而来。考虑如下简单例子。社会学家通常把扩散视为个体、群体、社会阶层、文化间运作的过程。但预测扩散的相关变量需要回溯到个体的个性化特征。地理学家通常看到的是空间层面,并认为区位邻近性是决定扩散过程的首要变量。现在同一阶层的人往往比邻而居。那么,在这种情况下,我们如何区分空间变量和个性变量的贡献呢?在任何状态下,我们必须检验它们共同的影响,遗憾的是,这两个方面并非相互独立。我们似乎没有恰当的非实验性研究设计使我们能够处理除最原始的构思之外的任何问题。

然而，这些混淆的问题存在于社会进程工作中，即便在社会进程被认为与空间形式并不相关之时。因此，在自己所在领域工作的社会学家依据他的判断尽力剔除空间的影响，与从自己专业领域出发剔除社会影响的地理学家似乎一样。如果研究设计不剔除这种混淆效应，那么，很容易在统计上显著但实际上无法支持假说。我自己的怀疑是，因为对混淆空间和社会效应引发的尖锐推理问题缺乏认知，许多社会进程研究工作正饱受其苦。多数纯粹空间方面的工作都可以进行同样的批判。因此，交叉领域的工作并没有提出新问题而只是揭示了一些旧问题的实质，也说明了社会分析者和空间分析者不能彼此忽视地完成工作。

(3) 统计推断

个性化和混淆问题导致统计推断问题。这些问题容易解释但难以解决。理想状态是，我们需要一种元语言同时在社会和空间意义上讨论统计显著性。因为缺少元语言，我们必须诉诸于分离两种语言的实验，为了统计推断而将它们在某种程度上整合到一个有效框架中。证实无空间社会进程假说的恰当实验已确立。我们能够基于一种假说进行预测，然后试图展示它和观察数据之间是否有重大差异。如果不存在重大差异，普遍认为假说被证实，尽管它只是在某些假设条件下成立，假设条件包括观察结果获取方式（如消除各种混合变量）、假说构建的方式等。适合空间分布模式的实验尚未成功。我们可以产生一种空间预期，然后将它与观察到的空间分布进行比较。也有人尝试比较单元类型数据的空间分布（Cliff and Ord, 1972）。但是，两个层面的比较并非易事，我们也没有办法说明期望层面和观察层面的显著差异。同样，我们也没有真正理解点模式布局中显著差异的涵义。因此，在空间推断的统计性显著方面没有普遍化的可接受的定义，结果在验证空间分布假说上存在严重的内生性问题。形成显著性概念的唯一途径似乎是重建与空间分布本质相关的假设。鉴于我们经常关注识别而不是推演空间分布，这种方式不总是有用。但是，空间分布似乎是目前唯一对我们开放的领域。因此，批评目前空间数据处理的方法非常容易（Granger, 1969）。

为了统计推断将社会和空间程序整合到一个框架看起来仍然是可行的。考虑下面的例子，我们将预测一些社会特征的空间扩散——比如非白种人口在城市人口普查区上的扩散。在某种假说下，我们可以对每一小区的非白种居民数量产生某种预期。为了验证假说，我们需要显示每一小区根据假说生成的确切人数。通过比较假说与真实状态下的小区分布频率或等级，我们能够验证它。我们可以发现，在 5% 的水平上是否存在显著性差异。但是，我们还需要显示模型预见到小区期望的正确空间分布。我们可用 K 邻近性检验来展示假说和现实观察空间模式之间的差异。如果两个实验完全不相干，我们可在两者间加入乘数法则，然后说在 0.25% 水平上联合运行具有显著意义。但显然这两个实验并不相互独立。事实上，以这种方式将两种实验联合可能（经常是确实）让我们陷入到统计学逻辑矛盾中。对社会进程的测量依赖于每条数据的独立性（前提是它们的假设不被拒绝），然而，空间统计明确关注对数据的空间依赖性程度的测量。因此，我们自然拒绝自相关的问题进入社会进程实验，这意味着我们违背了实验假设，除非我们能够采取规避的行动（通过过滤数据等）。在交叉领域的工作中，几乎每一点都会产生这个问题。它当然没被解决，还经常被无意忽略。它总是令我称奇，例如，当整个程序的目标是将地理单元整合为具有相似性特征的（因而空间自相关）区域，区域化的多元方法依赖于相关性度量，这既要看它们是否属于显著性指标，也需要观察数据的独立性。在这种情况下，方法和目标看起来逻辑不一致，或者充其量产生了一些在任何意义上都被看作不重要的区域。对我而言，在区域化方案中用因子分析似乎是一个不可逾越的目标。然而，计量经济学文献对时间维度的自相关问题已经进行了广泛探索，我们可以从中获得某种鼓励（和某些技巧）。但是，如格兰杰所观察的，在时间维度和空间维度之间存在重要差异，时间维度明显具有明确的方向和不可逆特征，空间维度并不具备这种属性，而且还可能具有复杂的非静止特征和令人惊异的非连续特征（Granger, 1969）。这些问题导致格兰杰怀疑处理时间序列的计量经济学技术能否被普遍用于除了某类问题外的空间序列。空间自相关看起来是一个难以圆满解决的问题，建立交叉领域中统计推断的正确框架需要解决这个问题。

在处理城市问题时，我们剖析社会学和地理学的技术融合问题的工具并不锋利。所以，我们必须预料到在条件预测和理论验证中存在的困难。这似乎令人沮丧，但我们不能通过掩耳盗铃解决它。的确，如果我们打算为交叉领域搭桥准备利器，必须正确界定这些困难。同时，弄清空间预测和理论建构中可能的错误来源也非常重要。在这些错误上自欺欺人，就不会培养出面对困难而决策的社会科学家、地理学家和规划师。从事交叉领域研究时，在周遭环境所致的方法论局限中的每个人都需要彻底的教育。

4. 交叉地带的策略

我们需要一个恰当的分析框架处理交叉领域中社会和空间研究之间的复杂问题。我不认为很快将出现一种恰当的元语言整合这两种方式。因此，我们必须设计临时的框架以构建城市理论。但在运用这些理论框架时我们必须慎重，因为我们选择的框架会影响我们对规划师所起实际作用和政策优先顺序的判断。遗憾的是，轻率的"应用逻辑"没有顾及根深蒂固的哲学立场。这个问题可以通过审视两种截然不同的城市问题解决方式来说明。

将城市的空间形式视为人类行为的基本决定条件是可能的。在建筑规划师中流行一种"空间环境决定论"的假说，力图通过控制城市空间环境促成新社会秩序。引入空间形式和社会进程间互动的复杂性是一种方便的方法，因为它建立了一个空间形式影响社会进程的简单因果框架。在某些情况下，这种观点似乎成为一种确定的哲学主张，因此也会遭受后人的攻击。根据民主的概念，人民想要的就是重要的，相关证据表明，改变空间环境对行为模式几乎没有影响（这并非定论），这导致甘斯①、雅各布斯②和梅尔文·韦伯攻击空间环境决定论，着意于一种具有替代性的假说，即社会进程可视为具备自身动力（不论规划师如何）并获得适合自身空间形式的过程（Jacobs, 1961; Webber, 1963; Gans, 1969）。梅尔文·韦伯认为，新空间秩序涌现是对变化着的技术和社会标准的响应。规划师不能阻止新秩序，他只能延迟它的到来或损害其效率。这种假说颠倒了旧假说提出的因果关系，似乎也成为一些学者确定的哲学立场。根据这种理念，应该将规划师看作社会进程中的仆人，而不是主人。

这两种表面上可以相互替代的方法间的差异比前面讨论的要复杂得多。毫无疑问，许多早期的建筑规划师持有一种幼稚的空间环境决定论，一些住宅再造项目和田园等被认为是治疗复杂社会病症的良药。这种方法显然是不正确的。但现代环境设计者对环境和个人行为的关系细节很敏感（Sommer, 1969）。他们意识到没有确凿证据支持他们所提供的城市设计是好的。两种方法的先进之处在于都发现了反馈的角色。空间环境论者知道，如果他们改变了交通网络的空间结构，那么，社会进程将产生相当多的

---

① 赫伯特·甘斯（Herbert Gans, 1927—），德裔美国社会学家和教育家。著有《都市村民：意大利裔美国人生活中的群体和阶层》《人口、规划与政策：关于贫穷、种族主义和其他国家城市问题的论文集》等。

② 简·雅各布斯（Jane Jacobs, 1916—2006），美国城市理论家和活动家，影响了城市研究、社会学和经济学。她在《美国大城市的死与生》一书中指出，"城市更新"和"贫民窟清理"并没有尊重城市居民的需要。雅各布斯组织草根阶层努力保护社区免受城市更新和贫民窟清理的影响，特别是罗伯特·摩西对她所在的格林威治村社区进行彻底改造的计划。

土地利用变化。社会决定论者也意识到，如果社会进程转向某个主流标准（例如通过汽车进行交流），那么创造一种适合该标准的空间形式只会强化这种标准——大多数美国现代城市设计不是为了方便步行，因此这种设计会强化汽车拥有者的需求和使用。目前，两种方法的差异是微妙的，但它们依然是重要的。考虑一下这两段引文：

"有足够证据表明，自然环境在人们生活中的作用并不像规划师所相信的那么重要。尽管人们在建筑物中居住、工作和游乐，他们的行为并不由这些建筑物决定，而是由人们之间的经济、文化和社会关系决定。拙劣的设计会干扰建筑内的活动，优秀的设计却能有助于活动开展，但设计**本身**并不显著地塑造人们的行为。"（Gans，1969：37—38）

"如果我们认为人类都将被重塑去适应无论他创造的任何环境，那么好的设计就成为无意义的自说自话。长远问题不是我们想要什么样的环境，而是我们想要什么样的人。"（Sommer，1969：172）

这些方法的利弊并不相关：证据太脆弱，假说太含糊。更合理的是将城市视为一个空间形式和社会进程持续互动的复杂动力系统。如果我们要理解城市系统的轨迹，我们必须理解其中的功能关系和那些能够改变轨迹路线的社会进程和空间形式的独立特征。不必天真地认为空间形式和社会进程只是简单的因果关系（无论我们选择何种方式指出因果关系的方向）。系统远比这更复杂。两种方式相互联系、密不可分，也应该被视为相互补充而非相互排斥的替代关系。然而，如果想在某个节点上获得信息，那么就经常需要引入某种复杂交互系统。至于选择空间形式上的某个节点（将社会进程看作结果），还是选择社会进程中的某个节点（将空间形式看作结果），或者设计某种更复杂的方式（加入反馈等），支配我们决策的是便利而不是哲学。

但是，那些预设有一种恰当的语言可同时讨论空间形式和社会进程的方法都是幼稚的。这样的语言也不存在。我们常通过运用语言处理社会进程或空间形式，对城市复杂性进行抽象提炼。在这种抽象模式下，我们既不能有意义地谈论空间形式**引致**社会进程（或者反之亦然），也不能将空间形式和社会进程看作持续互动的变量。我们真正想要的是将某种语言（例如社会进程语言）中产生的结果转化为另一种语言（空间形式语言）。这种转换允许我们揭示一种分析风格对另一种分析风格的借鉴意义。这与将几何学结果转化为代数结果（反之亦然）极为相似，因为两种语言相当于用不同的方式在说同一件事。但是，"**空间形式—社会进程**"的转化问题在于缺乏良好的既定规则。在某种条件下，我们能够建立一个框架同时处理两个维度。考虑一下简单的编程问题，在网络中的某个点上我们按照最小交通成本寻求活动的最优水平。当网络固定的时候，解决方法总是很简单。然而，如果我们允许网络改变，活动点数量在变动，活动水平也同时变化，那么，手头就是相当复杂的问题：关联的数量很快就是个天文数字。虽然如此，这种类型的小问题能够运用关联分析进行处理，我推测某些在城市规划和环境设计中出现的简单问题也能同时在两个维度上处理。但是，在大部分问题上，我们被迫保持要么空间形式一致（这种状态下我们能够解决相当复杂的社会进程问题），要么社会进程一致（这种状态下我们能够解决更复杂的空间形式问题）。在任一情况下，我们都只能在严格假设一边的条件状况下找到另一边的解决方案。这意味着在交叉领域工作中最合适的是战略迭代，我们从空间形式控制战略（伴随着社会进程稳定）转向社会进程意识战略（伴随着新空间形式的稳定）。在两种战略中，我们都可以朝任一方向移动。在迭代序列不同步骤中，我们没有理由不对空间形式和社会进程进行控制。这似乎是城市建模领域正在形成的风格。通常是提出几个可选择的空间设计方案，然后从社会进程角度评估（通常是经济效率或者成本收益角度），比较后选择最优设计。在其他情况下，空间设计的一个部分被改变，对空间设计其他方面的影响则由对社会进程本质做严格假设的空间配置模型来验证。与模拟技术联合使用时，这种迭代方法显然很有用。但是，它确实有一些严重的缺陷，最严重的是，从一种语言转换为另一种的转换规则来自于假设而非已知。这些假设规则对结果有重要影响。区位论中通常采用的策略所引发的问题说明了这一点。

区位论的出发点是：空间通过交通成本可转化为经济学中的商品，交通成本能纳入社会进程模型以发现每个产业或企业的均衡生产条件。一旦具备均衡条件，通过对表面条件的属性进行某种假设（交通设施相同、均质平面等），这种经济上的结果就转换成空间形式的结果。但是，现在普遍认为这种假设仅是图方便，它们在任何时候对过程模型中界定的均衡条件都没有干扰。可以有很多理由批评这种假设。首先，必须克服反馈的难题。例如，在勒施①的案例中，实现均衡导致人口变化，人口变化必定干扰特定空间均衡下空间形式条件的属性（Isard, 1956: 271—272）。城市系统可能按照一定轨迹发展，但由于空间形式一直在变，所以不能确保社会进程中形成真正的均衡。因此，这个系统可能不是静止的而是爆发式的。在空间层面主要的趋势是集聚，因而叫内爆系统可能更恰当。第二个批评是，几何假设本身会影响均衡状态。如果我们假设沙滩的长度有限，那么三个冰淇淋销售者的社会活动在理论是不确定的：多数区位理论有无限平面的假设，这并非偶然，因为没有这个假设，通常就达不到社会进程均衡点。一般而言，隐含在区位论中的空间形式假设不仅是为了方便——它们对结果也影响深刻。我要澄清的是，我不是攻击对空间形式进行假设的区位理论家或城市分析师。实际上，我相信，我们除了用这种假设外几乎别无选择。但重要的是，我们得认识到跨越巨大问题鸿沟的桥梁是脆弱的。我们不可能用它们来讨论早先提过的那种复杂系统，其中的空间是多维的、非同质性的、可能非连续性的、高度个性化的，并因社会活动背景不同而有不同的意义。区位方法容易操作，但我们用它需付出代价。因此，当采用某种策略时，我们应该从现实主义考量所付出的代价有多少，并认识到具体策略中的假设以什么方式影响了分析结果的根基。在力求建构真正的城市理论过程中，我们不能回避这

---

① 奥古斯特·勒施（August Lösch, 1906—1945），德国经济地理学家，以其对区域科学和城市经济学的开创性贡献而闻名。1940年出版的《经济空间秩序》发展了工业区位论。

些问题。最终,我们也许能通过将社会进程和空间形式概念化而超越这些固有的问题。然而,在此之前,我们能做的就是试图评估它们的影响,并相应地调整我们的研究策略和政策。毕竟,科学思想的一个重要信条是:我们只有理解错误产生的根源,才能预估和击破它。

第二章 社会进程与空间形式 2

城市系统中的实际收入再分配

任何涉及城市系统的整体战略都必须包含和协调两类政策的关系——用于改变城市空间形式（如住宅、工厂、交通枢纽等对象的区位）的政策和影响城市中社会进程（如将人与人、组织与人、雇员与就业机会、福利接受者与服务等联系起来的社会结构和活动）的政策。理想状态是，我们应该能够协调这些政策以实现某些一致的社会目标。但目前我们远未具备这种能力。在第一章，我设法研究了达到这种能力所面临的一些困难，它们部分源于城市系统本身固有的复杂性，部分源于我们传统且短视的学科体系不能适应跨学科系统分析的需求，部分源于进行城市系统分析时阻碍空间形式和社会进程完全融合的严肃方法论和哲学问题。然而，当制定战略和政策时，还存在另外一种维度的问题，即明确什么是"一致的社会目标"的涵义。

一般而言，社会规划师和预测者倾向于规避最后这个问题，因为它涉及一系列很难达成共识的社会、政治和伦理判断。规避问题的麻烦在于，不管我们是否喜欢，这些判断不可避免地**暗含**在决策中。例如，如果我们基于目前的知识和趋势来预测未来的人口分布、消费模式、通行需求（模式）等，并相应地配置当前的投资，这就意味着我们可以接受这些未来的条件。只要投资决策产生效果，我们就必须为实现预测的条件承担一些责任。美国拥有和使用汽车人数显著增长的部分原因在于投资政策有利于高速公路而不是其他交通方式。因此，规划师与变化着的社会进程错综复杂地联系在一起，因为即便规划实际上不能实现，但许多已公布的规划几乎一定会影响事件进程（尽管不一定按照预期的方向）。因此，我们不可能找到一条"客观"的准绳来衡量规划政策的成败，因为准绳本身要求我们建立一套伦理标准和社会偏好。例如，过分关注私人汽车是"正确"的吗？社会中有人受苦有人享福，从来如此就是正确的吗？这些都是我们终将面对的问题。当然，这里要说明的是，迫切需要一种普遍接受的综合的社会福利职能，对决策及其结果进行判断。不管现在还是将来，我们不可能为城市系统构建这个普遍接受的社会福利职能。但是，这个困难（大多数人希望它自动消失而趋向于忽视它）不应该转移我们对一些机制的注意力，这些机制将交通网络、工业区、公共设施区位、家庭布局等事物的配置决策（无论公私）与它们对不同群体的实际收入分配效应联系起来。这些分配效应很重要。然而，人们对它们了解甚少，而且相关的配置（allocation）和分配（distribution）机制仍不清楚。当然，我们也有充分的理由不去研究这些机制。如果明晰了一个既定的配置决策中谁损失多少、谁收益多少，我们还必须预见到在执行该决策时会遇到更大的困难。但是，正直的规划师很少能接受"眼不见心不烦"的工作理念。因此，本文余下部分将集中研究城市居民的收入再分配机制。当然，这个问题近年来已经被几位学者提出过［最透彻的应该是（Thompson, 1965）和（Netzer, 1968）所做的工作］。我将试图评价某种再分配"隐性机制"的效应，这种机制往往由于我们无力分析社会和空间变化相互依赖的系统而日渐式微。

1. 城市系统的收入分配与社会目标

大多数社会政策框架是为了维护某一社会系统中既定的收入分配或者在不同社会群体中进行再分配。普遍接受的观点是，一些再分配必须进行，因为人群中总是有一些运气不好者、判断失误者、年老体衰者，他们不能通过寻常方式达到适当的生活水平。当然，准确知晓收入再分配在什么程度上发生是一个伦理问题，不同社会在不同时期有不同答案，这是构建任何有关城市系统的社会政策模式所面临的核心伦理判断。如果我们要实现某种选定的收入分配，我们首先必须掌握收入不平等的形成机制，因为可能通过控制和操纵这些机制，我们才能达到既定目标。研究这些机制不必陈述对既定收入分配的偏好，但可能接下来表露无遗的是，相比英美现存的城市系统，我赞成更具平等性的社会结构。复杂城市系统中收入再分配的"隐性机制"通常是增加而不是减少不平等。这对社会政策具有直接影响，因为它揭示了如果隐性再分配的整体方向适得其反，直接收入再分配中"矫枉过正"的政策就有必要。当然，另一种可能是寻求控制或者利用隐性机制进行再分配，我也将给出如何分配的建议。但是，这些代表我自己社会政策偏好的"旁白"不能干扰对控制收入再分配机制的直接分析。

从寻求对收入的恰当定义开始是相当重要的。最简单也可能是最误导的定义是，收入是"当年实际用于消费的以可支配形式收到的总额"，但是蒂特马斯①给我们提供了一个更综合的定义：

"没有哪种收入概念能真正像综合概念一样公正合理，综合概念包含个体对社会稀缺资源控制能力增长而获得的所有收入，也就是个体经济权力在两个时间点之间的净增加。因此，收入是一个代数总和：①消费权利的市场价值；②在问题所涉时间段内保有产权的价值变化。"（Titmuss，1962：34）

这个定义有一些有趣的涵义，其中之一是收入包含了个体产权价值的变化，"不论变化是由狭义的储蓄还是产权价值增加所致。从个人控制资源的视角出发，最要紧的是其产权真实价值的变化，而非导致变化的过程。"

同样应澄清的是，对社会稀缺资源的控制并不由可获得性和资源价格单方面决定。根据资源特性及其管理，资源可以耗竭、修复或者创造。因此，可能存在多条路径导致个人收入变化。例如，个体能够挣得更多（更少），他能从产权价值变化中获得正面的（负面的）利益，他能在更低（更高）的价格上获得更多（更少）资源供他使用，或者在特定时期他能够既有所得又有所失。在下面，我将使用"收入变化"这个词涵盖所有可能性。

---

① 理查德·蒂特马斯（Richard Morris Titmuss，1907—1973），英国社会政策研究先驱，创立社会管理学。

那么，问题又出现了，即在城市运行中，空间形式变化和社会进程变化如何改变个人收入？

确切回答这个问题需要更细致的理论和经验证据。目前，我仅能提供一些类似假设的猜测和可作经验性支持证据的零散信息。例如，我将讨论与居住机会（根据居民类型）的变化相比，决定工资的社会进程部分受到就业机会（根据产业类别）区位变化的影响。职住不平衡使某些居民群体比另一些群体支付更高的可达性价格。我也将尽力说明，城市增长的空间动力如何引致产权价值变化、资源的可获得性和价格变化。我认为这些变化交叠对收入分配具有很重要的影响，而且随着城市系统规模增大，其影响将变得极为重要。当然，这实际上意味着：由城市系统改变而产生的"附加福利"在城市居民中并非均衡分布。现代收入分配模式越来越考虑到附加福利这个问题。例如，蒂特马斯的观点主旨是，在1939—1956年间，英国实行累进税所导致收入再分配的效果被英国社会系统中附加福利结构的变化抵消了。本章中，我将这类讨论延伸到城市背景中。为此，我需要确定附加福利在工资收入、产权价值和资源控制的背景下是如何运行的。在最后的案例中，我们将关注某种未定价或"免费"的资源在不同阶层的差异性分配（differential distribution）——这似乎是目前城市系统中比较重要的"附加福利"差异化问题。通过这种方式，我相信我们能够部分解释清楚现代社会的一个核心悖论——一个技术快进、越来越富的社会在城市化进程中陷入结构性难题并使形势愈发紧张。

2. 调节收入再分配的一些特征

将造成收入再分配的具体因素分离出来可能惹人厌烦。我们真正要做的是彻底理解城市系统如何运行。但城市运行中存在许多反复出现的主题，为了避免重复讨论，在继续研究前将这些特征分离出来还是有用的。

(1) 城市系统的变化与调整速度

我们分析理解城市系统的很多方法都来自于均衡分析。大多数均衡分析都试图在某种收入分配既定条件下界定一种资源（如土地资源）的最优配置。例如，大多数城市房地产市场分析揭示了在一个**既定收入分配**假设下的均衡结构与形式。只有在此假设下，才能够确定所谓的"帕累托最优"（在不使其他任何人境况变坏的前提下，不可能再使某些人的处境变得更好的状态）。这些模型为我们洞察支持城市结构形成的配置机制提供了工具，但是，它们没有告诉我们既定的收入分配如何产生。即使我们接受收入分配既定的假设，我们也必须考虑达成均衡的速度。

多数研究城市建模的著作都有基本假设，就是能识别出城市系统的自然均衡。这在阿隆索[1]和米尔斯[2]等学者的城市结构确

---

[1] 威廉·阿隆索（William Alonso, 1933—1999），阿根廷裔美国经济学家。1964年，他出版《区位和土地利用》一书，定义了一种城市环境中土地租金形成的建模方法。他的模型成为城市经济学的支柱之一。

[2] 埃德温·史密斯·米尔斯（Edwin Smith Mills, 1928—2021），美国城市经济学家。

定性模型、引力式统计均衡模型和最大熵模型中都是事实（Alonso，1964；Mills，1969；Wilson，1970）。这些均衡分析无疑为我们提供了城市系统运行的真知灼见，但是，我相信不加限制地运用这些均衡模型可能误导研究。当然，这里主要问题是城市系统的不同部分对城市变化的适应调整速度。近几十年来，这些变化更快了，但有大量数据表明，自行完成的适应调整过程需要相对长的时间。此外，城市系统的不同部分拥有不同的适应调整能力。城市组织的某些部分能够即刻响应而其他部分却响应迟钝。因此，认为城市系统的调整是一个同速同质的进程是一种误导。不同的适应调整速度意味着在任一时间点上城市系统确实存在着大量非均衡的差异。例如，很显然在与汽车相关的移动潜能方面城市居民的响应不均衡。从 20 岁到 40 岁的不同居民群体间都存在时间滞后现象。受过良好教育和富裕的阶层必然利用时滞效应拓展其利益、增加其收入。为适应这种新的收入分配，资源配置发生了，收入分配不平等不断扩大的积累过程也开始了。这是一个粗略的例子，但我认为它普遍存在。特别是那些占有金融和教育资源的群体，能够更快速地适应城市系统的变化，而这些响应变化的能力差异是产生不平等的重要源泉。任何城市系统都处在长期差异化失衡状态中（在此我的意思是城市各部分正以不同速度向均衡前进）。城市系统要素适应变化的速度和相应的适应能力是后续分析的基本特征。这意味着我们不能在一般均衡框架下分析我们的问题，尽管它一点儿也不妨碍我们运用均衡分析的理论和经验上的真知灼见。

(2) 可达性价格与邻近性成本

众所周知，可达性（accessibility）和邻近性（proximity）是任何城市的重要特征。我将从住宅消费者角度简要研究它们。只有通过价格才能获得就业机会、资源和福利服务，这个价格一般等同于克服的距离成本、花费的时间成本以及类似东西。但是，要衡量人们的支付价格绝不容易。例如，考虑一下交通研究中时间价值的估算难度就可知道。这里还存在更复杂的问题，因为人们为获得某种设施被迫付出的社会价格，包含了交通所涉及的简单直接成本，也包含了强加于那些强烈抵触做某事的个人身上的情感和心理价位（它可能是对诸如必须接受经济状况调查才能获得福利的人的敲诈）。这些社会和心理障碍很重要。因此，任何可达性的讨论需要我们回答一个根本问题——城市系统中"距离"和"空间"的涵义——这个问题我已在第一章讨论过，也可参考布蒂默[①]的高见（Buttimer，1969）。在本文中，我将使用"邻近性"一词表示与可达性截然不同的现象。我所谓的邻近性是指靠近人们并不直接利用的某种东西所带来的效应。因此，某住户发现自己邻近某种污染源、噪声源或恶劣环境。这种邻近性会给该住户带来某种成本（如清洗费、隔音等）。

不言而喻的是，随着我们改变城市的空间形式（房地产、交通路线、就业机会和污染源等的重新布局），我们也改变了每个家庭的可达性价格和邻近性成本。我们将发现，这些价格和成

[①] 安·布蒂默（Anne Buttimer，1938—2017），爱尔兰人文地理学家。

本在很大程度上是人们在心理因素作用下社会态度的函数。平衡这些变化显然可能引发重大的收入再分配。

(3) 外部性

城市系统中任何要素的活动都可以对系统中其他要素产生某种非价格和非货币的影响。这种影响通常被称为"外部性""溢出效应"或"第三方效应"。米尚①认为：

"当生产和福利的相关效应全部或部分无法定价时就出现外部性。某些时候外部性被看作是价格系统外的副产品，不管想不想要，其他人的行为都直接或间接影响到了个体的福利。"（Mishan，1969：164）

外部性产生于私人和公共活动。最简单的例子是在污染领域，废弃物无成本、无节制地排放到水中或者空气中就是副产品效应的经典案例，这些效应直到现在仍无法标价和控制。外部性可以从成本或者利益角度进行分析，依据是被影响的是生产者还是消费者以及效应本身的特征。例如，一个水力发电站运行可能在洪水控制和休闲机会方面形成积极效应。废弃物的排放可能造成环境退化等外部损失。对城市问题的随便观察表明，整体的外部性需要认真考虑——艾拉·劳里的评论暗含这种事实，"城市中每件事都影响着另外一件"（Lowry，1965：158）。许多这类关

---

① 埃兹拉·米尚（Ezra J. Mishan，1917—2014），英国经济学家，以对经济增长的批评而闻名。他的开创性著作《经济增长的代价》指出"持续增长的先决条件是持续的不满"。

系都转化为第三方效应。然而直到现在,城市系统中外部性的作用很大程度上被忽视了。但是,近来的研究已经集中到"外部经济和外部不经济是一个城市景观中无处不在的重要特征"这一事实上(Gaffney, 1961; Margolis, 1965; Mishan, 1967: 74—99; Rothenberg, 1967; Hoch, 1969: 91)。"当社会物质财富增加,这些效应的出现几率也迅速增加"(Mishan, 1969: 184),我认为这个流行的假说是有道理的。在城市系统中似乎有理由假设,城市越大越复杂,外部性效应就越显著。下面,我的观点倾向于认为多数城市运行(特别是政治领域)可以被解释为试图通过组织外部性的分布以获得收入优势。只要这些尝试是成功的,它们就是不平等的源泉。但即便这种解释不被接受,就城市系统中公共部门决策的再分配效应而言,依然存在大量悬而未决的问题(Margolis, 1965; Thompson, 1965: 118)。

　　城市结构的经济分析中外部性的重要性不能被低估。外部性的"范围和规模越大,人们对即便是理想状态下市场机制配置资源的优点的信心就越小"(Mishan, 1969: 181)。外部性的存在使市场机制不能有效配置资源,这是经济理论的一个重要问题。从政策角度看,它提供了一个公众干预市场机制的理由,也导致谁(如何)为公共物品生产负责这个棘手问题。因此,过去几个世纪以来,外部性问题受到经济学家高度重视(参见Buchanan, 1968; Mishan, 1969: 第七章评论)。几乎所有这类广泛的文献都聚焦于配置问题上而很少关注分配效应,主要因为任何外部性成本和利益理论都涉及对收入分配"最优"的伦理和政治判断,我们大都宁愿回避这个问题。在分配方面,外部性的经济理论并没有告诉我们想知道的一切。但是，在外部性如何产生以及如何利用博弈论决策制定框架来解决分配争议等问题上，外部性经济理论确实给我们提供了一些真知灼见（Davis and Winston, 1962）。

　　将物品分为纯粹私有物品（生产和消费都不存在任何第三方效应）和纯粹公共物品（一旦生产就能被任何人使用），是个非常有用的开始。然而，正如布坎南①指出，大多数有趣的案例介于两个极端之间（Buchanan, 1968：56—57），如部分私有、部分公有的物品。值得注意的是，布坎南将区位看作是"非纯粹的"公共物品的一个例子。诸如消防站（或者其他任何涉及公共服务的区位）等公共设施分布的事实表明，即便生产方面可以确保拥有同质同量的消防保护，但就消费而言，人们并没有享受到同等质量的消防保护。因此，从分配和消费的观点看，区位绝对是一个理解城市系统中外部性作用的关键因子。另一方面，从公共物品生产的角度看，区位可能无关紧要。近来，城市服务去中心化的转型可以看作是基于公共物品生产的政策向基于公共物品消费的政策转型。为了理解分配效应，必须将早先提出的可达性和邻近性与"非纯粹"公共物品关联起来。所有地方化的公共物品都是"非纯粹的"，外部性作为效应的"空间场"而存在。我们可以通过距离衰减函数的扩散方程归纳出空间场（就如描述由空气污染导致的外部性成本的一般过程）。从废弃

---

　　① 詹姆斯·布坎南（James McGill Buchanan, 1919—2013），美国经济学家，以公共选择理论而获得诺贝尔经济学奖。

物品对附近产权价值的影响到飞机场噪音影响的领域,这些外部性的空间场在广度和强度上都有差别。外部性空间场可以是正向的,也可以是负向的,也可以在某些时候两者并存(因为飞机场从污染和噪音角度看令人讨厌,但带来就业和流动的重大利好)。我们对这些城市环境中外部性空间场的形状和形式知之甚少。但是,它们的区位无疑对个体收入有非常大的影响。它们的变化可能是收入再分配的一个重要因素,因而也是导致收入不平等的潜在因素。政治进程对外部收益和成本的区位有深刻影响。的确,将地方政治活动看作配置外部性空间场的基本机制,借此获得间接收入优势的情况也是有的。

3. 工作和住宅区位变化的再分配效应

城市在过去大约二十年急速生长,导致一些城市的空间形式发生显著变化。因此,已经存在(或者假设将存在)的城市系统对各种活动区位和分布进行了一个显著的再组织过程。很容易将这些变化看作某种程度上"自然"和"正确"的事情,或者将其看作城市系统对技术变化、需求模式变化等的适应性表现。然而,从政策角度看,城市空间形式调整可能以不同方式导致收入再分配。在本文中讨论将要发生的所有事情是不可能的。因此,我将更多通过举例的方式进行说明。

城市中经济活动区位变化意味着工作机会区位的变化。居住活动区位的变化意味着住宅机会区位的变化。这些变化可能都与交通费用变化有关。交通可达性的变化当然影响从住宅区位到可能的工作地点的可达性价格。这些变化很好理解(它们的确毫无例外地出现在任何城市增长模型中），但是，很难清楚地觉察到它们在收入再分配中的涵义。例如，试想一下这种情境，在许多美国城市，居住区位和就业机会区位都存在非常快速的郊区化趋势（Kain，1968；Kerner Commission Report，1968）。如果我们观察一下工作区位（通过产业类别）和住宅区位（通过居民类型）的变化及交通设施的典型调整方式，已发生的财富再分配就显而易见。相当多的证据表明，低收入住宅的供给缺乏弹性（Muth，1968：128），它们在区位上是固定的，部分原因在于这是任何城市都能找到的住宅存量的特有模式，部分原因在于受到强有力的社会邻近性约束。因为这些原因，我们能预见到低收入住宅的主要供给来源是中心城区。城市系统似乎对低收入者的郊区住宅需求反应迟钝。在内城区①扩展需求存在的困难（部分是由分区法规的制度约束造成），意味着低质量、低收入住宅却有相对高的价格，而且给产权所有者带来的利润很可能会比我们在真正均衡条件下预计的还要多（Muth，1968：126）。因此，除了价格相对高的内城区，低收入家庭别无选择。当然，在大多数美国城市，由于缺乏针对黑人居民的公开房地产市场（而大多数穷人是黑人），这种状况更加恶化。同时，新就业机会增长主要集中在郊区圈层，因而，低收入群体逐渐与新就业源泉断绝了联系。他们不得不在内城区或者中央商务区（CBD）等地相当滞后的产业中寻找就业机会，无论哪种状况下，这两个地方都只能提供一小部分非熟练低收入就业岗位。相比之下，郊区居民可供

---

① 英语里内城区指大城市中的一片低收入地区，是"贫民窟"的委婉说法。

选择的范围更广阔。他们可以利用快速换乘设施进入中央商务区，也可以在不断增长的郊区就业中心寻找职业，还可以利用环城公路和环城高速公路在郊区圈层移动。

城市系统中区位再造过程注定强化了郊区富裕群体的选择机会而削弱了内城区低收入家庭的选择可能性。这种状况部分被交通政策抵消，但整体而言，政策强化而非消解了现有趋势。因此，迈耶对不同类型城市交通系统发展的意义评论道：

> "既然由这些……不同的基础性城市交通系统服务的群体是很不一样的，那很明显从这些系统升级中获得利益的几率差别很大。例如，从郊区到市中心的长距离、高性能的交通系统升级基本上对高收入群体更为有利。某种程度上，这些系统的发展是由公共基金资助的，那么隐性收入转移可能是在开倒车。相比之下，针对传统的内城区的短途中转站的项目支出一定会对大多数中低收入群体有利。"（Meyer, 1968: 68)

迈耶继而认为那种将中心城区的人运送至工作机会多的郊区的"内—外系统"发展薄弱（大多数时候被完全忽略）：

> "那些在郊区家庭做家政工作、在城市中心贫民窟居住的黑人妇女是典型；但是，现在越来越多的黑人男性也加入其中，因为制造业、城市内部交通甚至批发零售业也越来越集中布局在郊区，而住宅机会依然被限制在内城区的贫民窟。"

总的来说，对交通系统的调整有利于郊区，却忽视了内城在就业机会上的需要。但现在即便政策能扭转交通系统的发展趋势，还是与低收入家庭的意愿相矛盾，因为房地产市场（在数量或区位方面）无法适应就业地点的变化，他们还是需要安排到郊区就业中心的支出，而（我们得知）低收入家庭最初之所以选择在内城居住，是因为他们想把交通成本支出最小化。这似乎是城市空间形式缺乏弹性导致几乎长期非均衡的城市社会系统的经典案例。从政策角度看，它揭示了公共部门介入房地产市场的必要性（例如，通过在有就业机会的郊区附近建造低收入住宅）。然而，即使我们承认自然均衡为社会所接受，在某个合理的时间阶段，达到所谓的"自然均衡解决方案"的希望似乎非常渺茫。

从区位转换影响收入再分配的治理机制的简短调查中，可总结出如下概况：

（1）因为就业资源主要集中在郊区，所以低收入家庭为主的内城区获得新就业资源的机会下降，其结果是内城区失业率居高不下，趋势有增无减。

（2）因为低收入者的住宅供给缺乏弹性和区位固化，低收入家庭几乎没有机会迁移到郊区，不得不面对内城区高企的房价。

（3）如果内城区低收入家庭确实获得了郊区的就业机会，将面临着比理论上所接受的更高的交通成本（这种状况不会因对"内—外交通系统"的关注而改善）。

因此，城市空间形式的非均衡差异能够重新分配收入。一般而言，富裕阶层和资源丰富者能获更大利益而穷人和不能流动者机会有限。这意味着在快速变化的城市系统中,收入再分配的倒退广泛存在。

4. 再分配与产权价值变化

我不想验证产权价值变化的所有方面,为了解释清楚,我将考虑依然嵌入城市空间形式(宗地及其建筑物)中的特殊产权。城市中这些产权的价值在短期内有显著的、反差很大的变化,它通常被视为人口迁移、地方设施变化、时尚转型、投资政策变化等的结果。很显然,任何产权价值都受到相邻产权价值的影响(Mishan,1967:60—63;Muth,1969:118—119)。因此,除主人以外的个人和组织的行为都能影响产权价值。这些产权所有者权利价值的外部性既不受所有者控制,也不完全符合理想的自由市场运行的价格系统要求。当然,现实中不存在一个自由而公开的房地产市场,所有市场运行者都不具备完全信息。而且,就如我们所看到的,不同类型的住宅具有不同的弹性(低收入的住宅对需求的响应要远远小于中高收入的住宅)。但是,即便我们抛却这些复杂假设,我们还是必须处理房地产市场理论上非常棘手的外部性问题。这些外部性可以从许多地方产生,它们总在土地和房地产市场上不断盘旋。只要房地产市场对它们敏感,我们就可预测它们会影响土地价值——例如,新的污染源会导致土地价值下降,一个新的公园设施可以导致土地价值上升。我将在下一节从完全不同的角度研究这些类型的外部性。本节将集中研究外部性对土地市场本身的影响。奥托·戴维斯将这一理论问题表述为:

如果存在依赖，那么在完全信息的情况下，个体行为对生产价格的市场机制反应充分，由此导致系统帕累托最优。另外，如果不存在独立，那么，纯粹的个体行为本身并不能被期望经由非限制性的定价机制达到帕累托最优。（Davis and Whinston, 1964: 443）

此处"独立"被赋予的涵义是"任何人的效用收益都不受其他人的决策位置的影响。"这个条件在房地产市场中被削弱，因为一个人的效用收益确实对其他人所作的区位决策选择和其他产权者的投资决策非常敏感。那么如何实现帕累托最优就成为一个问题。假设中央政府对个体在不同位置的不同效用拥有完全信息，那政府干预就是充分的。这种状态似乎不可能（这不是一个放弃政府最终干预房地产市场的充分理由）。但是，达到帕累托最优的一个途径是通过房地产市场中的群体行为。因此，"如果群体行为被允许且准确定义的边界约束导致群体独立，那么，价格拥有充分信息可满足两步或多步的解决方案"（Davis and Whinston, 1964: 433）。这些群体必须按照地理分区的空间结构进行组织，每个分区的条件对其他分区条件的影响必定微弱。当然，这种分区独立性在实践中不可能成立；但奥托·戴维斯和安德鲁·惠斯顿模型非常有趣，它揭示了房地产市场中群体活动可以用来消解由外部性导致的难题，借此强化产权价值。可以构建不同类型的联盟：

首先，在互动中增加彼此成本的消费者能够通过某些特定距离选择分散的位置来协调其策略，以降低互动成本和提高其安全水平。这种联盟被称为非同质群体。其次，消费者能够通过选择毗邻的位置以消除使用指定分区给他们带来的互动成本。这种联盟被称为同质群体。

这在逻辑上的结果是，在城市的领域组织中，每个领域的群体都有相同的价值观、效用函数和行为（只要和产权相关）。这相当于一个空间组织，如此设计是为了分享外部性（也为他人产生外部性）。在这个关键点，借用布坎南"推断性预测"这个（经济学家喜欢）的隐晦推断形式（Buchanan，1968a：3），派生出一些在房地产市场中便于分享外部性的制度，是非常有趣的。分区制显然可以胜任这个角色，奥托·戴维斯和安德鲁·惠斯顿运用他们的模型证明了分区作用的存在。但是，即便没有这种制度，也应该假设：当每个社区或者邻里产生利益和成本时，通过空间组织保护外部性利益、消除外部性成本，那么，城市的社会组织就有效且稳定。采用这种方式，一些外部性能被有效处理（如那些与邻里强烈呼吁相关的事情）。因此，城市中的领域组织就有了理论上的正当性。如果我们暂且接受这些观点，那么，有趣的是继续追问城市如何以某种合理方式进行分区。社区应该足够大（总是面对为大量居民合作设计战略的成本和困难），还是应该小（不能控制其他小群体带来的外部性）？因此，在房地产市场中合理分享外部成本和利益的整个方式中所隐含的尴尬问题是，如何界定一个合适的区域或领域组织（regional or territorial organization）。可以设计无限多的分区，但我们需要预先界定个人效用最大化的特殊分区（Davis and Whinston，1964：442）。但是，这类问题没有简单或明确的答案。

对上述分析可以提出大量批评和质疑。首先，联盟程序理性假设了个体在谈判中具有同等能力和意愿。然而，分区制的历史表明这种条件不可能成立，特别是在经济和政治权力存在重大非均衡的状态下（Makilski, 1966）。其次，我们被迫假设区域间没有外部性，结果常是事与愿违。为解决社区间冲突的方案设计策略是可能的，假定存在充分的谈判机制，解决这类问题在理论上也行得通。然而，这会引起一些社区间谈判过程中的棘手问题，因此，我将在下一节深入讨论细节。在这里，注意到这种相互依赖会破坏帕累托最优的条件就够了。第三，我们必须考虑假设选址同时性所引起的问题。选址过程是有序进行的，这隐含了市场中后来者"具有额外的信息优势，因为他们可以观察所发生的一切"（Davis and Whinston, 1964：433）。因此，随着新位置的占用必然会对已开发位置增加新的成本和利益，房地产市场的外部性模式发生着有序的变化。如果不存在移动成本或者限制，就没有问题会产生；但是，既然存在，我们就不能指望市场会按照最优模式运行。为了维持有利于他们利益的外部性模式，市场的先行者想必会试图贿赂或者威胁后来者。因为做这两件事的能力完全依赖于相关群体的经济和政治权力，我们可能发现房地产市场和定价体系中存在空间演变，因为市场与定价体系趋向于富人获得额外利益，而穷人和政治上的弱势群体承担成本。

这类房地产市场分析向我们表明，一个自由市场不能产生价格的帕累托最优，而房地产市场因为有其自身的内在空间逻辑，如果它要持续发挥作用，就必须包含群体行为。这反过来解释了房地产市场为什么会对经济和政治压力特别敏感，因为只有组织和运用这些压力,个体才能够保护或者强化他们相对于其他个体的产权价值。此时与大多数时候一样,经济和政治上的弱势群体可能承担更多痛苦,除非出现了纠正这种自然产生但不道德的情况的制度约束。

5. 资源可用性与价格

个体实际收入随其可利用资源的变化而变化(Thompson,1965:90)。引起这种变化的原因是多方面的。免费的未定价资源(例如清新空气和安静)的数量会变,资源价格会变,获得这些资源的成本也会变。当然,土地和住宅价值、资源价格之间有关联,因为后者变化想必基于前者变化的资本化。鉴于房地产市场的弊病,我们有理由相信这种资本化未必合理。多数情况下,这种变化的资本化只反映但不符合受资源可用性和价格影响的经营成本的实际差额。因此,随着城市系统扩张与发展,我们不得不考虑资源可用性与价格变化对收入分配的直接影响。

从为城市系统中的"资源"一词设定有效定义开始是可行的。作为商品进入生产的资源概念已经不充分了,要不是资源概念对传统经济分析模式还有基础性作用,它也许早该被抛弃。近来,这个概念被拓展到诸如便利设施和公共空间等方面。但不幸的是,依然存在将资源看作"自然"的趋势。我想,将城市看作海量的资源系统(其中大部分资源是人造的)将更令人满意。某种意义上,城市资源系统是地方化的资源系统,我们所用的大部分资源并不是遍地分布的,因此,对它们的利用依赖于可达性和邻近性。因而,城市系统涵盖了经济、社会、心理、象征符号等大量创造性资源的地理分布。遗憾的是，从简单的生产角度的资源定义转向与消费有关的资源定义时，我们增加了概念在验证收入不均衡和分配效果上的适当性，但降低了我们界定资源利用量化手段的能力。原因容易说明。首先，我们必须考虑到任何资源开发中固有的外部性。其次，我们不得不面对资源也是技术和文化评估的事实——换句话说，它们的数量依赖于居民个体偏好和人们拥有的开发资源系统的认知技能。

自然和人造资源的分布常是地方化的。反过来，区位决策导致人造资源空间可用性的进一步演变。区位论和空间互动理论的一般原则是，资源或者邻近性的地方价格是其用户可达性和邻近性的函数。如果可达性或者邻近性变化了（每当区位变化发生时就如此），那么地方价格乃至个体实际收入也会变化。控制的资源，也就是我们定义的实际收入，因而也是区域可达性和邻近性的函数。因此，城市空间形式的变化及其衰退、更新和资源创造的持续过程都将影响收入分配，可能会形成重要的实际收入再分配机制。让我们考虑公共空间资源的例子。

我们假设城市里每一个人对公共空间都拥有完全等同的需要。如果可达性好，公共空间的价格较低；如果可达性不好，价格就会高。假设对公共空间的需求完全无弹性，那么，我们可以认为城市内可达性价格变动直接影响收入。城市内或它周边的公共空间配置因而影响收入分配。克劳森写道：

> 作为城市内公共空间的替代或者补充，任何相对接近城市的乡村空间的利用都会对收入阶层的参与产生不利影响。真的穷人没有机会住在乡村通勤上班，也不能在乡村打高尔

夫球。这些乡村公共空间的利用被限制在中高层阶级。此外,如果居民中最雄辩和政治上最活跃的那部分人将这种乡村空间利用视为解决公共空间问题的重要方式,他们可能忽视或者反对在市中心提供最紧缺和最急需的公共空间的昂贵项目。(Clawson,1969:170)

显然,我们能够对城市系统中任何设施的供给(健康和教育服务、污水处理设施、警务和消防服务、购物机会、娱乐和其他休闲设施、交通设施)进行大致相同的描述,更不用说通常被概括为"城市环境质量"的无形吸引物。许多资源由公共行为进行布局,因此,意识到"一般政府功能的再分配方面确实不同凡响而且随着城市规模扩张而增长"是非常重要的(Thompson,1965:117)。但是,其他是由私人创业者的决策造成的。然而,不管谁是决策者,区位决策活动本身具有重大的分配意义。换句话说,都涉及公共物品。从消费者的观点出发,这些确实不是纯粹的公共物品,因为它们不允许消费者考虑拥有等量、等质的物品。据此,我们不得不提醒自己,对生产者而言最有利或最高效的方案,不一定是对消费者而言有最大社会利益的方案。因此,通过区位论我们得知,从生产者角度支配区位布局的力量,从消费者角度分析时不一定有益——就像霍特林所举的沙滩上两个冰淇淋销售者的经典案例所揭示的那样。因此,我们也知道,在垄断、双寡头垄断、寡头垄断的任一状态下,市场进程不可能产生一个对消费者最有利的区位模式。同样,我们知道外部性这一事实在决策中会破坏我们对市场机制的信心。因此,有许多理论依据预计城市系统中资源的可用性和可达性将极度失衡。也有很好的理论依据（在后面将验证）预计这种不平衡运行将有利于富人而损害穷人。这一事实在大多数美国城市都不难发现，随便翻翻克纳调查委员会①的报告就可看到（Kerner Commission Report, 1968）。资源可用性和可达性差异对社区造成的一些地方成本是可以量化的（如真实的对消费品过度收费的程度），但是，也存在其他足够真实却极难衡量的成本（如高婴儿死亡率、精神障碍、神经紧张）。

这种分析方式可用于处理那些由邻近某些容易产生外部成本的城市环境而产生的差异化成本。我在此考虑的是空气污染或者水污染、噪声、拥挤、犯罪活动等城市环境问题。在每种情况下，个人成本是与其形成根源相关区位的函数。例如，空气污染强度会随着源头扩散和消散率而变化，个人成本取决于他在各种效应的空间场中的区位。空气污染带来的总成本难以计算。我们能够合理估算空气净化和维持质量方面的成本（Ridker, 1967; Yocum and McCaldin, 1968: 646—649），但心理和生理健康等间接成本特别难以估算。我们也可以根据失窃或者受损的物品价值估算犯罪的影响，但那些因恐惧而导致的与正常生理和社会活动割裂的间接成本则难以估量（这可能意味着老人被迫与公园等便利设施分开）。在整个城市系统中，这些成本模式变化差异很大，以至于一些群体几乎不付成本而另一些则负担巨额成本。

我们简要回顾一下个体实际收入受影响的途径，包括资源可

---

① 1967年美国总统林登·约翰逊组织成立的全国公民骚乱咨询委员会，旨在调查当时社会动荡的原因。

达性、可用性和价格，还包括城市中不同活动的外部性所带来的成本。如果我们能够衡量这些，并以某种方式将它们加总，那么总效应将是什么呢？这可能是个难以回答的问题（因为能够量化的成本太少），但是提出来仍然是有用的，因为我们关注的是产生收入不平等的一套重要机制。当然，实际收入的多种影响之间相互抵消是十分可能的，如此处的空气污染成本可以平衡彼处犯罪活动的成本等。如果非纯粹公共物品和服务的供给和资助方面存在某种逻辑的话，在所有时间段所有这类物品上达成这样的均衡是必要的（Buchanan, 1968: 162）。然而，我们很难反驳这样一个结论：整体而言，相对于穷人和政治弱势群体，富裕和特权阶层获得更多利益却承担较低成本。某种程度上，这个结论是一个直觉判断。但是，为了使它变得更可接受，需要给出理论依据。这也是我现在想做的，虽然只是一个很粗略的想法。

在这一讨论中，我们的根本关切是既定空间形式下活动安排对分布的影响和空间形式变化对再分配的影响。区位变化主要通过与之相关联的外部性影响再分配。单个家庭、企业、组织、公共部门等都可以进行区位决策。大多数决策者（至少在理论上，除了公共部门）为了他们自己的利益而选择区位，很少考虑到（除非法律上被迫）其决策对第三方的影响。因此，城市中任何个体的实际收入都很容易受他人决策的影响而变化。因为别人的决策几乎没有将他的福利考虑在内，所以他几乎不能对这些决策有任何影响，除非：①改变他自己的区位（他将付出些费用）以维持或者增加其实际收入，或者②通过联合其他人与行动群体或集体施压来阻止那些缩小他们实际收入的区位决策，鼓励那些增加他们实际收入的区位决策。因此，根据影响人们实际收入的各种外部性场景的定位，城市空间形式变化的方式将部分取决于群体生成、相互谈判和采取集体行动的方式。正是在这种意义上，城市系统中的政治进程可以看作是分享外部利益和配置外部成本的一种方式。在这种模式中，一个有权力的组织将比另一个组织获得实际收入优势。政治权力的现实就是这样，富人群体由此变得更富，而穷人群体则受剥削。城市系统中目前的实际收入分配必须被视为"政治进程中可预见的产出"（Buchanan，1968b：185）。因此，要理解收入不平等的生成机制，就必须理解城市运行中的政治进程。这个议题很重要，所以我将用单独一节来阐述。

6. 实际收入再分配和政治进程

很难设计出一个完备的框架整合城市系统所体现的政治进程的复杂性。在这一节，我将尽力说明实际收入再分配和政治决策之间存在很明显的关系。然而，我试图解释城市中多数政治活动就是为了利用和控制再分配的"隐性机制"所进行的争夺和议价（Wood，1968）。我也将关注议价过程的某些方面，藉此为隐性机制主导的实际收入再分配天然具有劫贫济富倾向的观点提供某种理论依据。

试想一个简单的情况，两个社区（每个社区都是一个同质的群体）由于彼此距离很近，因而一个社区的活动会给另一社区带来外部收益或成本。这种社区间的相互依赖提出了许多理论问题——例如，在房地产市场中，它将破坏达到帕累托最优的一个必要条件。这两个社区如何解决这种状态下产生的冲突呢？如果社区 A 大量投资某一设施而社区 B 也从中获利，社区 B 被允许"搭便车"吗？还是社区 B 贡献一些投资？如果贡献，那么多少合适？同样，如果社区 A 谋划一个对社区 B 有害的行动，B 如何与 A 谈判呢？如果补偿，A 应该付给 B 多少合适？这个问题可按照双人零和博弈模型阐述。那么，界定理性的或最优的方案（假设条件都满足）是可能的。例如，奥托·戴维斯和安德鲁·惠斯顿就用这种方法对两个相互依赖的企业因存在外部性导致的收益和成本进行了配置（Davis and Whinston, 1962）。识别最优解决方案取决于博弈如何被建构以及参与者的行为特征。结果则取决于参与者可获得的信息总量、他们的合作意愿、他们的悲观主义或者乐观主义倾向等。艾萨德①等深入评价了双人非零和博弈的各种变化类型。他们也揭示了如何通过博弈论拓展到所谓的**区位博弈**来解决社区之间的外部性问题（Isard et al., 1969：第 6 和 7 章）。博弈形式多种多样，如两方甚至三方参与者通过跨区域系统的基金配置手段联合发展和利用资源、公共设施（例如飞机场或者高中的选址与财政资助等）。所有这些情况下，识别最优方案都是可能的，由此可以为解决社区外部收益和成本导致的冲突提供合理的基础。当然，一般而言，像城市系统这么复杂的系统需要一个更广泛的分析框架——假设 n 人，双边收益确定的非零和博弈（后一个条件是形成联盟所必需的；城市政

---

① 沃尔特·艾萨德（Walter Isard, 1919—2010），美国经济学家，区域科学、空间经济学创始人，1960 年出版了《区域分析方法》一书，书中系统阐述了区域开发的理论和方法，标志着区域科学的形成。

治系统中的联盟极其重要）。但是，这些博弈难以分析和运用（Isard et al., 1969）。虽然如此，我们可以得出这样的结论：理论上，我们通过政治活动和议价，可以利用收入再分配的"隐性机制"对散居空间的人口实现非纯粹公共物品和服务的平衡配置。我们还可以得出这样的结论：只有政治进程有序地组织，群间利益相异而群内利益相同的群体才能实现"议价平等"。这种情况不可能存在，对其原因的分析将会为富人总是从穷人受损中获利的预言提供证据。

在博弈论中，我们经常假设参与者平等地控制资源。但是在联盟分析中，我们却拿掉了这个假设，认为这是一个"权重决策博弈"（Isard et al., 1969：400—402）。在这种博弈类型中，每个人给联盟带来一定的"资源"，可用于议价过程。这种资源可以是一张选票、金钱（如合法和非法的单方支付）、影响（如与另一群体的联系），也可能是信息（如竞争者信息或适当的战略信息）。非常有趣的是，选票可能是这些政治性活动资源中最不重要的，而这是所有联盟成员中唯一平等分配的资源。在权重决策博弈模型中，结果取决于有足够多资源"获胜"的联盟出现。收益通常对于获胜联盟是正的，对失败联盟而言是零。城市政治学中这种状态非常普遍，而且解释了我们的预期——越有权力的社区（金融的、教育的或有影响力的），越有可能将区位决策导向自己有利的方面。因此政治谈判过程中可得资源的不平等为未来资源配置创造了条件，从而会强化不平等。

迄今为止，我已假设存在一种类似同质"社区"或者"群体"的东西，它能在议价过程中有效发挥功能。但这种条件几乎达不到。因此，我们必须理解以下方面：群体如何形成，为什么形成，以及一旦形成后他们如何作为一股力量在政治领域中运行。这是个复杂问题。我主要关注一个群体形成的可能性、行为一致的可能性、在政治谈判中运用权力的可能性和成功提供集体物品的可能性。在此，"小群体"和"大群体"之间似乎存在较大区别。这种区别在奥尔森的群体决策分析中被明确提出来（Olson，1965）。这种分析在个体的自利行为假设上进行，然后显示出"群体越大，就难以提供集体物品的最优数量"。这种结论的证据难不住我们。重要的是，小群体可能在给自己提供集体物品方面更具有优势，特别是当群体中某人生产该物品具有压倒性收益时。但是，更大更平衡的群体可能没这个效果。这个结论与一些分析群体选择和集体行动的分析家得出的结论相似（Buchanan，1968）。将它延伸到政治谈判进程并不困难，可以预期：

> 小群体（特权和中介群体）常常能够击败大群体（潜在集团），后者通常被认为在民主中占据上风。特权和中介经常顶住巨大压力战胜潜在集团或者大群体，是因为前者通常是有组织和积极的而后者普遍是无组织和消极的。（Olson，1965：128）

基于个体自利假设预测的情况看起来令人惊讶，即便痛苦的经历告诉我们，富有资源、组织良好的小群体通常能打破广大无组织群众的意愿。奥尔森指出，只有通过诱导（例如退休和保险红利）或者胁迫（例如经由工会的商店关闭政策），各怀私利的大众群体才能组织起来为他们的集体利益而奋斗。

这些普遍性结论对于理解政治体制在城市中的运行具有非常重要的意义。例如，我们能够直接预测：

> 在为两个或者更多的辖区提供惠及个体的集体物品时（诸如通勤公路和教育），与大都市毗邻的地方政府倾向于不提供充分的服务量，而最大的地方政府（如代表核心城市的那个）将承担那部分不合比例的负担。（Olson, 1965: 36）

任何产生强烈的惠及整个政治系统的外部利益的活动将自然地趋于供给不足，它也试图假设，产生强烈外部性成本的活动被认为是控制不足或者补偿不足。因为小团体在政治决策制定进程中更有影响力，我们能够推断出大多数决策（包括分配政策和区位政策）将过度反映小型压力团体的意愿而不是普罗大众的意愿。因为这些群体极少按照利他主义行动，我们能够预期这些决策为群体内部而不是其他群体的成员提供了直接或者间接的利益。根据奥尔森的分析，还存在两种可预测的其他结果。首先，为了获得一个集体目标，即便在达成该目标将使社区内每个人都能变得更好的情况下，大群体中一个成员主动放弃他的一点蝇头小利都是不可能的。找到这种行为的例子并不困难[在这点上基恩和斯特朗对白兰地计划的反应就是极好的例子（Keene and Strong, 1970）]。其次，大群体自愿保持一致性的政策和目标也是不太可能的，因为如果要做得有效率，必须通过达成共识或者漠不关心的方式允许某一小群体代表他们去谈判和履行政策。很有可能的是，小群体以大群体的名义去实现代表小群体利益的政策，我们必须预计到为执行权而存在的大量群体内竞争，这将削弱群体的谈判地位。在城市背景下这类事情司空见惯，它出现的频率是支配"土地利用规划博弈"结果的非常有影响的力量（Keyes，1968）。

我们可以得出结论：对于自利的个人而言，不可能组成一个自愿为团队成员集体利益而行动的大群体。只有外部诱因存在的时候、能够实施制裁的时候，或者在大群体决策以及群体内、群体间谈判的"博弈规则"制度化的时候，大群体行动才有可能实现。这种结论显然不是普遍正确的，毫无疑问，例外时有发生（通常依赖于议题的重要性、态度的一致性、代表大群体利益的执行群体的敏锐和利他程度等）。这种结论引导我们关注现有制度框架的两个方面：达成集体决策和调停居民中不同压力团体之间的竞争性需要和愿望。我不想详细解释这些制度如何运行导致了收入再分配。但是，有两件事情值得说明。首先，它们部分反映了现有的群体活动，因此，它们更可能考虑来自小群体的压力（特殊游说集团和特殊利益）而不是对大群体的需要和愿望作出反应——因此，近来美国的论调是让城市管理更多响应人民的需要。其次，一种制度结构一旦被确立，很可能变得封闭或部分封闭。例如，近年来彼得·巴克拉克对巴尔的摩反贫困政策的研究发现，低收入阶层很难在实际谈判过程中找准位置（Bachrach，1969）。换句话说，由于制度障碍或者其他群体的驱逐，某些群体很可能被排除在谈判和议价博弈之外。只有强大而团结的群体才能够克服这种障碍，绕过所谓的"非决策"问题。这揭示了为什么城市规划博弈更像是单人纸牌游戏而不是多人非零和博弈。

上一段的重要性在于，我们能够预期在就外部收益成本和集体物品的群体内和群体间议价的结果存在巨大的不平衡，因为①不同群体拥有不同的用以议价的资源；②居民中的大群体一般而言比小群体更脆弱、更人心涣散；③一些群体没有共同谈判的机会。如果收入分配是一个"可以预见的政治进程的结果"，不难预测分配的基本流向。首先，我们能预见"CBD帝国主义"，中心城市良好组织的商业利益（与小群体的垄断结构一起）有效控制着城市其余部分的松散和弱小的联盟。近来这种论点被科特勒有力地讨论过（Kotler, 1969）。其次，我们也能够预见"中心城市郊区化"（suburban exploitation of the central city）假说（Thompsom, 1965; Netzer, 1968: 438—448）。换句话说，我们能够预见不同群体在开发城市提供的各种资源时存在"啄食顺序"，那些位于啄食顺序末端的是失败者：

> 贫民窟包罗了所有的失败者，在学校、工作、垃圾收集、街头照明、图书馆、社会服务等城市物品斗争中，贫民窟也是失败者，不管这些公共物品如何分配，在贫民窟的供给总是短缺的。结果，贫民窟是一个人们缺少资源去有效竞争的区域，也是一个对这些资源配置和维持渠道缺乏集体性控制的区域。这可以为大都市规划提出一些新方式——意识到权力再分配必要性、资源更广泛的可达性以及将个人决策拓展到那些一直拒绝开放的领域。（Sherrard, 1968: 10）

在城市系统中，要通过自然产生的政治程序（特别是基于个人自利的哲学）实现平等或正义的收入再分配的前景确实黯淡。我相信，社会系统认知这个事实并调整自身以应对这种自然趋势的程度，与在大规模城市化进程中社会系统成功避免结构性问题和社会紧张加剧的程度密切相关。

7. 社会价值观与城市系统的文化动态

"实际收入"概念的前提假设是价值依附于个人产权和控制资源。衡量外部成本和收益的前提假设是存在一种我们可以衡量（也可比较）环境变化对个体或者社会群体收入影响的价值系统。随机观察的结果告诉我们，人们以不同方式评估不同事情的价值。新古典基数效用原理假设存在一些衡量个体"偏好强度"的公认的标准工具，自从抛弃该原理以来，生活的基本事实一直困扰着经济和政治理论。用序数效用代替基数效用看起来在衡量上更现实，但它本身又提出了问题——特别是导致了阿罗描述的悖论，即从一套个体序数效用函数出发推导出社会偏好或者福利函数是不可能的（Arrow, 1965）。走出悖论有两条路径。第一条是在没有完美基数这个必然假设的情况下，尽力获得一些偏好强度的衡量方法。如果个体偏好能根据感知强度衡量，那么获得某种社会福利函数是可能的（Minas and Achoff, 1964）。对衡量主观价值这个问题，大量关注集中在心理学和心理物理学领域：已完成的工作显示依据偏好和权重能够获得信息，例如，技术存在的目的是为了处理定序数据以获得度量信息（Shepard, 1966）。即便存在良好的观点论述（例如 Fishburn, 1964），这项工作依然没能如期整合到主流消费者选择理论中由〔(Coombs, 1964)和(Nunnaly, 1967)总结〕。走出阿罗悖论的第二条途径也是理论经济学家所采用的,通过设定"一致性规则"可将问题解决,该规则依据惯例假设居民中的每个人对一组选择都有同种类型的偏好(Buchanan, 1968)。只有在这种假设下,才可能达到帕累托最优。当运用一致性规则时,选择项才具备"帕累托可比",当该规则不存在,他们就是"帕累托不可比"(Quirk and Saposnik, 1968: 117)。城市结构的普遍经济学理论(例如上面列举的戴维斯—惠斯顿模型)和区位理论要求选择帕累托可比。问题是,当不存在帕累托可比时,会产生什么。

这对公共物品配置理论的影响是严重的。人际效用函数的存在对博弈理论模型是"一场浩劫"(Luce and Raiffa, 1957: 34)。两个效用函数完全不同的群体间的议价不可能用任何理性的方式得以解决,选举程序将我们带入一个远非最优的位置。同样,不同群体之间的补偿问题呈现出新的方面。转移支付对穷人可能非常有意义,而对富人几乎无关紧要。同理可得,穷人更不可能承受失去外部利益或外部成本增加的代价。这让我们想到一个有趣的悖论,与富人相比,穷人愿意为一份相当少的转移支付承担外部损失。换句话说,富人"无论如何"都不可能放弃便利设施,而穷人因为经受不了损失,很可能会为了蝇头小利而做出牺牲——这种估计存在经验的支持。但是,在此情形下,我们将处理的是不同的群体对既定结果表达不同偏好顺序时产生的简单问题。但还存在相当严峻的困难。例如,当群体没有觉察到相同的选择项或者相同的潜在产出时会发生什么呢?这种情形下,每个群体有自己可觉察的行为空间,而冲突可能会发生,因为任何一方都不能明白或者理解另一方所觉察到的行为空间。当群体不能达成"博弈规则",类似的困难也会发生,因为这些规则的建立很大程度上决定了结果,在规则层面上存在的冲突可能与谈判中的一样多。这意味着,社会和文化价值的异质性使得群体之间达到如艾萨德区位理论中具体化的、"有效的"谈判位置是不可能的。据此可推论,如果城市居民在社会和文化价值方面存在广泛的异质性,城市系统将不能平稳地发挥功能(某种程度上个体间、群体间的冲突不容易解决)。看起来将这类困难最小化的"自然"方式是寻求一种领域组织模式,既使社会和文化价值不同的个人之间社会关联最小化,也使外部性导致的争吵可能性最小化。基于族群、阶层、社会地位、宗教和其他标准的领域和"邻里"组织在使城市系统冲突最小化方面扮演着重要角色。

城市系统中,社会文化价值异质性是简单化的收入再分配理论的拦路虎。也许最好的办法是回到资源的可用性与价格一节提出但没有讨论的问题,比如资源应该从技术和文化估价角度考虑的观点就最能体现这种阻碍。因为实际收入所采用的定义包含了"控制资源"的词句,居民中文化和技术的差异就自动地影响了实际收入的衡量。两个人可以控制完全相同的资源,但是,如果他们对它估价不同,他们就有不同的实际收入。因此,有必要探询这种事实对收入再分配理论的影响是什么。

让我首先界定几个术语。技术性估价指个体必须拥有各种认知技能和技术装备才能够利用城市的资源系统。文化性估价指个体必须拥有能激励他们想去利用这些资源的价值体系。技术由机器、工具等相关的硬件部分和使用这些硬件的认知技能部分组成。在乡村地区成长的人们经常缺乏必要的认知技能以应付城市或者郊区的事情,郊区的人可能也会缺少乡村或者内城区的技能,而内城区的人可能应付不了乡村或者郊区的事情。认知技能是习得的,学会如何处理非常多样化的环境也是可能的。但是,这种技能不可能在居民中平均分配,因为学习受到成功经验的影响(或强化),只要环境不断作用于他,个人在处理自我环境的方面将变得更加熟练。因此,环境学习不能独立于环境。在城市中创造的环境不断影响认知的发育。在相对孤立的条件下,我们可预见与某种特定城市环境相关联的具有特定认知技能的专业人群——贫民窟居民拥有的技能与乡村居民确实不同。当然,认知技能不能简单等于环境的函数。先天智力和教育显然也起部分作用。例如,试想一下,抽象思考和空间关系图式化的能力是一种与智力的其他方面密切相关的技能(Smith,1964)。这种构图技能允许个体超越空间并将其作为一种资源进行控制。那些缺少这种技能的人们可能被空间所局限。这种差异对于我们理解收入再分配非常重要,因为它直接影响移动性和可达性。因此,帕尔认为收入更高、教育良好的群体趋于积极利用空间,而低收入者却受到空间限制(Pahl,1965)。杜尔同样意识到高收入群体"将物质环境作为可利用资源,而低社会经济群体将自己融入到环境本身"(Duhl,1963:137)。梅尔文·韦伯也提出假设:除了最低收入群体之外,其他群体都从"领域意识"限制中解放了自己(Webber,1963)。不管争论如何,我们有理由假设认知技能依赖于教育、智力和**环境方面的经验**,这些认知技能反过来影响某个人对于资源的价值判断。

以同样的方式，我们可假设文化价值受到城市环境中的机会（出现在其他事情中）的影响。文化演变在一定程度上是通过"个体刺激情境的具体化模式以及对其响应的特殊模式实现的"（Kluckhohn，1954；Smith et al.，1956：25）。因此，我们可以预见城市系统中的文化在一定程度上是通过城市内物质和社会刺激的再组织而演变。环境设计师指出行为决定模式中物质刺激物的重要性（例如 Sommer，1968），但这并不是幼稚的环境决定论者所认为的文化演变的**唯一**刺激物。现在，让我们考虑这一事实对城市系统中文化动态的重要性。大多数针对城市系统物质规划的设计可能受到小而强的垄断群体的左右或强烈影响。这些群体在努力为那些组织涣散的大群体重新布局物质刺激物（这里是高速公路，那里是发电厂）。城市文化中少数规模小而影响力大的亚文化正在为其他亚文化构造刺激情境。城市系统中大多数亚文化对不同的（视觉、动感、社会等）刺激物在不同城市区域构建中缺乏控制能力，这可能产生相当强烈的文化分歧。这种事情的发生可以通过关于圣路易斯空气污染的态度调查来说明。郊区民众对空气污染反应激烈，而在问题最严重的中心城区，民众态度倒是微澜不惊。内城区存在太多的其他问题（工作、住宅、休闲设施等），所以，空气污染之类负面的刺激物就被视而不见了。因此，这种态度的形成依赖于某一城市背景下刺激物具体的格局。一旦文化异质性增加，并且强化了迁移的社会障碍，城市系统内的文化分歧将迅速增长（Thompson，1965：106）。内城的文化态度与郊区的文化态度一直不同，而且这些差异看起来并没有缩小。因此，我很难接受马尔库塞提出的城市中文化价值同质性不断增加（因而社会不存在改变的力量）的论点（Marcuse, 1964），也难接受将空间形式等同于"单向度的人"居住的梅尔文·韦伯所谓"城市非地方领域"的论点（Webber, 1964）。在城市系统中，有强大的力量在推动着文化异质性和地域分异。

这个结论的意义非常有趣。首先，任何收入分配理论必须涉及到跨文化比较。其次，城市中物品和服务的布局与分配的决策是"帕累托不可比"。因此，很难比较城市系统中某一部分与另一部分的公共空间价值。从使用它们的角度看，不同群体展现出不同的弹性，而一些群体根本没有用它。因此，从收入再分配的角度看，为可能（或许）没有任何技术能力和文化动机使用大型公园的内城区居民提供大型公园，对他们来说绝没有任何帮助，这实际上相当于把冰淇淋搅拌器送给巴西的博罗印第安人。

如果对不同人群而言资源意义并不相同，那么，我们如何衡量它们对个体实际收入的影响并制定与之相关的区位政策，以实现既定的再分配目标呢？如果我们能把大家都认为重要的资源和只有少数人认为有价值的资源区分开，那么这个问题就能部分克服。至少识别出前一类可以证明一致同意规则是有效的。当然，我们是否能够界定这样的资源分组是一个没有简单答案的经验性问题。例如，可以合理地假设住宅机会和健康服务属于前一类。然而，即便是在该类别中，文化价值上也存在微妙但重要的差异。例如，低收入群体非常认同他们的住宅环境，他们搬迁的心理成本远远大于流动的中上层阶级。心存善意但对文化反应迟钝的中产阶级规划师（通过住宅再造工程等）会将沉重的成本强加于低等级的社会经济群体（Duhl，1963：139）。为穷人提供心理健康服务的故事同样说明，提供服务的主导者——中产阶级，因为不能理解不同社会经济群体特有的亚文化而使服务失当（Riessman et al.，1964）。

将实际收入与控制资源等同起来会将我们引入一种悖论，因为居民的文化异质性使衡量实际收入困难重重。在这个关键点上，人们很容易回到货币收入这个最简单的收入概念。我不会这样做，因为悖论中固有的问题非常真实，并且和我们理解城市系统高度相关。如果我们不能研究它们，我们就得放弃建立坚实基础并做有社会意义的决策的所有希望。但是，这种分析模式将我们的注意力引向更深远的问题。通过不断重新安排城市系统中的刺激因素，我们正在激发一个渐进的文化演变过程。演变朝向何处？确保一种亚文化对公共空间而言没有任何价值的一种方式是拒绝承认它所有的经验。不管我们是否喜欢，城市系统的演变都将导致我们对于某些特定现象（例如清新空气、自然荒野等）的大规模感官剥夺，以及对某些现象（例如郊区景观、空气污染等）的过度接触。因此，长远来看，我们必须评估城市增长决策是否基于我们所希望保留或者扩大的优势文化价值。如果我们的决策偏离了优势文化价值，我们可能看见一套新的文化价值出现，如果目前的趋势持续下去，这些新价值观就将导致暴力冲突，更可能导致一个社会最终自我毁灭。人类的情感不可能永久不受人类自身行为导致的环境变化的影响。因此，需要不时提醒一下我们自己："长远的问题不是我们想要什么样的环境，而是我们想要什么样的人"（Sommer，1969：173）。

8. 空间组织与政治、社会、经济进程

收入再分配因以下变化而产生：

a. 工作和住宅区位

b. 产权价值

c. 给消费者的资源价格

这些变化本身既受到城市系统中不同区域外部性成本和利益配置的影响，也受到可达性和邻近性变化的影响。人们希望通过操纵政治权力控制这些支配再分配的隐性机制。正是在标记了"社会和文化价值"的盒子里，整个过程在自我反馈，因为这些价值既是因也是果——任何收入分配理论必须依赖它们，然而，它们自身在城市系统的机会配置中也容易变化。但是，这些社会进程中固有的问题还是空间组织问题。外部性影响是地方化的，工作、住宅机会、资源收益、交通联系等也是如此。部分政治权力也建立在地方基础之上。许多收入再分配的隐性机制在区位活动中开花结果。这就引出了我想在本章提出的最后一个基本问题：城市系统中是否存在某种空间结构或者一套结构能将公平和效率最大化，或者，至少可以使我们能够最大限度地控制强大的再分配隐性机制？这个问题既是一个规范研究的问题，也是一个实证研究的问题，因为它暗示我们能够通过观察现有的空间结构解释当前的分配效应，也可以设计空间结构来达到一个既定的分配目标。在以下分析中，我不打算对问题的各方面分而述之。

城市系统的物质空间形式表现为三维欧几里得几何学的构造。其中的表象可以归纳为点（零售商、学校、医院）、线（交

通连线)、面(选区、领地)、体(高楼大厦群)等概念。这些形式想必有利于发挥社会进程的核心功能。然而,空间形式不能无限适应社会需求,而存在于其上的社会需求相互之间也不容易调和。实际的物质形式是在整套相互冲突的需求之间的一个必要折中。当我们对空间形式进行决策时,我们想必会努力达到这个有效的折中。但这不容易做到。正是这种问题引起了英国皇家专门调查委员会连篇累牍的审议(例如雷德克利夫-莫德委员会①)和美国关于社区控制或大都市治理的相对优点的没完没了的争论。在此我不能讨论所有问题,所以我将举例说明。

(1) 城市系统中非纯粹公共物品的提供与控制

非纯粹公共物品一旦生产,城市中每个人都可以免费使用,但不是每个人都能平等地使用(在数量或质量方面)。许多物品都具有这个属性。特别是,所有免费获得但由区位机制供给的物品和设施都属此类——城市布局中空间形式政策的兴趣点因而出现。将多数区位论看作支配非纯粹公共物品提供的具体形式,也是有道理的(Tiebout, 1961: 80—81)。

对三种不同的政策态势进行区分是有用的。第一种政策关注所有个体都能获利的物品。在此,政策议题是如何确保在正确的位置(通过私人或者公共行为)提供数量和质量都充分的物品

---

① 由约翰·雷德克利夫-莫德(John Redcliffe-Maud, 1906—1982)领导的皇家委员会在1966—1969年通过观察英格兰的地方政府结构,编写了针对英格兰地方政府规划建议的《雷德克利夫-莫德报告》,它主张对地方议会的边界进行全面改革,并根据城乡融合原则建立大型的单一议会。

以达到具体的分配目标。第二种政策关注由"非自愿型消费"带来成本的非纯粹公共物品（例如污染）。在此，政策议题是如何调节区位模式以最小化这种成本和控制它们的分配效应。第三种情况下（这可能是最普通的）政策关注的是一个利弊兼有的混合状态。

　　私人或公共行为都可以提供带来利益的非纯粹公共物品。在前一情况下，我们依赖于一些自然的市场机制达到一种"合理的"区位模式（例如，零售机会和娱乐设施），（在生产技术允许的范围内）以最小化收入差异效应。因此，价格的作用是解决少数生产环节的技术需要和大量空间分散的消费环节的物质需要之间的冲突。勒施的分析为我们讨论由此产生的空间均衡的一般模式提供了一些必要的工具（Lösch, 1954）。他指出层级解决方案必不可少，因为不同物品的生产函数、消费函数和（与价格、收入等相关的）诸多弹性存在很大差异。希冀私人提供非纯粹公共物品的空间模式符合勒施主义者的期望是不现实的（存在诸如企业进入条件、供求状态的随机波动、产品差异化、有界区域、市场区的相互渗透等原因）。因此，我们有充分的理论缘由相信，市场机制在将私人提供的非纯粹公共物品的区位转向帕累托均衡方面不会比它在房地产市场中更为有效。经验证据也指向这个方向。例如，可以考虑一下超市设施的区位。超市本身是一种非纯粹公共物品（尽管售卖私有物品），它的区位想必是平衡运营中的规模经济需求与市场面积扩大对消费者带来的交通成本影响。然而，克纳调查委员会批评贫民窟中普遍缺少超市（Kerner Commission Report, 1968：277）。当然，到底是因为真正的市场失灵，还是达成均衡的时间滞后，抑或是贫民窟的社会和经济状况使得超市运行不经济，其中原因很难讲清。但是，即便在这些私有经济提供非纯粹公共物品的领域（诸如购物机会、休闲等），因为一套需求和供给曲线能够被人为左右，也不能保证一个区位模式将自动接近帕累托最优。即便首先就给定一个伦理上可接受的收入分配条件，还存在相当多的缺陷（通过产品差异化等）和相互依赖性使"自然"竞争效率的假设受到质疑。例如，要是认为企业家首先选择在那些超额利润最大的地区布局是合理的，那么"自然"的趋向就是富裕地区比低收入地区更早得到服务，这通常会产生一种隐性的实际收入再分配。因此，即使只是为了鼓励私营部门更快地达到均衡，也存在公共介入的理由。如果目标是实现某种进步性的实物再分配，那么介入的理由就更充分了。

许多非纯粹公共物品不能经由普通的市场机制来提供，因为很难达成一套市场价格。这些物品（教育服务、消防和警察保护等）必须由公共行为提供。很奇怪并没有多少关于公共行为的区位决策标准。公共财政概念"到现在为止大体上是无空间的"（Thompson，1965：257），而区位理论家，正如泰茨所说，或多或少忽视了公共设施问题（Teitz，1968）。假定没有足够多的区位决策标准，公共活动区位决策几乎完全可以由前一节（参见上文，第73—79页）论及的非平衡政治压力所决定，我们对此不必惊讶。由于"地方公共服务有可能成为我们经济中收入再分配的主要手段"（Thompson，1965：118），如果我们要控制再分配过程，应该更多关注控制公共服务区位的政策。建构一种公共活动的区位理论并不容易。当然，原则上存在和私人部门完全一样的问题，即在一系列分配约束条件下找到一种最有效的区位模式。因此，勒施主义框架有一些效用（Berry，1967；Teitz，1968）。但是，因为公共组织的准垄断结构和无法找到任何现实的定价机制，使得理论上很难找到一套解决方案。实际上，公共设施区位需要同时解决以下问题：①财政；②生产技术；③供给数量和质量；④区位；⑤需求估计；⑥福利影响。显然，界定一个最优方案并不容易。在私人部门，我们能够预计到区位的某种等级布局（如医疗设施），然而，很难确定这种布局的最优形式或评估空间组织的备选方案（Schneider，1967；Schultz，1969）。更普遍的是，公共设施区位理论的技术水平没有太大进展，还停留在相对简单的模型表达层面（Teitz，1968）。

对于产生成本的非纯粹公共物品的规制方面，也存在大体相同的结论。几乎没有对具体外部性空间场影响形式和属性的研究。但是，我们不仅知道形式和属性在尺度上变化非常大，也知道有必要制定某种层级规制（小尺度的影响可以在社区层面上控制，而大尺度的影响必须在都市层面控制）。外部性场所效应的研究是一个纯粹的空间分析问题。它要求我们能够将空间表面的广度和变化强度具体化或一般化。因此，规制问题在一定程度上是要改变这些外部成本的来源位置以塑造一个理想的空间表面，或者基于某些社会目标（如避免一定程度的空气污染）布局与现有表面相关的活动。我们目前几乎没有一套理论能够指导这类决策。

多样化的文化价值以及由此而致的人们的多种需要和需求使得决策非常复杂。我们发现陷入与房地产市场一样的困境——如果一个核心机构做决策，它必须假设拥有居民中每一个体效用尺度的信息。既然政府显然不能拥有这类信息，那么它应如何运作呢？一个答案是屈服于投票压力，但是，我们已经看到这可能导致不平等。查尔斯·蒂博特建议改为碎片化的社区结构：

> 消费者投票可以看作是挑选社区，看哪个最能满足公共品的偏好模式……社区数量越多，它们的差异越大，就离消费者完全实现他的偏好状态越近。

在某些方面，这是一个有吸引力的主张，因为通过社区控制系统，理论上可以最大化消费者选择范围，那些在价值和效用函数上具有相对一致性的社区可以借此在群体决策中表达他们的要求。再者，我们发现城市领域组织存在一种必然的逻辑，消费者毫无疑问确实会从这个社区移动到那个社区以满足他们对于公共物品的偏好。有许多怀疑蒂博特的主张有效性的特定理由（例如关于完美移动性和信息的假设），但也存在一些关于城市系统中的领域组织的非常普遍性的问题，也许通过检验这些普遍性论点来结束这个问题是适合的。

（2）城市系统中的区域与领域组织

在城市系统中，存在塑造领域组织的多种自然力量，亲属关系和族群、拥有共同价值体系的社区、城市环境质量观相似的个体都是很好的例子。这些力量不是静态不变的。族群和亲属群体正在分裂（Webber，1963），传统的"社区"和"邻里"概念正被一些完全不同的东西所替代——邻里概念隐约与社会组织相联系（Keller，1969）。为了支持领域组织，也有合乎逻辑的探讨。一个"合适"的组织能够做很多事情以实现冲突最小化、群体凝聚力和效率最大化。我们是否能实现这种空间组织和推动达成社会目标，很大程度上取决于我们能否找出"合适"的涵义是什么。

领域组织在城市内部可以执行很多功能。区划的典型问题是找到能够很好完成各项功能的区域层级（例如 Boudeville，1968）。一些功能必须在都市层面上完成（如交通规划、公园设施），而其他最好在地方层面上制定（如游乐场地、托儿中心）。因此，第一个问题是找到一种组织形式，能够在不同空间尺度提供不同设施。第二个问题是界定一种组织形式，能够灵活处理（社会和经济）增长、空间溢出效应、变动的空间关系等。如果组织不够灵活，它就会自动约束约翰·弗里德曼所说的极化发展的一般过程（Darwent，1969；Friedmann，1969）。换句话说，任何领域组织设计必须响应城市系统的动态变化。这可能是所有待解决问题中最困难的，因此，我将集中关注它的静态方面。

首先考虑一下，通过对纯粹地方相邻的群体进行领域组织，可以从中获得政治、社会和经济利益。根据奥尔森的分析，群体越小，越有可能自愿提供集体物品（Olson，1965）。群体越小，越容易达成某些集体目标。这具有重要的经济涵义，因为它揭示了在小的社区环境里会比大的具有更高激励的可能性。与一般的经济效率相反，大群体具有莱宾斯坦①所谓的"X效率"（Leibenstein，1966）。当然，在选举阶段，与大社区相比，小社区经常显示出较高比例的投票率（其他事情也一样）。在某种程度上，这可能是个人参与小社区的潜力更大的结果——艾萨德等试图将其作为"参与潜力"来衡量（Isard *et al.*，1969）。它也可能是汤普森所谓的"伴随小尺度的个性化风格和控制"的结果（Thompson，1965：263）。基于更教条主义的理由认为，达成真正民主的唯一途径是通过对基于地方相邻单元的社区控制，当这种声音想必有助于控制产生收入的不平等时，也只有那时才有可能确保每一个人在决策中发出声音。因此，科特勒提出"穷人需要邻里治理以确保获得繁荣的自由"（Kotler，1969：71）。在接受这种观点之前（在这方面，戴维斯与惠斯顿的分区讨论和查尔斯·蒂博特的公共服务提供都值得关注），我们必须考虑一些不利因素。

毫无疑问，某些物品和服务可由地方层面供给并能有效运营。但是，那些必须在更广尺度上供给的物品又怎么样呢？在这些情况下，必定涉及巨大的外部性。奥尔森、魏斯布罗德和其他一些学者的研究普遍表明（Olson，1965；Weisbrod，1965），当外部性存在时，公共物品普遍具有一定供给不足的趋势（尽管威廉姆斯不同意这种观点，而且认为这是一个非最优供给而不是供给不足问题）。纠正这种情况的一种方法是与相邻社区进行谈

---

① 哈维·莱宾斯坦（Harvey Leibenstein，1922—1994），俄裔美国经济学家。提出 X 效率理论。

判，但是，非中心化的信息收集和谈判成本（包括决策中那些预计延迟的时间成本）等问题可能使提供合理化服务失效。一个可选择的解决方案是将外部性内部化，通过构建更高层面的领域系统，能够更好提供有关服务。我们必须小心，不要让我们在"X效率"上的损失大于我们在经济效率上的收获。当然，将外部性全部内部化是不可能的，因此，一个最优领域组织的确定依赖于将外部性减少到可接受的程度而不是完全消除它们。因而，很容易想到由一个更高级的组织来提供交通、污水处理、大型休闲设施等服务。财政资助问题也必须考虑到。过去几年中，美国城市最严重的问题之一就是许多内城区税基流失（Netzer，1968）。依赖地方财政的地方治理是一个灾难性的命题，很简单，它将导致穷人紧攥着他们的可怜收入而富人在其富饶之地上收获更多财富果实。这个再分配的意义显然是退步的。事实上，美国城市中现有的地方财政和公共服务提供的领域结构必须被视为导致附加福利在城市系统不同部分配置不平等的罪魁祸首之一。由此产生关于都市层面政府作为的激烈争论。由于有许多规则性问题只能在城市或者区域层面解决（如规制城市的一般空间形式和污染水平），争论因而更加激烈。

  非中心化和社区治理有强大的论据支持，大都市治理也同样有强大的论据支撑。我们当然可以为中等规模的单元或者更大范围的"大都市带"政府提供论据。这些讨论不是难以调和的，因为可以设计出一个具有等级属性的领域组织，既能够最大化地方参与，同时也确保一般城市服务更接近最优供给。事实上，这种等级组织在英国和美国已经存在。要解决的问题是，现有组织是否合适或它实际上是否是个阻碍——这正是《雷德克利夫-莫德报告》提出要解决的问题。遗憾的是，这类问题不易回答，即便它对于控制实际收入再分配的机制具有重要意义。如果我们提出一个正确的答案，我们将解决这篇论文一开始就提出的普遍性问题：是否有可能协调空间形式和社会进程的治理政策以确保达成某些整体社会目标？

9. 结论

预测一个城市系统的未来要求透彻理解产生变化的进程，并对这些进程推动整体社会前进的方向作真实评价。我集中关注了控制收入再分配的机制，也提出它们似乎将我们推向一个更不平等和更不正义的状态。除非目前的趋势能被逆转，否则我认为几乎可以肯定的是，我们将进入一个城市系统内部剧烈冲突（也可能是暴力冲突）的时代。在美国，已有足够的证据表明，公开冲突正在开始。在英国，同样的进程正在酝酿。因此，我得出结论，继续强化现有趋势的规划——这也是20世纪60年代以来重大的规划失误，对社会系统的未来将是灾难性的。正如胡佛①提出的（Hoover，1968：260），规划构造的理想往往脱离了现实，"如果我们相信现实几乎与其无关"，那么就要反对那种规划。因此，认为我们正轻松地进入一个充斥巨量财富和电子狂欢新纪元的想法是不能接受的，因为这与我们自己对这个时代的分析和

---

① 埃德加·马龙·胡佛（Edgar Malone Hoover，1907—1992），美国区域经济学家。

我们亲眼所见的证据并不一致。某种程度上,这是个生态问题,正如米尚指出的那样(Mishan, 1967),我们很可能在面前铺开机会之毯的同时,又在身后更快速地把它卷起来。但是,在某种程度上,它也是一个城市系统内对社会和空间组织进行智慧管控的问题。我们在此将面临艰巨任务。即使受崇高的社会目标鼓舞,我们确实不具备理解整个城市系统以做出明智的政策决定的能力。成功制定恰当政策和预见它们的影响将取决于在城市系统的社会进程和空间形式方面进行跨学科的广泛攻坚。

第三章 社会正义与空间系统

规范思维在地理分析中发挥重要作用。社会正义是一个规范性概念，因此，令人惊讶的是发现社会正义的思考没有与地理分析方法相结合。找到原因并不难。地理学者通常用于分析区位问题的规范性特色工具源于经典的区位理论。这些理论通常都是帕累托最优的，因为它们界定了最优的区位模式，在这种状态下，无法在不让某一参与分配的个体利益受损的情况下，使另一个体获得更大利益。区位理论特别依赖于**效率**标准的规范。当然，效率可以通过很多方面界定，但区位论中的效率通常等于在某一具体空间系统中最小化的移动总成本（受供求约束的影响）。这种模型并不关注收入分配的区位决策效应。因此，地理学家遵循经济学家的思维方式，将分配问题搁置（主要因为它们涉及不受欢迎的伦理和政治判断），然而高效的"最优"区位模式都是在特定收入分配假设下确定的。这种方法显然欠缺一些东西。在某种程度上，摆脱规范思维并转向行为和经验模式的反应是为了寻求更令人满意的解决区位问题的方法。这种反应当然是明智的，但在一定程度上误入了歧途。不是规范建模有错，而是构建这些模型的规范**类型**值得思考。因此，在这一章我将偏离规范分析的一般模式，关注基于社会正义原则构建一个空间或领域配置的规范性理论的可能性。我并不建议将其作为效率的替代框架。长远来看，效率和分配被共同考虑是最有利的。这样做的原因显而易见。短期而言，若我们仅追求效率而忽视社会成本，那么，首当其冲承担社会成本的个体或群体很可能成为长期无效率的源泉，这种无效率来源于两种途径：一是莱宾斯坦所谓的"X效率"（那些激励人们合作和参与社会生产进程的无形东西）的下降（Leibenstein，1966），二是各种反社会行为增加（例如犯罪和吸毒）迫使生产性投资转向惩治它们。单方面追求社会正义也可得出同样评论。从长远看，如果物品分配的规模因为无效率使用稀缺资源而明显缩小，那么设计一种社会正义的分配方式就适得其反。因此，长远来看，社会正义与效率其实就是一回事。但是，因为社会正义问题常被忽视（除了政治辞令之外），而且在短期分析中一直以来的趋势是搁置它们，所以我将反其道而行之，把效率问题搁置在旁。但这并不意味着效率是不相干或者是不重要的。

社会正义不是一个包罗万象、囊括我们对美好社会所有想象的概念。它相当有限。正义本质上被认为是解决冲突诉求时的一个（或一套）原则。这些冲突可能以多种方式产生。当冲突产生于个体为追求个人进步而寻求社会合作的过程时，社会正义就是正义原则为解决这种冲突的具体应用。通过劳动分工，提高生产成为可能；于是就出现了生产成果如何在相互合作的人群中进行分配的问题。因此，社会正义的原则适用于在共同劳动过程中出现的利益分配和负担分派。社会正义的原则也与那些生产和分配活动中的社会和制度安排有关。因此，原则可以拓展到以下方面：权力中心和决策权威的冲突、势力的分配、社会地位的赋予以及为规范和控制活动而设立的制度等。然而，所有这些状况的本质特征是我们在寻找一个原则，不仅允许我们评估个人、群体、组织和领域所获得的分配结果是否如其所愿，也评估使这种分配得以实现的机制。简而言之，我们寻求的是一种正当实现分配正义的具体规范。

遗憾的是，尚未出现一条我们所呼吁的普遍认可的社会正义原则。然而，社会正义的观点从亚里士多德的《伦理学》开始就一直支撑着社会哲学思想。它最重要的两个衍生物是社会契约（由休谟和卢梭首倡）和功利主义（由边沁和穆勒首倡）。近来，人们对正义原则的研究兴趣已经复兴，产生了更容易接受的现代版本——如罗尔斯、雷舍尔和朗西曼等的大量杰作在这个领域中涌现（Rescher, 1966; Runciman, 1966; Rawls, 1969, 1971）。当然，此类思考还存在其他观点。托尼①等人对平等概念的详细讨论和目前对社会收入合理分配问题的海量文献都增加了这一论点的含金量（Tawney, 1931）。但是，我不准备在此点评这些文献，我将全神贯注于社会正义相关的可能论题，尽力展现它如何以与地理相关且有用的方式而形成。

我要探索的社会正义原则从"正当实现的分配正义"这个框架性概念开始。本章的主要任务是丰富概念框架并阐明其地理变体。这涉及两个基本问题：

我们在分配什么？说我们正在分配社会合作带来的好处很容

---

① 理查德·亨利·托尼（Richard Henry Tawney, 1880—1962），英国经济史学家，社会批评家，伦理社会主义者和成人教育的重要支持者。

易,但要具体说明这些好处是什么就困难得多了,特别是当好处与个人偏好和价值观关联时。根据本章主旨,我将对此不予回答,不论它是什么都统称为我们在分配"收入"。这表明了收入的一般概念——例如蒂特马斯的"控制社会稀缺资源"或者米勒和罗比所提出的更通用的概念(Titmuss, 1962; Miller and Roby, 1970)。我将在此假设我们能够设计一个符合社会正义的收入定义——因为根据一种非正义方式定义的某些东西设计社会分配正义实际上是纯粹的非正义!

我们在哪些人或什么中分配?普遍认可的是我们关注的最终单位是人类个体。为了方便,经常有必要讨论在群体、组织和领域等之间的分配。地理学者对社会的领域或区域组织特别感兴趣,这将有利于在总体层面开展工作。但是,我们十分清楚各种形式的生态谬论(参见 Alker, 1969),也知道在某一尺度上定义的跨领域分配正义不一定意味着在另一尺度的领域或个人之间实现了分配正义。这种尺度或总体问题引起难以处理的方法论难题。原则上,我们可以认为,任何尺度或总体层面的分配应该对发生在个体分析层面的分配负责。这很难操作,但就目前的目标而言,我将假设在领域层面实现的正义意味着也能在个体层面实现,即便我也意识到未必如此。

一、"分配正义"

在提出了两个相当重要的问题后,我现在要对社会正义原则进行分析。这可以分为两个部分,我将寻求对"分配正义"的理解。要做到这一点,我必须首先为这个分配建立一个基础。当然,这是一个伦理问题,不做重要的道德决定是无法解决的。这些决定本质上是为了证明个人对他们生活、工作和生存的社会物品的要求是正当的。人们提出了几种标准(参见 Rescher,1966;Rawls,1969,1971)。

(1) **与生俱来的平等**——不论贡献如何,所有个体都有平等的利益诉求。

(2) **根据供求关系的服务定价**——掌握稀缺和紧缺资源的个体比其他人拥有更大的权利。在此区分稀缺是自然引起的(固有的脑力和体力)还是人为制造的(通过资源的继承或者对某种占有进行有社会组织性的门槛限制)可能很重要。

(3) **需要**——个体享有同等利益的权利,也意味着存在按需分配的不平等。

(4) **继承权**——个体享有前代传给他们的财产或其他权利。

(5) **绩效补偿**——享有基于生产所需克服的困难程度的补偿权利(从事危险或令人不愉快的工作的那些人,如采掘业;接受长期培训的那些人,如内科医生。他们比其他人拥有更大的权利)。

(6) **共同利益贡献**——活动惠及大多数人的那些个体比活动仅惠及少数人的那些个体拥有更大的权利。

(7) **实际生产贡献**——以某种适当的方式衡量出的产出更多的个体比那些产出较少的个体拥有更大的权利。

（8）**努力和牺牲**——相对于个人天赋能力，那些付出更多努力或者承受更大牺牲的人应该比那些极少努力和极少牺牲的人获得更多回报。

这八个标准相互之间并不排斥，它们显然需要更加细致的解释和分析。我将遵照朗西曼的观点（Runciman, 1966），提出社会正义的本质应该体现在该标准体系中三个标准的弱排序上：**需要是最重要的，共同利益贡献**第二，**绩效补偿**第三。我不讨论这个论断的细节，但它必然取决于某种有争议的和伦理上的判断。但是，在下面的分析中将逐渐明了，对这三个标准的详细研究所引发的议题是全方位的，足以将许多出现在其他领域的合理议题都涵盖在内。这三个标准在很多领域都可以深入研究。我选择在这一结合部分导入地理学观点进行讨论，研究在领域或者区域背景下它们是如何构建的。为了方便说明，我将把它看作是中央权力机构以社会正义最大化的原则在一系列领域上配置稀缺资源的问题。正如我之前所述，我将假设领域分配正义自然暗含个体正义。

二、领域分配正义

构建领域分配正义（territorial distributive justice）原则的第一步是，在一系列领域或区域背景下，确定需要、共同利益贡献和绩效补偿这三个标准的具体涵义。然后，可能要根据每一个标准设计评估和衡量分配的程序。三种衡量的组合（假设以赋予权重的方式）可以为区域资源配置提供一个假想框架。这个框架能像在大多数规范分析中那样运用，以评价现有的配置或设计提升现有配置的政策。通过将实际与假设的资源配置相联系，可以设计出一种衡量领域正义的方法。要使这套程序能够识别那些与社会正义标准规范相距甚远的领域并非易事。布莱迪·戴维斯首次提出"领域正义"的概念（Davies，1968），并且已经在这个议题上发表了一部开创性的著作，揭示了一些相关问题。

1. 需要

需要是一个相对概念。因为属于人类意识范畴，所以随着社会转型，需要的概念也在转换。问题不仅在于准确界定需要与什么相关，也在于理解需要如何产生。需要可以根据一系列不同的活动类别来定义——这些活动在一段时间上保持不变，我们可以列举九类：

a. 食物

b. 住宅

c. 医疗保健

d. 教育

e. 社会和环境方面的服务

f. 消费品

g. 休闲机会

h. 邻里和谐

i. 交通设施

在每一个类别里，我们能够着手界定那些满足我们需要的数量和质量最低标准。最低标准将根据某一时段的社会规范而变化。满足需要的方式也有很多。住宅需要可以通过很多方式来满足，但在此我们必须假设不包含窝棚、泥屋、帐篷、危房等。这引起了一系列问题，我能就一个特殊类别——医疗服务进行出色验证。

假设大家都承认医疗服务是一种合法的需要形式。然而，这种需要不容易界定和衡量。如果我们要获得社会正义的规范衡量方法，我们首先要以社会正义的方式界定和衡量需要。例如，"健康服务"包含多种亚类服务，其中一些诸如美容手术和背部按摩的服务至少在我们目前的社会中是有理由定为非需要的。因此，首先要决定哪些亚类服务应该被认为是"需要"而哪些不是。然后，要决定在每一个亚类中什么是合理的需要标准。让我们考虑一些可操作的方法。

（1）需要可以通过**市场需求**来决定。不论什么地方的医疗设施接近人满为患，我们都可以理解为人口中还存在未被满足的需要，从而证明配置更多资源以扩大医疗服务的正当性。这套程序只有在我们假设不存在抑制需求的情况下才能接受（如缺钱或可达性欠缺）。接受市场需求作为衡量需要的社会正义的标准，要求社会其他主导条件（同时受到需求和供给的影响）本身符合社会正义。通常情况不是这样，因为这种决定需要的方法可能是非正义的。

（2）**潜在需求**可通过调查一组区域内个体之间的相对剥夺状况进行评估。如果①他们没有接受到服务，②他们看到其他人接受到服务（包括他们自己以前或者预想的时间里），③他们想要服务，而且④他们认为接受服务是可行的，那么，这个人就会处于相对剥夺状态（Runciman，1966：10）。相对剥夺的概念（基本类似感知性或感觉性需要）与参照群体（个人依赖于群体来衡量他或她自己的预期）的关联已有文献涉及。参照群体可能由社会决定（如所有黑人群体或所有蓝领工人），或者由空间决定（某一社区甚至更大区域的所有人）。对健康服务的预期和实际接受的服务之间的差距是衡量相对剥夺的一个指标。这种衡量可以通过直接的调查问卷数据获得，或者如果我们熟悉参照群体，就能通过观察不同群体之间供给的变异值来计算可能的相对剥夺。后者的优势是通过结合行为要素，就能估计出群体偏好的合理差异，同时也提供了一套衡量不满的标准以预示可能的政治压力。它的缺点在于假设了"真正的"需要必须由感知性需要来反映。通常情况不是这样。接受服务非常少的群体经常拥有非常低标准的感知性需要。同样，如果参照群体结构本身就是对社会不正义状况的反应，就如在阶级分化和（或）隔离的社会中经常发生的那样，所有的社会不平等现象都可能被纳入到需要中来衡量。

（3）**需求潜力**可以通过分析某种类型健康问题产生的因素进行评估。人口总量和特征对于领域需要具有重要影响。健康问题与年龄、生命周期、移民数量等相关。此外，有一些具体问题与职业特征（例如采掘业）、社会和文化环境以及收入水平相关。健康问题也会与地方环境状况（人口密度、地方生态、空气和水的质量等）相关。如果我们对这些关系了如指掌，我们将能够预测一系列领域的健康问题的总量和发生率。但是，这意味着对关系的理解要远比我们目前所认识到的更复杂；即使如此，很多人都在尝试运用这种方法。当然，它的魅力在于确实为衡量健康服务的潜在需求提供了理性而客观的方法。遗憾的是，我们依然面临着将这种需求转化为需要的衡量问题，这种情况下，我们要对统计上确定的潜在需求给出适当的响应形式和程度。这种响应通常相当于设置标准，常在主观给定的资源数量下完成。

（4）我们也可以通过**咨询**行业专家的方式来决定需要。专家在确定需要时往往只关注可利用的资源。但是，那些在社区居住和工作很长一段时间的人们经常可以依据他们的经验来提供主观的评价，这些评价都是反映需要的良好指标。由精心挑选的健康领域专家（健康规划师、医院行政管理者、医师、社区群体、社会工作者、福利权利小组等）提出的意见决议也可提供社会正义的需要决定。这种方法依赖于部分被选定者的主观判断，但它的巨大优势在于可以直接借鉴那些最关注健康服务问题的人的经验。当然，不利之处在于，这些专家有可能是以社会非正义的标准选出来的——例如，从社会正义角度看，将需要的决定权交给美国医疗联合委员会目前看来是灾难性的。

我们必须在不同的确定需要的方法中挑选出能够实现最大化社会正义结果的一条路径。在目前的情况下，我将在健康领域完全抛弃（1），只有当我觉得人们表达的是合理的偏好差异，而不是在社会非正义状态或无知错误意识中产生的感觉性需要变化时才会接受（2）。（3）和（4）两者都提供了健康领域中构建需要的可能方法，但是，任意一个都不容易运用，两者都包含了对需要作出社会非正义决定的可能性。

如果需要是评估跨领域资源配置的社会正义的首要标准，那么，我们必须建立一个社会正义的定义及其衡量体系。在医疗保健案例中列举的各种方法（及随之而来的困难）能被运用到以下每个类别——教育、休憩、住宅、消费品等。在每一个类别中对需要作出社会正义的定义很困难。合适的方法也可能因类别而异——传统的供需分析是研究消费者需要的最好方式、相对剥夺分析是研究休闲需要的最好方式、数据统计是研究住宅需要的最好方式，而专家意见决议是研究医疗保健需要的最好方式。但是，这些都是悬而未决的问题。从需要角度定义社会正义将我们推向一个令人不安的整体性问题——什么是需要以及如何衡量它。当务之急是在这些议题上作出社会正义的判断。否则，我们为评估地理分配而追求的社会正义原则将毫无价值。

2. 共同利益贡献

将共同利益贡献的概念转化为现有的地理学概念相对比较容易。我们在此关注的是一个领域的资源配置如何影响另一个领域的状况。在跨区域乘数效应分析、增长极和外部性等方面的工作都可以为处理此类问题提供现成的技术。扩散效应可以是好的或者坏的——污染就属于后者的例子。共同利益贡献的概念（或者污染情况下的共同"损失"）表明，我们现有的技术应该用于拓展我们对区际收入转移、区际联系、空间扩散效应等的理解，因为这些效应对社会收入分配具有实际或者潜在的影响。这不是一项容易的任务，就像要对城市更新进行收益评估所面临的困扰问题一样（Rothenberg，1967）。在这个问题上存在两种截然不同的观点。我们可以寻求在既定的区际乘数效应模式上改进现有的配置，或采取更加激进的方式重构空间系统本身以重建区际乘数效应模式。如果采取后一种方式，我们将寻求一种空间组织形式，通过具体区域投资模式产生的乘数效应和扩散效应来最大限度地满足需要。共同利益还可以有个次要方案，就是增加总量物品。在这种情况下，共同利益贡献接近于通常的效率和增长标准，外部性和副作用也纳入其中分析。在寻求社会正义的过程中，关于共同利益贡献的观念应该附属于对分配结果的关注。

3. 绩效补偿

我将把"绩效补偿"的概念转化为与环境困难程度相关的地理学概念。这种困难可能源于自然环境的状态。某种灾害，如干旱、洪水、地震等，给人类活动带来巨大的困难。如果存在对某种设施的需要（如处于飓风侵袭区域的港口），那么就应该分配额外资源用于抵御灾害。根据我前面所提出的社会正义标准的弱排序，这意味着如果一种设施属于满足需要，某种程度上它有助于提升共同利益的功效，**此时也仅当此时**，我们才有理由认为配置额外资源来支持它是正义的。如果人们没必要居于洪水泛滥的平原却又住在那里，而且如果他们住在那里没有贡献任何共同利益，那么，在社会正义原则下，他们不应该被补偿因住在那里而遭受的损失。但是，如果由于环境所迫住在那里（如别无选择），那么，需要的主要标准可能被用于证明补偿是合理的。在社会环境中出现的问题也可以运用同样的标准。财产犯罪、火灾和暴动等所造成的损失因社会环境而不同。如果个体要能够为共同利益作出有意义的贡献，如果他们要能配置他们的生产力以满足需要，那么，个体必须得到充分的安全保障。因此，在社会正义的原则下，可以认为整个社会应该在社会风险高的地区承诺支付更高的保险成本。这样做也应该是社会正义的。将额外资源配置到那些特别难以获得服务的群体时也应持有同样的观点——正如布莱迪·戴维斯指出："鉴于他们过去没有途径获得这些服务，也没有养成消费这些服务的习惯，对急需的那些群体超额提供服务是可取的"（Davies，1968：18）。这种情况时有发生，特别是将教育和医疗保健设施拓展到贫穷群体和新移民等人群中。因此，绩效补偿在地理学上可以理解为一种用以在某种程度上补偿社会和自然环境困难的额外资源配置。

适用于地理情境的社会正义原则可以总结如下：

（1）空间组织和领域投资模式应该满足居民的需要。这要求我们首先建立社会正义的方法来确定和衡量需要。需要和现实配置之间的差异给我们提供了一个初步评估现有体制下领域非正义程度的依据。

（2）空间组织和领域资源配置模式中，那些经由溢出效应、乘数效应等以满足需要为主、以总量产出为辅的形式为其他区域提供额外利益，是"更优"的空间组织和配置形式。

（3）如果设计的领域投资模式能够克服具体的环境困难，该模式即使存在偏差也是可以容忍的，否则，环境困难将会阻碍一个满足需要或有助于共同利益贡献的系统进化。

这些原则能用于评估现有的空间分配。它们为基于领域分配正义的空间组织规范理论提供了一个良好开端。详细阐释这些原则还存在巨大的困难,把它们运用到具体情境将面临更大的困难。我们现有的技术可以解决这个问题。这需要转向理解空间系统中的分配正义。

三、实现分配正义

一些人宣称,获得分配正义的充分必要条件在于为达成那种分配设计出社会正义的手段。很奇怪,这种观点在政治领域中的宪政民主派和庸俗社会主义派都很盛行。持保守自由主义观点的布坎南和塔洛克因而提议(Buchannan and Tullock, 1965),在一个正确组织的宪政民主社会里,组织再分配最有效率的方式是放任自由。马克思在《哥达纲领批判》中批评了那些持分配问题能够在独立于支配生产和分配的现行机制下进行考虑和解决的"庸俗的社会主义者"①。马克思和宪政民主者拥有共同的基本假设——如果社会正义机制能够被设计出来,那么,在分配中实现社会正义的问题就能自行解决。在关于社会正义(以及在实际政策决定领域)的文献中,对"手段"和"目的"的强调存在不同,自由主义者和一些所谓社会主义者显然相信不必改变手段也能达成社会正义的目的。但是,大多数学者认为,期待通过非

---

① 马克思,恩格斯. 马克思恩格斯全集(第25卷),北京:人民出版社,2001,第20页。

正义的手段达到社会正义目的等于蛮干。罗尔斯在这方面的评论是具有指导意义的：

> 社会系统的基本结构根据普通个体在社会中的基本地位影响个体的生活前景……分配正义的根本问题关注由此而产生的生活前景的差异。我们……认为，当且仅当优势群体的更大前景，在社会系统运行中发挥作用，提高了弱势群体的前景，这些差异才是正义的。只有在更多幸运者的优势提高了最不幸者的福利时，基本结构才是正义的……*仅当最不幸者的前景尽可能地提升时，基本结构才是完全正义的*（斜体为作者添加）。(Rawls, 1969)

那么，问题就是找到一个达到和维持这种状态的社会、经济和政治组织。马克思主义者宣称，有相当充分的理由认为实现罗尔斯目标的唯一希望在于确保最不幸者总是有最终决定权。从罗尔斯的最初立场出发，通过相当简单的逻辑论证，不难得出"无产阶级专政"式的解决方案。罗尔斯试图构建一条通往不同解决方案的路径：

> 如果法律和政府有效行动且保持市场竞争、资源充分利用、产权和财富随时间推移广泛分配，并能维持适当的社会最小差距，再就是如果教育保障了所有人的机会平等，其所导致的分配就是正义的。

要达到这个条件，罗尔斯建议实施四分法的政府治理：在配置领域，保持市场竞争性运行，并在必要时候纠正市场失灵；在稳定领域，维持充分就业和抑制资源浪费；在转移支付领域，监测个体需要是否得到满足；在分配领域，做好公共物品的提供并（通过正确的税收）防止财富和权力随着时间推移不合理的集中。因此，从罗尔斯的最初立场出发，我们可能抵达马克思或者米尔顿·弗里德曼的设想，但我们绝对不可能获得自由主义或者社会主义的解决方案。这是一个明智的结论，已经由以下事实所证明：战后英国社会主义计划显然对社会实际收入的分配几乎没有或者根本就没有任何影响，而美国自由主义反贫困的项目很明显也没有取得成功。个中原因显而易见：由于收入和财富是在资本主义市场结构中产生并分配的，那些不改变资本主义市场结构而寻求改变收入分配的运动注定失败。

与群体决策、议价、中央政府控制、民主、官僚体制等相关的大多数证据表明，**任何**获得持久性的社会、经济和政治组织容易被特殊的利益集团收买和颠覆。在宪政民主中，这种情况通常伴随着拥有必要资源、能影响决策、组织良好的小利益集团。无产阶级专政的解决方案同样受到官僚的颠覆，这在俄国的经验中充分展示。对该问题的认识导致诸如杰斐逊这样优秀的宪政主义者认为偶尔的革命能保持政治机体健康。1949年以来，发生在中国的一系列革命（一些人将这归因于毛泽东的有意设计）的实际效果之一就是防止了马克斯·韦伯所谓的"个人魅力型合法性"（Weber, 1947）。社会、经济和政治组织的合适形态及其对达成社会正义目标的维系问题超出了本文的范围。然而，有效解决这一问题的方式决定实现领域正义的模式和可能性。因此，我将只思考如何在领域背景下以一种具体形式来考虑实现分配的手段。

第三章 社会正义与空间系统

地理学的难题是设计一种空间组织形式使机会最少的区域发展前景最大化。例如，一个必要的初始条件是，我们需要一套正义的方法来确定领域的边界，也需要一套正义的方法来实现资源在不同领域间的合理配置。前一个问题属于传统的地理学"区划"领域，但在这种情况下，要先提出社会正义的标准。不公正地重划选举区的经验很好地显示了整个领域会以社会非正义的方式确定。可以通过划界，使一系列领域中的最不利群体无论在何种资源配置方案下都比优势群体受益更多。这种有利于弱势群体的领域边界应该有可能被设计出来，在这种情况下配置的社会正义成为区划的规范标准。在实际的资源配置中，我们可以采用罗尔斯的目标，将其理解为弱势区域的前景应该尽可能大。如何确认这种情况何时存在，本身也是一个有趣的问题，但是，这取决于中央政府对其控制下的领域资源的支配方式。因为贫困地区通常处于政治弱势，我们被迫依赖于**所有**领域都普遍承认的社会正义感（它通常采用温和的自利来应对这种希望）、仁慈的独裁者或者仁慈的中央官僚体制的存在（后者可能常见于斯堪的纳维亚），或者依赖于弱势领域对所有决策拥有否定权的宪法机制。此外，对政治领域需求［需求（demand）不一定必然反映需要（need）］的仲裁和对中央与地方之间谈判的妥善安排，都对实现领域正义的前景非常重要。值得讨论的是，更强的决策中心化（具有消除领域间差异的潜力）是否能胜过更强的去中心化（对阻止弱势领域受到富裕领域的剥削有效）。对这个问题的回答可能依赖于初始条件。当条件具有剥削特征时（就像美国的情况一样），可以在战术上将去中心化作为第一步；当剥削不那么重要时（就像在斯堪的纳维亚），中心化可能更加合适。倡导都市控制还是社区治理也应该凭此而论。

如果我们研究高度去中心化决策对自由资本主义的资本投资特征的影响，同样的问题也会出现。抛开现代资本凝聚成垄断控制形式的固有倾向，研究个体主义的资本主义制度通常如何在领域正义方面运行将很有价值。在这种制度下，资本流向回报率最高的地方被认为是合理而有益的。一些学者提出（Borts and Stein, 1964），这个过程将持续到回报率在所有领域上均衡分布为止，而其他学者认为（Myrdal, 1957），循环和累积因果将会导致增长失衡。不管这种过程对长期增长意味着什么，资本显然将流入那些与较低需要或者弱势领域状况几乎没有关系的地方。这种结果将产生许多需要缺口巨大的局部地区，就如目前在阿巴拉契亚或者内城区发现的一样。大多数社会都承担着逆转资本的自然流向来解决这些问题的一定责任。但是，如果**整个**资本流动过程在根本上没有改变，解决问题似乎是不可能的。以英国和美国城市的内城区住宅状况为例。私人资本流入内城区的租房市场不再有利可图。在 1965 年的伦敦，鼓励私人投资的必要条件是 9% 或者更高的回报率，但在当时通过合理合法的方式没有希望获得这种回报（Milner-Holland Report, 1965）。1969 年，在巴尔的摩要求的是 12%—15% 的回报率，实际回报率却仅有 6%—9%（Grigsby et al., 1971）。随着资本撤离、建筑老旧，大多数城市内城区私人租房市场已经崩溃，资本已经转移到其他部门或者能够获得更多利润、位于郊区外环的私人建筑市场，这些现象并不令人惊讶。因此，矛盾出现了，资本从最需要的地方撤离，而为相对富裕的郊区社区提供服务。资本主义条件下，这是良好而理性的行为——它是市场所要求的资源"最优"配置。

运用资本主义工具能够逆转这种流向吗？政府可以介入（而且经常这么干）以弥补内城区收入与其他地方收入之间的差距。完成这件事存在很多途径（给予租客的租房补贴、负向所得税、直接补助金融机构等）。但是，无论选择哪种方式，结果是要努力诱导金融机构回到内城区租房市场，否则，政府将不得不承担（通过公共住宅机构）提供住宅的责任。第一个解决方案乍一看很有吸引力，但存在一些缺陷。如果我们诱导金融机构，一个结果是导致郊区发展的资本基金相对而言更加缺乏。更具优势的郊区会上调回报率使资本回流。这个过程的净效应将导致总体回报率上升，这显然对金融机构有利——而居住在郊区的那些人们拥有、运营和管理着大部分金融机构。因此，资本主义市场似乎存在一个明显的固有趋势，即阻止任何想将资金从最有利可图的领域转移的企图。更具体地说，必须在对一个部门或领域进行行为诱导的同时，对其他部门和领域的行为进行约束。只有全面的政府控制，才能有效地做到这一点。

这表明"资本家的手段总是为资本家自己服务"（Huberman and Sweezy, 1969），而且资本家的目的与社会正义的目标并不一致。为支持这种论点可以来场讨论。市场体系在交换价值的基础上发挥作用，交换价值只有在货物和服务相对稀缺的情况下才能存在。稀缺的概念不容易理解，尽管我们在谈到稀缺资源配置时经常提到它。例如，是否存在天然产生的稀缺，这是值得怀疑的。因此皮尔森写道：

> 只有当资料有限的自然事实导致使用这些资料的一系列选择时，稀缺概念才会富有成效，而且只有资料存在其他选择和优先项的前提下，稀缺才可能出现。但是，后者条件由社会来决定；它们并不简单依赖于自然事实。因此，假定稀缺是所有经济制度派生出的绝对条件，只是借用了一个抽象概念，该概念只会掩盖经济活动如何组织起来的问题。
> （Pearson，1957：320）

稀缺的概念，正如资源的概念一样，只有在特定社会文化背景下才有意义。认为市场的出现只是为了简单地处理稀缺的想法是错误的。在复杂的经济体里，稀缺是社会建构的，目的是发挥市场功能。有很多活要干我们却说岗位稀缺，土地闲置我们却说空间受限，农民有酬无劳我们却说食物匮乏。社会必须制造和控制稀缺，因为没有它，价格垄断市场就无法运转。这是通过相当严格的控制生产资料的获取和生产过程的资源流动来实现的。为了维持稀缺，也必须控制产出的分配。这通过防止稀缺消除和保持市场交换价值完整的专门安排来实现。如果人们承认维持稀缺是市场体系运转的必要条件，那么剥夺、占有和剥削也是市场体系的必然伴随物。在空间系统中，这意味着（生态谬论允许）领域之间将会有一系列侵占运动，导致一些领域去开拓而另一些被剥削。这个现象在城市系统中最为明显，因为任何研究这种现象的历史学家都会告诉我们，城市化建立在剩余产品占有的基础之上（参见第六章）。

特定利益源于市场机制的运行。价格系统能够成功协调大量分散的决策，从而将大量活动整合到一个连贯的社会和空间系统中。资本主义市场体系所依赖的稀缺资源的竞争，同样鼓励和促进了技术创新。因此，市场体系有助于为社会增加难以衡量的总产品。它在促进整体增长方面也非常专业，这导致一些人理所当然地认为，由于市场机制能成功促进增长，那么，最少机会领域的前景自然会像他们所想的一样广阔。占有显然是发生了，但这些人认为这种占有不具备剥削特征，因为被占有的产品得到很好的利用是利益的源泉，这些利益会再次流回到最初产生的领域。于是发生在价格体系中的剩余产品占有运动是正义的，因为它们产生了长期收益。这种观点不能被拒之门外。但是，承认在某种条件下的占有是正义的不等于承认在市场机制下实现的占有是社会正义的。任何经济中，占有和创造社会剩余产品都是必需的，除非市场经济本身的内部逻辑被看作是正义的，否则市场经济下实现的模式在许多方面并非必要。在资本主义市场经济中，大量剩余产品（目前主要集中在大公司）需要通过多种方式来消化，但这些方式不能威胁到市场经济本身所依赖的稀缺的持续性。于是剩余产品以不符合社会意愿的方式被消费（炫耀性消费、城市地区炫耀性建设、军国主义、浪费）：市场体系不能以社会正义的方式来处置社会创造的剩余。从社会正义的观点看，似乎有必要在不利用价格垄断市场机制的情况下增加社会产品总量。在这方面，中国和古巴为促进社会正义所作的努力可能是迄今为止最重要的。除此以外，第三世界国家可能注定重蹈私人或国家资本主义的覆辙，即以巨大的社会和人力成本实现增长。

在当代"先进"社会，难题是设计市场机制的替代方案，以允许转移生产力和分配剩余给那些社会需要程度最紧迫的部门和领域。因此，我们需要转向一种新的组织模式，即（可能由去中心化的规划过程）替代市场、尽可能有系统地消除稀缺和剥夺、逐步削减为激励工作而设定的有辱人格的工资制度，同时不以任何方式减少社会的总生产力。找到这种组织形式是个巨大的挑战，但遗憾的是，与通过市场机制运作建立起来的剥削和特权模式相关的巨大既得利益集团，利用其所有的影响力来阻止市场被替代，甚至排斥对可能的替代方案进行理性的讨论。例如，在社会正义条件下，当（且仅当）受益的这些领域能通过它们的自然和社会环境以及与其他领域的联系，对所有领域的共同利益有所贡献时，才允许进行不平等的资源配置和占有运动。这种占有模式显然有别于那种市场机制下的模式，因为后者在制度上注定要维持占有、剥削和稀缺的模式，而无力根据需要或者共同利益贡献来分配。与价格垄断市场相联系的稀缺和剥夺的社会组织，使市场机制自动与一切社会正义原则对立。市场机制是否可以基于效率和增长的理由被确认为是正义的，依赖于它如何与那些大多数甚至不准备讨论的替代方案进行比较。

四、正当实现的分配正义：领域社会正义

从社会正义原则的研究中，我们能够就**领域社会正义**达成如下结论：

（1）收入分配应实现以下目的：①满足每一领域中人口的需要，②资源配置能使领域间乘数效应最大化，③额外资源配置

有助于克服源于自然和社会环境的特殊困难。

（2）（制度、组织、政治和经济的）机制应该使欠发达领域的前景尽可能好转。

如果这些条件得到满足，就可以说分配正义得以正当地实现。

我认识到对领域社会正义原则的一般性描述有许多不足之处，在我们围绕这些原则建立某种区位理论和区域配置理论之前，需要对它们进行更细致的验证。我们经年累月、竭尽才智才到达令人满意的起点，确定了一种基于效率的区位理论，而现在依然没有普遍化的区位理论——事实上，因为没有办法最大限度地发挥潜在城市形态中所包含的目标多样性，我们甚至不知道我们所说的"城市空间组织最大化"的涵义。因此，在分配研究中，我们预期将目标分解为如下的具体部分：

（1）我们如何根据社会正义的原则将一系列领域中的需要具体化，我们如何计算在既定体制、既定资源配置中的需要满足程度？

（2）我们如何界定跨领域乘数和扩散效应（这个问题已经具备一些理论基础）？

（3）我们如何评估社会和自然环境困难？在何时以什么方式响应它是合乎社会正义的？

（4）我们如何通过区划来实现社会正义最大化？

（5）存在什么样的配置机制可以促进最贫穷区域的前景最大化？各种现行机制在这方面是如何运作的？

（6）支配跨领域谈判、领域政治权力等模式的规则应该具有什么特征，才能使最贫穷区域的前景尽可能最大化？

这些是我们可以集中精力开始研究的问题。要解决这些问题，毫无疑问会使我们陷入艰难的伦理和道德抉择，它关乎辨明社会稀缺产品诉求的一些原则的是非曲直。这些问题不容忽视，因为忽视了这些就等同一种政治上盛行的不作为策略，继而我们就默认了**现状**。在这些问题上不作为也是一种决策。集中精力研究效率，至多是默认了分配**现状**。出于这种原因批评那些追求效率者，并不是否定效率分析本身的重要性。就如我在本章开始所揭示的，我们需要将效率和分配结合探究。但要做到这一点，我们首先要对这些长期悬而未决的分配问题进行细致探究。

第二部分

社会主义的模式

第四章 地理学的革命和反革命理论与贫民窟形成问题

地理思想为何要革命？怎样革命？要对这一问题有所洞见，得先考察一下各种科学思想分支中革命与反革命是如何发生的。库恩①对自然科学中的这一现象进行了耐人寻味的分析（Kuhn，1962）。他认为大多数科学活动都是他所称的常规科学。这意味着要考察特定范式的所有方面（一种范式是在特定时间被某一社群始终和普遍接受的一套概念、范畴、关系与方法）。在常规科学实践中，会出现一些异常现象——现有范式无法解释的观察结果或悖论。这些异常现象日益成为关注的焦点，直到科学陷入危机之时，人们才会尝试解决这些异常现象引发的难题。从这些尝试中最终产生一套新的概念、范畴、关系和方法，它既完全解决现存的两难问题，又能兼容旧范式的优点。新范式因而诞生并被常规科学活动所尊奉。

库恩的理论可从许多视角进行批判。我将简要探讨两个问题。首先，它没有解释异常现象怎样发生以及一旦发生后又如何引发危机。这种批判常见于区分重要和不重要异常现象的场合。

---

① 托马斯·库恩（Thomas Sammual Kuhn，1922—1996），美国科学史家。他在《科学革命的结构》一书中提出"范式转型"。

例如，多年来人们已经知道水星的运行轨迹不符合牛顿的计算结果，但这一异常现象并不重要，因为它与牛顿体系的日常应用毫不相干。再如，如果建造桥梁过程中出现了某些异常现象，那么人们显然会认为它至关重要。因此，除非牛顿范式不能处理与实际相关的重要问题，否则它依然深得人心、无法撼动。其次，关于一种新范式以何种方式被接受，库恩从未给出令人满意的回答。库恩承认接受本身并非逻辑问题，而是一个信念转换问题，但问题在于信念转换的基础应是什么。引导库恩分析的动力从未被明示。这种动力就是一种基本信仰：对自然环境的控制。信念转换显然基于这样一种信仰，即新体系能够拓展对自然某些方面的控制力。哪些方面呢？极有可能还是某个特定的历史时刻，对日常活动与日常生活重要的方面。

正如以上两例所示，对库恩的主要批评在于他将科学知识从唯物主义的基础中抽象出来。库恩对科学进步提供了一种**唯心主义**的解释，但很清楚的是，科学思想根本上是和物质活动相联系的。贝尔纳[①]已探究过科学知识进步的物质基础（Bernal, 1971）。物质活动包括为人类利益而控制自然，而科学理解不能脱离一般信念而被解读。然而，在此关键之处，我们还得再增加一个视角，因为对人类利益的多种解读取决于我们所考虑的社会部门。贝尔纳指出，直到最近，在西方社会人们的职业生涯中，科学一直是中产阶级生活方式和思想的领地。因此，我们或许会

---

① 约翰·贝尔纳（John Desmond Bernal, 1901—1971），英国物理学家。他的《科学的社会功能》是对科学与社会关系进行全面系统论述的第一部巨著。

心照不宣地期望自然科学能反映人类想操纵与控制自然界这些方面的驱动力,因为这些方面与中产阶级息息相关。然而,通过提供科研赞助和资金资助控制科学活动更为重要,这关系到生产资料占有者的特殊利益。产业界与政府的联盟深深主导了科学活动。结果,"操纵与控制"意味着为了社会中某些特定群体(特别是工业界、金融界和中产阶级)的利益而操纵与控制,而非社会的整体利益(参见 Rose and Rose,1969;Bernal,1971)。从这些视角出发,我们可以更好地理解科学进步的普遍推动力,它隐藏在循环往复的科学革命之中,库恩对此有过透彻的刻画。

关于库恩的分析是否可以推广到社会科学之中,人们一直存疑。库恩似乎把社会科学看作"前科学",因为迄今为止没有一门社会科学真正构成了某种范式,建立起被大众普遍接受的概念、范畴、关系和方法的术语库。事实上,这种把社会科学看作"前科学"的观点在科学哲学家之间相当普遍(参见 Nagel,1961;Kuhn,1962)。然而,对社会科学思想史的一项快速调查表明:社会科学确实发生过多次革命,而且从很多方面讲,这些革命的特点跟库恩所确定的自然科学中的特点没有两样。毫无疑问,亚当·斯密为经济思想提供了一种范式模型,李嘉图则在其基础上进行建构。现代的凯恩斯成功地做了一件实质上与亚当·斯密相似的事情,他也提供了一种范式模型,时至今日仍主导着西方的经济思想。约翰逊对经济学思想中的这些革命进行过探索(Johnson,1971)。他的分析在很多方面都与库恩不谋而合,不过又补充了几点新解。约翰逊断言,凯恩斯革命其实是一场危机引起的,导致这场危机的原因是前凯恩斯经济学的失败,因为前凯恩斯经济学未能处理好失业问题，而失业问题又恰恰是20世纪30年代最紧迫、最重要的异常现象。约翰逊认为：

> 如果既存的正统理论明显与现实中最重要的事实相悖，却对自己试图解释这些事实的智力信心十足并竭力这么做，那便荒唐可笑，同时也暴露出正统理论的无能。

这样一来，当时客观的社会现实便超越了传统观念，并起到暴露传统观念弊端的作用。

> 如果人们认为主流经济学和现实问题明显无关，并对其解释普遍感到困惑，这时大家便能接受某种新理论，因为新理论对问题的本质提供了一种令人信服的解释，并据此开出了一套政策药方。

在一定程度上，约翰逊的理论与库恩的理论有着惊人的相似之处。但是约翰逊随后加上了一些新的考量，其中一些确实源于科学社会学本身。约翰逊声称，一种新理论若被人们所接受，必须具备五个主要特征：

> 首先，这种新理论必须攻击传统的保守观念的中心命题……通过一种全新的但学术上可接受的分析，能够颠覆传统观点的命题……其次，理论必须推陈出新，同时还要尽可能地吸收现存主流理论中可行的或至少是不容易引起争议的成分。在这一过程之中，这种理论非常有利于赋予旧概念以令人困惑的新名称，并且作为关键分析性的步骤加以强调，尽管这些名称从前一直被视为陈词滥调……第三，

新理论理解起来必定有些难度……资深的学界同仁会觉得这种新理论不容易也不值得研究，而情愿把精力浪费在边缘理论问题之上，同时使自己成为年轻一辈和渴望创新者批驳的靶子……但是，实际上只要足够用心完全可以把握这种理论……第四，相对于现行的理论，新理论必须能提供给天资聪颖而不那么投机取巧的学者一种更具吸引力的新方法论……最后一点是，新理论（必须能提供）一种重要的……可量化的经验关系。

过去十年的地理学思想史恰恰体现了这种分析。传统地理学观点的中心命题是定性和特殊性。很明显，这种观点整体上挡不住社会科学正朝着成为操纵与控制社会的工具的方向发展，而这种工具需要理解定量和普遍性。同样毫无疑问的是，在新旧理论过渡的过程中，旧概念被冠以令人困惑的新名称；而老生常谈的假设则受到种种严格分析和考究。而且，不可否认，所谓的计量革命让人们有机会公开抨击学科中的元老，特别是当他们鼓起勇气涉足与新近产生的理论有关的问题时。当然，计量革命具有一定难度和挑战性，但它为新方法论的产生打开大门——其中很多方法论产生的分析见解颇有价值。最后，要量化的新东西很多。在距离衰减函数、阈值、物品范围和空间类型的测量法之中，地理学家发现了四种明显重要的新经验话题，尽管考察它们可能要花太多时间。因此，计量革命可以部分理解为一套有待回答、富有挑战性的新思想，也可以部分理解为学科框架中对于权力与地位的一种卑微的追求，还可以部分理解为对外界各种压力的反应，用以在可以被人们广泛定义的"规划领域"里发掘操纵与控制的方法。为了防止有人把这些评论误解为对某个特定群体指指点点，我得说我们大家都曾卷入上面这个进程之中，而且我们都无法摆脱这种牵绊，过去如此，现在亦如此。

约翰逊也将"反革命"这一术语引入他的分析理论。就这点而言，他所提出的思想的启发性并不大，因为很明显，他在批评被自己贴上反革命标签的货币学家时存有私心，纵然明显的异常问题（通货膨胀与高失业率同时出现）对于正统的凯恩斯学说来说是一种亟待解决的挑战，但是这一术语蕴含某种非常重要的东西需要分析。在直觉上，把社会科学中的思想运动视为基于革命与反革命的运动似乎可行，但社会科学与自然科学截然不同，因为这一概念在社会科学中似乎无法直接应用。

我们可以通过运用在自然科学范式中形成的洞察力来分析反革命现象。这基于人类操纵与控制自然发生的现象的能力之上。同样，我们也能够预测社会科学中范式形成背后的推动力是为了人类的利益而去操控人类活动和社会现象的欲望。问题马上出来了：谁控制谁？为了谁的利益而去进行操控？如果是为了全体的公共利益，谁会主动站出来解释这种公共利益？所以，我们在社会科学中得直面在自然科学中只间接出现的问题（即控制与操纵的社会基础和涵义）。我们不会愚蠢到认为，这些基础平均分布于整个社会中。我们的历史表明，通常这些基础高度集中于社会的几个关键群体之中。这些群体相对于其他群体而言可能是乐善好施的或剥削的，但这不是问题的关键。关键是社会科学形成新的概念、范畴、关系和方法，而它们并不独立于现存社会关系而存在。就此而言，这些观念正是他们要描述的现象的产物。只

第四章 地理学的革命和反革命理论与贫民窟形成问题

要根植于革命理论之中的各种社会关系的本质是有意通过组织一种革命理论,以合作或破坏的方式扫除革命理论带来的社会变革所面临的威胁,一种新范式赖以依存的革命理论便会被大家普遍接受。

社会科学中的革命与反革命过程在亚当·斯密、李嘉图和马克思的政治经济学理论的关系中十分明显。恩格斯在《资本论》第二卷的序言中为此提出一些非同寻常的洞见(参见 Althusser and Balibar,1970)。有争论说,马克思的剩余价值理论是剽窃别人的。然而,马克思本人明确承认亚当·斯密和李嘉图讨论过剩余价值,且一定程度上理解剩余价值的实质。之后,恩格斯着手解释马克思的剩余价值理论观点的新意,以及为何马克思的理论"好像晴天霹雳震动一切文明国家"。要达到这一目标,他描述了化学史上的一次事件[非常巧合的是,这也是库恩关于自然科学革命结构论文的灵感源泉之一(Kuhn,1962:52—56)],这次事件涉及拉瓦锡和普利斯特列这两位化学家到底是谁最先发现了氧气。这两位化学家都做了类似的实验,并得出了类似的实验结果,但他们存在本质上的差别。普利斯特列终其一生都坚持以传统的燃素说解释自己的实验结果,因此他把自己发现的气体命名为"无燃素气体"。然而,拉瓦锡则认为他的理论与当时的燃素说无法调和,因此才能够在全新的基础上重构化学的理论框架。所以,恩格斯与其后的库恩都说"与那些仅仅析出了氧气却不知其为何物的人相比,拉瓦锡才是真正发现氧气的人。"恩格斯继续说道:

在剩余价值理论方面,马克思与前人的关系,正如拉瓦锡与普利斯特列和舍勒的关系一样。在马克思以前很久，人们就已经确定我们现在称为剩余价值的那部分产品价值的存在；同样也有人已经或多或少地明确说过，这部分价值是由什么构成的……但是到这里人们就止步不前了……（所有经济学家）都为既有的经济范畴所束缚。于是马克思发表意见了，他的意见是和所有他的前人直接对立的。在前人认为已有**答案**的地方，他却认为只是**问题**所在。他认为，这里摆在他面前的不是无燃素气体，也不是火气，而是氧气；这里的问题不是在于要简单地确认一种经济事实，也不是在于这种事实与永恒公平和真正道德相冲突，而是在于这样一种事实，这种事实必定要使全部经济学发生革命，并且把理解全部资本主义生产的钥匙交给那个知道怎样使用它的人。根据这种事实，马克思研究了全部既有的经济范畴，正像拉瓦锡根据氧气研究了燃素说化学的各种既有的范畴一样。①（《资本论》第二卷，第11—18页）

　　毫无疑问，马克思的理论会带来危险，因为它似乎从那些不占有生产资料者的角度提供了一把理解资本主义生产的钥匙。结果，有潜力能够形成某种新范式的范畴、观念、关系和方法极大地威胁着资本主义世界的权力结构。继而出现了边际价值理论

---

① 马克思，恩格斯. 马克思恩格斯全集（第24卷），北京：人民出版社，2003，第21页。

第四章 地理学的革命和反革命理论与贫民窟形成问题

（特别是在奥地利学派经济学家中，如庞巴维克①和门格尔②），它在许多方面都与斯密和李嘉图分析的基本原理分道扬镳，同时不经意间把马克思主义挑战带回到经济学上。列宁去世后，俄国的马克思主义理论出现了与反革命合作的现象。同样，西方社会学中也出现类似的与反革命合作现象，融入了很多马克思主义话语（比重非常之大，一些社会学家认为如今我们已经都是马克思主义者了），但它们都没有传达马克思主义思想的精髓，因而实际上真正阻碍了马克思主义思想的兴盛，同时也阻碍了马克思设想的人的社会的产生。植根于概念之中的思想和所折射出的社会关系都因此受挫。

因此，社会科学中思想上的革命与反革命所呈现出的特点明显与自然科学不同。思想上的革命终究无法脱离实践中的革命。这就可能指向一个结论，即社会科学确实处于前科学状态。然而，既然自古以来自然科学从来就不是只为某一固定利益集团服务，这一结论的理由就不充分。正是这一事实而非自然科学本身内在的任何因素，解释了为何自然科学中缺乏反革命的现象。换言之，在自然科学中，既然思想上的革命都基本建立在现存秩序要求之上，那么对现存秩序就不构成任何威胁。当然，这并不是说，自然科学革命的**道路**上不会遇到一些不愉快的社会问题需要解决。既然科学发现无法预测，科学发现就可能成为社会紧张局

---

① 欧根·冯·庞巴维克（Eugen Ritter von Böhm-Bawerk，1851—1914），奥地利经济学家，提出利息时差论，为新古典经济学的发展作出重要贡献。

② 卡尔·门格尔（Carl Menger，1840—1921），奥地利经济学家，奥地利经济学派创始人，为边际效用理论的发展作出了贡献。

势的源头。但是，这恰恰表明自然科学处于前社会时期。因此，虽然人们常常借助自然科学技术来帮助解决社会行为与社会控制这两个问题，这两个问题却没有纳入自然科学之中。事实上，有一种要把这些社会问题排除在自然科学之外的盲目做法，因为把它们纳入自然科学会被认为是受到现存社会秩序要求而进行的"偏见"研究。对那些认真履行自己社会责任的科学家们来说，往往遭遇真切的道德困境。因此，与流行观点相反，我们似乎可以得出这样的恰当结论：社会科学的哲学思想**可能**比自然科学的哲学思想优越得多；两个研究领域的最终融合不是通过试图将社会科学"自然化"，而是通过将自然科学社会化①（参见《1844年经济学哲学手稿》）。这可能意味着，人类潜能的实现将取代操纵与控制成为范式接受的基本准则。所以，科学的方方面面都会经历思想的革命与反革命阶段，而这些阶段毫无疑问与社会实践中的变革相关。

现在让我们回到最初的问题。我们为什么进行地理思想革命？怎样进行地理思想革命？计量革命已经完成了使命，边际收益递减局面明显出现；另一种因子生态学，另一种测度距离衰减效应的尝试，另一种确定某一物体范围的尝试给予我们的新知越来越少。此外，正像20世纪60年代早期雄心勃勃的计量学家一样，现在年轻一代地理学家也渴求得到别人的认可，急着想做点有意义的事。因此，计量学家紧紧抓住培养输出大学毕业生和制

---

① 参见马克思，恩格斯．马克思恩格斯全集（第3卷），北京：人民出版社，2002，第307—308页．

定各系课程大纲时,本学科的社会体系中便颇有微词。学科内的社会环境不足以(也不应该)证明思想革命的正当性,但它客观存在。更重要的是,成熟的理论和方法论框架与我们所使用的理论和方法论框架以及我们的言说能力之间有着明显的区别,因为事情在我们周围发生时,我们未必能够说出其中真正有意义的东西。我们打算要解释和操纵的事情与真实发生的事情之间存在太多异常现象。我们面临着生态问题、城市问题、国际贸易问题,然而我们对此似乎没有什么高见。当我们说话时,却又是庸常之词和荒唐之言。总之,我们的范式已经无效,是时候把它扔到一边去了。客观的社会条件一直要求我们说得合乎情理、条理清晰,否则就永远保持沉默(因为缺乏可靠性或客观社会条件恶化)。客观社会条件涌现,而我们却无法应对,正是这种情况实质上解释了地理思想革命的必要性。

应该如何完成这样一场革命?我们可以采取很多路径。正如有些人所言,我们可以放弃计量运动的实证主义基础,拥抱抽象的哲学唯心主义,希望客观社会条件会自动改善,或者通过唯心主义思维模式锻造的概念将最终获得足够的意义,从而促进客观社会条件的创造性变化。然而,唯心主义的特点是注定永远找不到现实意义。我们也可拒斥 20 世纪 60 年代的实证主义基础,代之以现象学为基础。这似乎比唯心主义者的路线更具有吸引力,因为它至少有助于让我们保持与人的概念联系,即人作为一种与我们周围的自然和社会现实不断感觉互动的存在。然而,现象学方法可能非常容易导致我们进入唯心主义或回到天真的实证经验主义(positivist empiricism),就像他们可能容易导致我们进入一种唯物主义的社会意识形态。地理学上所谓的行为革命就指向这两个方向。因此,在这个关键时刻最富有成效的策略是探索实证主义、唯物主义和现象学在某些方面相互交叉的理解领域,以此为我们提供对身居其中的社会现实的充分解释。这种交叉在马克思主义思想中探索得最清楚。马克思在《1844年经济学哲学手稿》和《德意志意识形态》中赋予了自己的思想体系一个强大而有吸引力的现象学基础。

马克思主义和实证主义也有一些共同点。二者都是以唯物主义为基础,并诉诸分析方法。当然,其本质区别为:实证主义只是寻求理解世界,而马克思主义则寻求改变世界。换言之,实证主义从现存的现实中抽象出带有所有现实缺陷的范畴和概念,而马克思主义的范畴和概念则是通过将辩证法运用到历史中,通过此时此地的事件和行动而形成。例如,实证主义方法包括应用传统的双重价值亚里士多德逻辑来检验各种假设(统计推断的零假设纯粹是一种亚里士多德式方法):假设不是真的就是假的,一旦被分类,就一直如此。另一方面,辩证法提出了一种理解的过程,允许对立面相互渗透,矛盾和悖论共处于统一体之中,并指向解决的进程。只要论及真伪,真就在于辩证过程,而非从这一过程中推演出来的说法。这些说法只能在给定的时间点被指定为"真",而且在任何情况下都可能与其他"真"的说法相矛盾。辩证法允许我们必要时反过来分析问题,将解决方案视为问题,将问题视为解决方案。

因此,在最后一部分,我来谈谈贫民窟的形成问题。读者可能觉得目前虽然前面的介绍很详尽,但与理解贫民窟的形成以及

第四章　地理学的革命和反革命理论与贫民窟形成问题

设计解决贫民窟问题的方案关系不大。事实上，这对贫民窟形成问题至关重要，因为我将证明，只有我们在这一过程中自觉谋求建立一种解决这一问题的革命地理学理论，我们才能说出一些与问题相关的东西。我还将证明，我们可以利用目前能够找到的许多方法来建构这种理解。然而，我们必须做好准备，用一种崭新且大不相同的方式阐释这些方法。总之，我们必须从氧气而非"无燃素气体"的角度进行思考。

贫民窟作为美国城市的主要社会问题之一，引起了极大的关注。人们对英国城市的"两极分化"（polarization）和"贫民窟化"（ghettoization）的担忧也正在上升。人们普遍认为，贫民窟不是好事，因此社会最好应消除贫民窟，而不是消除贫民窟里的人口（对后一个问题，班菲尔德的立场显得有些模棱两可）。这里的目的不是试图详细分析关于贫民窟的文献，也不是纠结于其定义。相反，应考察那些看起来与理解贫民窟形成和贫民窟生计关联的地理理论。当然，这里最明显需要考察的理论是城市土地利用理论。

地理学中城市土地利用理论的灵感很大一部分来自芝加哥社会学派。帕克、伯吉斯和麦肯齐写过大量关于城市的作品，用生态字眼详细阐释了城市的形态（Park *et al.*, 1925）。他们都注意到城市的特定区块集中着低收入群体和各种族裔群体。他们还发现城市的空间形式存在一定的规律。基于此，伯吉斯还详细阐述了一种后来被称为"城市同心圆"的理论。帕克和伯吉斯都似乎把城市看作一种人类创造的生态综合体，其中社会适应过程、功能专业化过程和生活方式过程和对生存空间的争夺等都起到了产生一种连贯的空间结构的作用，其整体由某种文化衍生而形成的社会团结维系在一起，帕克称之为"道德秩序"（Park, 1926）。城市系统内的各种群体和活动实质上就是由这种道德秩序结合在一起的，而这些群体仅在道德秩序所施加的种种限制之内谋取（社会的和空间的）位置。人们的焦点是找出谁最终处于什么地位以及他们实现最终地位的条件如何。芝加哥学派的主要推动力必然是描述性的。这种传统对地理思维所产生的影响力一直很强。尽管描绘技术方面发生了些变化（因子生态学实质上代替了描述性的人类生态学），芝加哥城市地理学派绝对来源于芝加哥社会学派（参见 Berry and Horton, 1970）。然而，奇怪的是，帕克和伯吉斯并没有过多关注通过经济制度运行而产生的社会团结，也没有过多关注基于经济考量而产生的社会经济关系。当然，他们并没有忽视这一问题；不过，对他们而言，这一问题只是次要问题。因此，他们创立的城市土地利用理论用于解释贫民窟时存在严重的缺陷。有趣的是，恩格斯大约早在帕克和伯吉斯 80 年前就注意到城市同心圆分区现象，但试图用经济术语加以阐释。这段文字值得引用，因为它对城市的空间结构有几处洞见：

> 在曼彻斯特的中心有一个相当广阔的长宽各为半英里的商业区，几乎全区都是营业所和货栈。这个区域几乎整个都是不住人的……这个地区有几条大街穿过，街上非常热闹，房屋的最下一层都是些辉煌的商店；在这些街上，有些地方楼上也住了人；这里的市面是不到深夜不停止的。除了这个商业区域，整个曼彻斯特本城、索尔福和休尔姆的全部……

所有这些地方形成了一个纯粹的工人区,像一条平均一英里半宽的带子把商业区围绕起来。在这个带形地区外面,住着高等的和中等的资产阶级。中等的资产阶级住在离工人区不远的整齐的街道上,……而高等的资产阶级就住得更远,他们住在却尔顿和阿德威克的郊外房屋或别墅里,……在新鲜的对健康有益的乡村空气里,在华丽舒适的住宅里,每一刻钟或半点钟都有到城里去的公共马车从这里经过。最妙的是这些富有的金钱贵族为了走近路到城市中心的营业所去,竟可以通过整个工人区而看不到左右两旁的极其肮脏贫困的地方。因为从交易所向四面八方通往城郊的大街都是由两排几乎毫无间断的商店所组成的,而那里住的都是中小资产阶级,……但是,为了不使那些肠胃健壮但神经脆弱的老爷太太们看到这种随着他们的富贵豪华而产生的穷困和肮脏,这些商店总算是够干净的了。……我知道得很清楚,这种伪善的建筑体系是或多或少地为一切大城市所具有的;我也知道,零售商因其所经营的商业的性质就必须住在繁华的大街上;我知道,在这种街道上好房子总比坏房子多,这一带的地价也比偏僻的地方高。但是我毕竟还没有看到过一个地方,像曼彻斯特这样有系统地把工人阶级排斥在大街以外,这样费尽心机把一切可能刺激资产阶级的眼睛和神经的东西掩盖起来。然而,曼彻斯特在其他方面比任何一个城市都建筑得更不合警察的规定,更没有一定的计划,而是更偶然地堆积起来的。当我连带考虑到资产阶级那种热心的保证,说什么工人生活得很好的时候,我就觉得,那些自由派厂主,

曼彻斯特的大亨（big Wigs）对该市的这种可耻的建筑体系并不是完全没有责任的。①(《英国工人阶级状况》)

比起帕克和伯吉斯所提出的方法（本质上是文化方法），恩格斯1844年所采用的这种方法无论过去还是今日都更符合无情的社会经济现实。事实上，如果进行一些明确的修改，恩格斯的描述可以很容易地适应当代美国城市（有良好的交通设施同心圆布局为居住在郊区的富人提供便利，让入城工作的通勤者看不到与其财富形成鲜明对比的穷困和肮脏等）。遗憾的是，当代地理学家一直从帕克和伯吉斯那里而非恩格斯那里获得灵感。恩格斯指出的社会团结不是由任何高层级的"道德秩序"所产生的。相反，城市的苦难是邪恶贪婪的资本主义制度的必然产物。社会团结是通过市场交换制度的运作来实施的。因此，谈及伦敦时，恩格斯这样写道：

> 伦敦人为了创造充满他们的城市的一切文明奇迹，不得不牺牲他们的人类本性的优良品质；才会开始觉察到，潜伏在他们每一个人身上的几百种力量都有使用出来，而且是被压制着，为的是让这些力量中的一小部分获得充分的发展，并能够和别人的力量相结合而加倍扩大起来。……所有这些人愈是聚集在一个小小的空间里，每一个人在追逐私人利益时的这种可怕的冷淡、这种不近人情的孤僻就愈是使人难堪，愈是可恨。……人类分散成各个分子，每一个分子都有

---

① 马克思，恩格斯．马克思恩格斯全集（第2卷），北京：人民出版社，1957，第326—328页。

自己的特殊生活原则，都有自己的特殊目的，这种一盘散沙的世界在这里是发展到顶点了。这样就自然会得出一个结论来：社会战争，一切人反对一切人的战争已经在这里公开宣告开始。……每一个人都把别人仅仅看做可以利用的东西；每一个人都在剥削别人，结果强者把弱者踏在脚下，一小撮强者即资本家握有一切，而大批弱者即穷人却只能勉强活命。……在任何地方，一方面是不近人情的冷淡和铁石心肠的利己主义，另一方面是无法形容的贫穷；在任何地方，都是社会战争；都是每一个家庭处在被围攻的状态中；在任何地方，都是法律庇护下的互相抢劫，而这一切都做得这样无耻，这样坦然，使人不能不对我们的社会制度所造成的后果（这些后果在这里表现得多么明显呵！）感到不寒而栗，而且只能对这个如疯似狂的循环中的一切到今天还没有烟消云散表示惊奇。①（《英国工人阶级状况》）

如果我们把语言略微整理一下（如不提及资本主义），我们就会有一份堪称《克纳委员会报告》的说明（Kerner Commission Report, 1968）。

恩格斯、帕克和伯吉斯所指出的城市常见的空间结构，可以从经济和文化的角度加以分析。恩格斯提出的问题在没有"大亨"指导的情况下，这样一个系统如何发展，而又对他们有利，这一问题后来成为了详细经济分析的主题。用边际主义经济学原

---

① 马克思，恩格斯. 马克思恩格斯全集（第2卷），北京：人民出版社，1957，第303—395页。

理来解释这一现象的可能性,最初表现在冯·杜能①农业区位论的著作之中。这又为阿隆索和穆斯近期的城市土地市场经济理论奠定了基础(Alonso,1964;Muth,1969)。我们不必为这一理论的细节(但可参见第五章)而纠结,但这一理论对理解贫民窟形成的贡献值得考察。有人认为,城市土地利用是通过土地利用竞标过程决定的。实行了竞标后,活动中心的地租就涨得更高(通常认为,所有的就业理论上都会集中于同一个中心位置)。关于区位的选择,如果我们现在考虑对两个群体(富人群体和穷人群体)开放同一个就业中心,我们可以通过考查他们的竞租曲线结构来预测每个人的居住地。对于贫困群体来说,竞租曲线很陡,因为穷人的钱很少花在交通上;因此,他们对土地利用的竞标能力会随着离工作地点的距离迅速下降;而富人群体的竞租曲线很缓,因为富人群体的竞标能力受花在交通方面钱的影响不大。我们彼此竞争时,发现贫穷的人群被迫生活在城市的中心,而富人居住在城外(正如恩格斯所描述的)。这意味着,穷人被迫住在高租金的地块。当然,他们能调整适应这一点的唯一方法就是节省他们所消费的空间,挤入一个非常小的地方。这一模式的逻辑表明,贫困群体会集中于靠近市中心的、条件特别拥挤的高租金地区。由于富人竞租曲线的形状实际上是他们的空间偏好相对于交通成本的函数,因此就可能构建这一模型的各种变量。莱斯特·莱夫指出,如果富人群体改变了偏好,城市空间结

---

① 约翰·海因里希·冯·杜能(Johann Heinrich von Thünen,1783—1850),德国经济地理学家,著有《孤立国同农业和国民经济的关系》。

构也将随之改变（Lave，1970）。例如，如果内城区拥堵的成本增加了，富人认定所花费的时间和损失不划算，那么他们可以轻松改变竞租函数，然后再搬回城市中心。根据竞租曲线的形状，可以预测各种各样的城市结构，且完全可能发现富人生活在城市的中心而穷人住在郊区。比如，这种情况下，穷人被迫调整，通过用时间换成本距离；这样，他们花费大量的时间步行上班，以节省交通成本（这种情况在拉丁美洲城市并不陌生）。所有这一切实际上意味着，富人群体会始终将自己的喜好凌驾于穷人群体，因为富人群体拥有更多的资源，可以用于支付交通成本或获得自己所选择的任何地段。这源自将边际主义经济原则（竞租曲线是一种典型的边际主义方法）应用于一种情形的自然结果，这种情形就是收入差距很大。这个理论建立在房地产市场上通常被称为"帕累托最优"的基础之上。

可以利用这种理论模式来分析城市系统中的不均衡，设计恢复均衡的政策。自 1950 年以来，随着美国的就业快速郊区化，我们预计随着贫困人口设法接近就业中心，贫困人口（考虑到他们的**竞租函数**）便会向外转移。由于郊区的排他性住宅分区制，这种转型并没有发生。因此，我们可以将现代社会里这种贫民窟问题的严重性归于这些制度的作用，因为这些制度阻碍了均衡的实现。我们可以通过法院诉讼等挑战排他性分区制的合法性和合宪性（有意思的是，民权组织和企业都支持这一做法，因为民权组织认为郊区的分区制带有歧视性，而企业担心郊区缺乏低收入的劳动力）。我们也可以努力修改土地利用管理权，这样的话，有些情况就可以避免，如曾经有过报道，新泽西州普林斯顿地区有大约20个社区,在那里有120万个工作岗位的工业和商业分区却仅有足够14.4万名工人居住的分区(1970年11月27日《华尔街日报》)。我们也可以通过实行交通系统补贴或规划专门的交通设施,努力克服内城地区到远郊地区交通能力不足的问题,让贫民窟的居民到郊区就业。这必然要求贫民窟的居民用时间作成本(如果得到补贴的话)。这些项目大多失败了。我们也可以通过市区重建项目和支持黑人资本主义等吸引劳动力回市中心就业,努力重新实现均衡状态。所有这些解决方案有一个基础,就是一个不言而喻的假设:城市土地利用存在不均衡,政策应让城市土地利用恢复均衡状态。这些解决方案是自由主义式的,因为它们承认并试图在现有社会机制(与冯·杜能的城市土地利用理论一致的机制)中消除这种不平等。

如何确定更多的革命性解决方案?让我们回到穆斯所讲的冯·杜能理论(Muth, 1969)。分析冯·杜能的理论之后,穆斯通过对芝加哥现有的住宅土地利用结构进行检验,努力评价这一理论经过实际经验检验过的相关性。他的检验表明,冯·杜能的理论大体上是正确的,但是也存在一些误差因素,诸如房地产市场上的种族歧视。据此,我们或许推断,这是一种正确的理论。这是一条通过经典的实证主义方法得出的真理,可以用来帮助我们识别问题。对于穆斯来说,一种社会理论成功得到检验,但对我们来说,这变成了问题所在的指示器。这一理论预测:贫困群体必须也需要生活在生活成本最少的地方。

我们的目标是根除贫民窟。因此,基于这一目标,唯一有效的政策就是根除产生这一理论真相的条件。换言之,我们希望冯·杜能的城市土地市场理论**不能**变为现实。这里，最简单的方法是消除有利于生成这一理论的机制。这种情况下的机制非常简单，即对土地利用进行竞拍。如果我们消除了这一机制，我们就可能会根除这一机制产生的后果。这很快让人联想到一项消除贫民窟的政策，即可能用城市土地市场社会化和房地产行业社会化来取代竞拍。在这种体制下，冯·杜能的理论（不管怎么说都是一种规范理论）将在实际上与我们所理解的住宅土地利用的空间结构无关。这种方法已经在许多国家尝试过。例如，1960年，古巴所有的城市公寓被政府征用。租金支付给政府"并被视作居住者获得所有权的分期付款，居住者必须及时支付租金并对住宅定期进行维修"（Valdes，1971）。只能通过国家机构对住宅的居住权进行变更。

> 如果从1959年一直准时支付房租的话，生活在1940年或之前修建房屋的住户将于1965年停止支付房租。1961年5月后，依然空置的单元分配给了需要的家庭，但这些家庭每年得支付相对于家庭收入10%的租金。而且，在1966年中期，所有居住在破旧公寓里且至少支付了60个月租金的住户以后居住不再支付房租。到1969年，共有268 089个家庭不再支付租金。（Valdes，1971：320）

显然，在比较原始的经济发展阶段，古巴这样的小国将长期出现住宅短缺的情况，但采取这样的行动无法消除不良住宅。然而，古巴采用的解决方案很有趣，因为这些方法最终会使阿隆索—穆斯的城市土地市场理论与理解住宅空间结构无关，而这也许正是我们成功地拔除贫民窟后所发生的事情。

这种贫民窟土地和房地产市场分析方法暗示着一种不同的分析问题并设计方案的构想。例如，要注意所有旧住宅实行免费居住的政策。如果我们把市区总的住宅存量看作一种社会的（而非私有的）物品，那么社会显然已经为旧的住宅支付了成本。根据这种算法，市区所有建于某个年代之前的住宅都已经支付过房款，比如1940年之前（以及部分此后建的）。债务已分期偿还并退出。唯一的附加成本是维护费和服务费。有大量社会资本困在房地产领域，但都在私有土地和房地产市场体系中；房地产的价值并非总是以其作为居所和住宅来衡量，而是以市场交易中收到的数量来衡量，因此房地产的价值可能受到投机等外部因素的影响。目前许多内城区，房子明显没有或很少有交换价值。然而，这并不意味着内城区的房子没有使用价值。结果就是，由于我们没能建立交换价值，我们就抛掉了使用价值（参见第五章）。这是我们固守私有财产观念时要承担的代价之一，而在社会化房地产市场体系中这种浪费就不会发生。当然，在一段时间里，使用价值体现在交换价值之中，这一直是经济理论中的一个假设。虽然使用价值和交换价值明显关联，但其关系的本质取决于谁在使用。在城市内部的房地产市场中，把房东将房屋作为收入的来源之一和租客将房屋视作居所进行比较，我们获得的使用价值内涵截然不同。

这种关于阿隆索—穆斯住宅土地利用理论的论点未免过于简单。通常情况下，为理论结果而假定的机制不一定与产生这个理论结果的真实机制相同，立即将竞争性市场过程视作贫民窟形成的根本原因实际上不可靠。因此，一个成功的理论检验应该做的就是提醒我们：有可能只是竞争性市场机制本身出了问题。我们必须详细地考察这一机制。

市场的运行依靠稀缺。换句话说，稀缺资源的配置是市场经济的基础。因此，对我们来说，重新审视"资源"（resource）和"稀缺"（scarcity）这两个概念的内容（参见上文，原书第80—86页，第114页）非常重要。地理学家早就认识到，资源是一种技术鉴定和社会评价（Spoehr，1956）。这意味着，只有当我们拥有适当的技术和社会形态才能利用材料和人力资源时，它们才能成为自然资源和人力资源。随着核物理技术的发展，铀成为一种资源；如果人为了生存被迫在市场上出售自己的劳动力，人就成为一种资源（这是人力资源这一术语的真正内容）。同样，稀缺这一概念也不是自然而然产生的，而只是就社会活动和社会目标而论关联起来（Pearson，1957）。稀缺是社会定义的，而非自然决定的。市场体系在资源稀缺的条件下才变得可能，因为只有在这些条件下，价格垄断商品交易市场才会出现。市场体系是一种高度分散的控制手段，用于协调和整合经济活动。历史上，这种协调能力的扩展使财富的生产急剧增加。因而我们发现了一个悖论，即财富是在一种依赖物以稀为贵的机制下产生。因此，如果消除稀缺，作为资本主义生产财富来源的市场经济就会崩溃。然而，资本主义一直在提高其生产能力。为了解决这一困境，形成许多确保稀缺不会消失的制度和机制。事实上，许多制度致力于维持稀缺（大学便是一个很好的例证，虽然这总是以"质量"的名义进行）。其他机制确保控制其他生产要素的流动。同时，日益增长的生产力必须找到一个出口释放，因此出现资源浪费过程（军事冒险和空间计划等）和基本需要创造过程。当然，这意味着如果不消除市场经济，就不能消除稀缺。在美国这样生产力先进的社会里，消除稀缺的主要障碍在于一套支持市场过程的相互关联的复杂制度（金融、司法、政治和教育制度等）。让我们来看看这种情况如何在内城区房地产市场中显露出来。

贫民窟住宅有一些奇怪的特性。一个悖论是，过度拥挤的地区同时也是空房数量最多的地区。巴尔的摩的空置建筑物大约有5000栋，其中许多建筑物状况良好，而这些建筑物都位于最拥挤的地区。其他城市也在经历着类似的情况。这些地区的共同特点是，大部分房屋要先补交财产税。与普遍的观点恰恰相反，内城区房地产市场并没有获得巨额利润。事实上，证据表明，这里的房东在房地产市场的收益比其他地方要少（参见 Sternlieb, 1966; Grigsby et al., 1971）。当然，有些房东不道德，但善良、理性、道德的房东获得的回报率相对较低。然而，相对于住宿质量而言，这些房东的租金仍然非常高，而如果房产易手，那么房产的价格几乎可以忽略不计。自然，银行有充分而理性的商业理由不给内城区住宅的房东提供按揭。比如，内城区的不确定性更大，其土地通常被认为是适合重新开发的"成熟"地块。金融机构很清楚，不为内城区提供抵押贷款会使该地区更"成熟"，因为在商业用途下的重新开发会带来不错的利润。基于利润最大化的驱动力，这一决定不能被视为不道德。事实上，贫民窟住宅的一个普遍特点就是：如果我们认可常规的、道德的、符合企业家精神的行为准则,我们就没有办法将大家都认为糟透的和对潜在住宅资源浪费的客观社会状况归咎于任何人。这种情况下,我们可能会发现各种相互矛盾的说法都是"正确的"。因此,在现存的经济和制度框架内,似乎不可能找到一项能够矫正这些条件的政策。联邦政府对私人住宅的补贴失效了;租金补贴迅速为市场调整所吸收;公共住宅收效甚微,因为公共住宅不仅量小,分布过于集中(通常为穷人被迫生活的地方),而且只供社会最底层的人使用。城市更新只是将问题转移到他处,而且某些情况下,市区更新甚至弊大于利。

恩格斯于1872年发表了论文集《论住宅问题》。他在书中预言,这是资本主义解决住宅问题时必然陷入的困境。从理论上讲,他的预言可以从批判冯·杜能的分析中看出,这恰恰和马克思批判李嘉图的方式一样。由于杜能模型(以及阿隆索—穆斯模型)中的租金概念化本质与李嘉图的模型相同(仅是产生的环境有些不同),据此我们可以直接使用马克思《资本论》第三卷和《剩余价值理论》第二部分的论点。根据马克思的地租理论,地租只是资本主义制度下(如私有财产)剩余价值的一种表现,其本质不能独立于这一事实而被理解。把地租看成独立于生产方式的其他方面、独立于资本主义制度的"自在之物",就犯了概念错误,这也正是阿隆索—穆斯模型所犯的错误。而且,这种"错误"体现在资本主义市场过程本身之中,因为它要求租金(或资本回报率)最大化,而非实现社会剩余价值最大化。由于租金只是剩余价值的一种可能和部分表现,因此,使租金而非产生租金的剩余价值最大化的驱动力必然会在资本主义经济中造成紧张态势。事实上，它启动了对抗实现剩余价值本身的各种力量——商业利益集团寻求其控制下的土地回报最大化，而社区寻求其可收税基最大化，这种对立导致潜在的劳动力因土地利用变化而与工作场所分离，从而导致生产下降。恩格斯在《论住宅问题》（1872）中指出这种竞争市场过程所导致的全部后果。

> 现代大城市的扩展，使城内某些地区特别是市中心的地皮价值人为地、往往是大幅度地提高起来。原先建筑在这些地皮上的房屋，不但没有提高这种价值，反而降低了价值，因为这种房屋同改变了的环境已经不相称；它们被拆除，改建成别的房屋。市中心的工人住宅首先就遇到这种情形，因为这些住宅的房租，甚至在住户挤得极满的时候，也决不能超出或者最多也只能极缓慢地超出一定的最高额。这些住宅被拆除，在原地兴建商店、货栈或公共建筑物。① （Engels, 1872：23）

这一过程（在当代每个城市都显而易见）源于实现地块回报率的必要性，因为地块的回报率通常与其对应的区位租金一致。这个过程不一定与促进生产有关，而与某些其他压力相关。

> 现代自然科学已经证明，挤满了工人的所谓"恶劣的街区"，是不时光顾我们城市的一切流行病的发源地……资本家政权对工人阶级中间发生流行病幸灾乐祸，为此却

---

① 马克思，恩格斯. 马克思恩格斯文集（第3卷），北京：人民出版社，2009，第252页。

第四章 地理学的革命和反革命理论与贫民窟形成问题

不能不受到惩罚；后果总会落到资本家自己头上来，而死神在他们中间也像在工人中间一样逞凶肆虐。当这一点由科学查明以后，仁爱的资产者便宽宏大量地争先恐后地关怀起自己工人的健康来了。于是就建立协会，撰写著作，草拟方案，讨论和颁布法律，以求根绝一再发生的各种流行病。对工人居住条件进行调查，设法消除最不能容忍的缺陷。……委任了调查劳动阶级卫生状况的政府委员会。①（Engels, 1872: 43）

如今重要的社会病症是毒品和犯罪，但问题似乎没有本质区别。设计出的解决方法依然具有相同的特点。恩格斯声称：

> 实际上，资产阶级以他们的方式解决住宅问题只有一个办法，这就是问题解决了，但又层出不穷。这就叫做"豪斯曼计划"②……我所说的"豪斯曼计划"，是指把工人区，特别是把我国大城市中心的工人区从中豁开的那种已经普遍实行起来的办法，而不论这是为了公共卫生或美化，还是由于市中心需要大商场，或是由于铺设铁路、修建街道等交通的需要。不论起因如何不同，结果到处总是一样：最不成样

---

① 马克思，恩格斯. 马克思恩格斯文集（第3卷），北京：人民出版社，2009，第272—273页。
② 得名源于法国城市规划师，拿破仑三世时期的重要官员乔治-欧仁·豪斯曼（Georges-Eugène Haussmann, 1809—1891）。豪斯曼因以铁腕手段主持了1853年至1870年间巴黎的连续"大拆迁"而闻名。17年间，豪斯曼拆掉了旧巴黎45%的房子，相当彻底地"清理"掉了巴黎市区的所有"贫民窟"，把大批穷人赶到远郊，使巴黎成为一个"世界最伟大的美丽都市"，其豪华奢丽的程度令世人惊为"奇迹"。这一段历史的分析，也可见哈维后期的著作《巴黎城记》。

子的小街小巷没有了，资产阶级就因为这种巨大成功而大肆自我吹嘘，但是，这种小街小巷立刻又在别处，并且往往就在紧邻的地方出现……资本主义生产方式使我们的工人每夜都被圈在里边的这些传染病发源地、极恶劣的洞穴和地窟，并不是在被消灭，而只是在……被迁移！同一个经济必然性在一个地方产生了这些东西，在另一个地方也会再产生它们。当资本主义生产方式还存在的时候，企图单独解决住宅问题或其他任何同工人命运有关的社会问题都是愚蠢的。解决办法在于消灭资本主义生产方式，由工人阶级自己占有全部生活资料和劳动资料。① （Engels，1872：74—77）

当代美国城市政策实施所取得的经验表明了与恩格斯记述的一些相似之处，这令人感到不安，因此不难得出这样的结论：资本主义市场机制的内在矛盾是造成这种局面的原因。我们有理由相信，我们最初的怀疑是正确的，资本主义市场机制是这部肮脏戏剧的罪魁祸首。如果我们从这些方面进行思考，我们就能解释为什么为内城设计的所有政策几乎都会产生理想和不理想的结果。如果实施"城市更新"，我们只是把贫困转移到另一个地方；如果不实施"城市更新"，我们就只是袖手旁观，目睹城市衰败。如果我们不让房地产牟利，我们也阻止了黑人购得住宅。这种情况造成的挫折很容易导致相互矛盾的结论。穷人可能被认

---

① 马克思，恩格斯．马克思恩格斯文集（第 3 卷），北京：人民出版社，2009，第 302—307 页．

为是罪魁祸首（班菲尔德①认为此结论很恰当），我们可以基于"善意的忽视"来制订政策，这至少不会产生政策失败必然引起的各种问题。因此，值得注意的是，目前城市政策似乎将重点从试图拯救内城区（这些计划注定要失败）转移到试图保护"灰色地带"，因为这些地区的市场体系仍然足够活跃，有可能取得某种程度的成功。不过，这样的政策是否会预防不满和衰败的蔓延也许仍然值得怀疑。然而，不幸的是，这一政策也意味着要放弃内城区积累起来的使用价值以及目前被迫在这些地方居住的1500万—2500万人的命运和生活。仅仅为了避免对恩格斯所得结论及其所依据的理论基础进行现实的考虑，这似乎是一个高昂的代价。我想努力指出的一点是，虽然所有严肃的分析人士都承认贫民窟问题的严重性，却很少质疑支配我们经济体系中心的种种力量。除了资本主义市场经济的基本特征，我们什么都讨论。除了那些可能挑战经济持续性的解决办法，我们设计了各种各样的解决办法。这样的讨论和解决办法只会使我们看起来愚蠢，因为它们最终导致我们发现了恩格斯早在1872年就清楚意识到的东西，即资本主义的解决方案根本无法为已经恶化了的社会状况提供基础。它们仅是"无燃素气体"而已。如果我们愿意的话，通过严谨地和批判性地审视我们的社会基础，我们能够发现氧气以及与之相关的所有东西。这是革命性的理论方法首先要完成的一项任务。这项任务需要什么呢？

---

① 爱德华·克里斯蒂·班菲尔德（Edward Christie Banfield, 1916—1999），美国政治学家，著有《落后社会的道德根据》等。

让我先说说这不需要什么。这并不意味着要在贫民窟进行另一次社会状况经验调查。事实上，这让我们内心那个软心肠的自由主义者假装我们在帮助解决问题，而其实不然；从这种意义上而言，描绘更多证据来说明人类明显的非人性是反革命的。这种经验主义无关紧要。国会的报告、报纸、书籍、文章等已经提供了足以满足我们需要的证据。我们的任务不在于此。也不在于只能被称为某种"道德自慰"的行为里，这种受虐狂式的行为旨在搜集大量关于贫民窟人民日常不公正处境的资料，然后面对这些资料，捶胸顿足，表露同情，然后又溜回自己舒适的住所。这也是反革命，因为这只能赎罪而并没有逼迫我们直面根本的问题，更别说采取行动来解决这些问题。沉溺于那种吸引我们与穷人一起生活和工作"一段时间"、希望我们能真正帮助他们改善命运的情感之旅也不是解决办法。这也是反革命的，因为要是我们在一个夏天的工作中帮助某社区获得了一个操场，结果却发现那里的学校到了秋季情况更糟了，我们该怎么办？这都是我们**不该**走的路。它们只不过是转移了我们的注意力，令我们不再顾及我们手头的重要任务。

这项迫在眉睫的任务就是，通过深刻批判我们现有的分析，自觉意识到要构建一种社会地理思想新范式。我们最有条件完成这一任务。毕竟，我们都是使用学术交流工具的学者。因此，我们的任务是调动我们的一切思维能力构建概念、范畴、理论和论据，从而应用于带来人性化社会变革的任务。这些概念与范畴不能抽象表述。它们必须根据事件和行动在我们周围发展的情境中如实打造出来。这里可以且必须用社区里所获得的实验证据，已经收集起来的档案以及社会上获得的经验。但是，所有这些经验和信息意义不大，除非我们将其整合成强大的思维方式。

然而，我们的思想不能仅停留在现存的现实之上。它必须创造性地接受各种可供抉择的解决办法。我们不能基于实证主义理论基础规划未来，这样做只能巩固现状。然而，在任何新的范式形成过程中，我们必须做好准备，将理论库内一切有用的和有价值的东西整合到一起。我们可以根据未来行动的可能路线重构现有的理论模式。我们可以抨击现有的理论将其视为我们现存社会中主导力量（即资本主义市场体系及其相伴的制度）的"纯粹护教学"。如此一来，我们将有能力构建两种局面：一种情况是可以用区位理论来创造更好的未来，另一种情况是强化有利于维持现状的各种思维模式。在很多情况下，问题既不是边际主义方法**本身**也不是优化技术**本身**，而是这些方法被应用在错误的情境里。正如任何一种要求在每一部分体现剩余价值（如资本投资的租金或回报）最大化的构想一样，进入区位理论之后，帕累托最优就是一个反革命概念。然而，拟定解决方案显然和如何最佳地配置资源生产剩余价值关系紧密，建立在平均分配基础上的模式也是反革命的，除非这些理论模式是从对如何组织生产以创造剩余价值的理解中推导出的。通过考查上述这些问题，我们至少可以开始评价现有的理论，并且在这个过程之中（谁知道呢？）也许开始推导出新理论的轮廓。

科学思想上的革命是通过将概念、观点、范畴和关系统合成一种卓越的思想体系来完成的，这种思想体系是在与需要解释的现实进行比较时真正形成的。在这一问题上，我们的主要对手往往是自己，很多人会发现在这条道路上迈出的第一步会让自己感到不适，并使自己看起来很可笑。这并不容易，特别是当我们自满于我们的智力时。此外，地理思想方面的真正革命的出现必然要通过献身革命实践的锤炼。当然，要革命理论得到普遍接受取决于革命实践的力量和成就。会有许多艰难的个人决定要做，它们需要"真正的"而非"纯粹自由主义的"承诺。做出这样的承诺之前，我们中的许多人无疑会退缩，因为仅做一个纯粹的自由主义者的确非常舒服。然而，如果情势像我们当中许多人所相信的那样严峻，那么我们就会日益认识到：这种承诺不会造成多少损失；只要我们承诺并取得成功，获得的将是整个世界。

再论革命和反革命理论

　　对本文流行版本的反应表明，关于学科活动和社会革命之间整体关系的展示具有一定模糊性。这种模糊性需要澄清。
　　我认同马克思和恩格斯在《德意志意识形态》中提出的主张，即统治阶级的思想都是每一个社会里占统治地位的思想。当然，占统治地位的思想的生产并非是简单的过程，但总的来说，一个社会所产生的所有想法与这个社会生产资料占有者的利益相一致。根本不涉及任何必要的密谋（虽然控制媒体、灌输思想和开展宣传往往能抑制潜在的革命思想）。在统治我们的思想和经济方面，"看不见的手"相当有效。然而，产生的不仅是思想和观念。整个知识安排（学习过程的组织、教育制度的结构、将知识划分成一门门独具特色的学科等）也反映着社会统治阶级的利益，因为这些都是有利于社会再生产的整个进程不可分割的一部分。研究生是这样培养出来的，地理学家、规划师、化学家、医生、教师等都概莫能外。然而，这并不等于说，在学术组织的特定形式或表达的情感中不可能有大量多样性；而是说，无论何种形式，都必须首先满足使社会延续其现有状态的需要。这意味着，所有知识一般都充满了对现状以及对反革命模式的辩护，后者旨在阻挠对替代方案的研究。这也意味着，**通常**知识的组织（包括学科划分）有一种维持**现状**或反革命的立场。对知识的追求、知识的组织和传播本质上都是保守的。

因此，我们必须预期学科内大多数理论模式要么安于**现状**要么反革命。这些模式以概念形式将一种现有情况具体化（从而默认为合法），或（在适当之时）将注意力从实际问题转移到无关紧要或无足轻重的问题上。后一种策略给理论赋予了某种非真实的特点——这在许多当代社会科学理论中特别明显。因此，学者需要以一种革命意识的行动来摆脱反革命的假设，以便赶上我们试图分析和理解的所谓现实。要认识到我们很多理论辩护的特点或调整理论**现状**以应对变化了的环境需要类似的努力。这样的革命意识行动能够在一门学科内产生思想上的革命。比如，回想一下这个很有启发性的例子，德国经济学家奥古斯特·勒施在区位理论领域中基本的、革命性很强的模式始于他自己"真正的义务……不是去解释我们可悲的现实，而是去改善这一现实"的观念（Lösch，1954：4）。

对生产资料占有者而言，要想在变化了的环境中保持操纵和控制，就必须进行思想上的革命。凯恩斯革命是必要的，因为环境的改变使上一代的**现状**理论方法用起来不再有效。如果社会实践中没有真正的革命，思想上的革命也是可能且必要的。我不想贬低学科思想内部革命所涉及的努力及其意义。如果思想上的这些革命不只是社会中的掌权者为了延续他们的控制能力而进行的改造，那么它们必须被视为一场斗争的开始，这场斗争将会带来更完整的革命理论，并可以通过革命实践加以验证。在这一点上，首先要认识到，**所有**学科边界本身都是反革命的。就知识的应用而言，知识的划分容许政治体分而治之。这也使学术界的许多学科力不从心，因为这种状况使我们落入一个陷阱，即认为我们只能通过综合各学科对其特定领域的阐述才能理解现实，而我们很快就会从这个显然不可能完成的任务面前退缩。学科间研究、多学科研究以及跨学科研究具有潜在的革命性，但从未真正成功——对抗它们起作用的可能性实在太强大了。因此，我们必须直接接触现实而非通过学科构想接触现实。如果我们要用学术的方式思考自己的问题，我们就得用非学科或元学科的术语进行思考。真正革命的模式不会有某个特定的学科基础——它们所处的位置必须考虑到物质现实的所有相关方面。不幸的是，我们学术界大多数人都是接受具体学科训练来思考的（和定位自己身份）。在这方面，地理学比大多数学科问题少，因为幸运的是，大多数地理学家对什么是地理学知之甚少，并在工作过程中被迫大量借鉴其他学科。然而，某种意义上讲，所有学者都必须摆脱自己的学科桎梏，才能真正用直接的方式面对周遭现实。

通过直面自己的处境，我们成为社会进程中的积极参与者。

认知的任务是从现存固有现状中找出真正的选择,继而设计出各种方法并通过实践活动证明这些选择成立或不成立。这项认知任务并非是针对一群被称为"知识分子"而言的任务,因为所有个体都具备思考能力,所有个体都会思考自己的处境。当所有人都认识到需要协调分析和行动时,社会运动就会变成学术运动,而学术运动也会变成社会运动。葛兰西①在《狱中札记》中就对知识分子活动在革命运动中的作用进行了精彩的分析。

然而,接受地理学的一项紧迫任务更现实。这项任务就是放弃和拒绝**现状**以及反革命的模式。辨识我们思想中的精华和糟粕是有难度的,需要做出类似"扬场"的努力。但是,只有牢记我们所处的社会运动和宏观变革的大背景,从事这项任务才有意义。我们在地理学上的所作所为与现实相比最终都是无关紧要的,因此没有必要去关注某个具体学科内狭隘的权力之争。因此,我呼吁,应将地理思想革命理解为重新设计地理学理论以"让我们跟上"我们试图理解的现实,同时完成更广泛的社会任务,即唤醒被人们称为"地理学家"的这部分人的政治意识。我对社会革命的评论旨在指出,必须在更广泛的社会背景下构建学科内的活动,且学科内的活动最终也一定会被真正的社会运动所取代。我很遗憾这种区别在原先的展示中可能讲得不够清楚。

我认为我们的学科内外有待完成许多建设性的任务。我们必须清除我们周围的反革命杂草。我们也得承认现状理论只是对**现**

---

① 安东尼奥·葛兰西(Antonio Francesco Gramsci,1891—1937),马克思主义思想家、意大利共产党创始人之一。他提出文化领导权理论,分析了有机知识分子在革命中的作用。

状的辩解。事实上，这两项任务可以通过对理论的本质提出若干命题来推导。让我尽可能把这些命题列出来：

（1）每个学科要通过研究真实情况来确立本学科的问题和解决方案，这种研究通过一个由范畴、命题、暗含的关系和一般的结论构成的理论框架来实现。

（2）有三种理论：

i. **现状理论**：一种立足于其所试图描写的现实的理论，这种理论准确地反映了某一特定时刻理论所应对的各种现象。通过把其所包含的命题视为普遍真理，这种理论能够产生规定的政策，但这种政策只能永远维护**现状**。

ii. **反革命理论**：一种表面上看不出是否立足于其所试图描写的现实的理论，这种理论模糊、遮蔽且通常（有意无意地）扰乱了我们理解现实的能力。这种理论逻辑连贯、容易操作、美观或新鲜时尚，因而通常很有吸引力且得到广泛传播；但这种理论在某种程度上与其声称所代表的现实完全脱离。反革命理论往往自动阻碍有效政策的制定或实施。因此，作为一种完美的非决策工具，这种理论能把人们的注意力从基础问题转移到表层问题或压根不存在的问题上。这种理论也可以为阻挠必要变革的反革命活动提供站不住脚的支持并使反革命活动合法化。

iii. **革命理论**：一种牢固植根于其所要代表的现实的理论，这一理论的个别命题被有条件地赋予真理地位（因为这些命题是否成立取决于其所依赖的环境）。革命理论的形成是辩证的，且其自身可能包含冲突和矛盾。通过在现实情况中识别选择，革命理论为社会进程中的未来时刻提供了真正的选择。这些选择的实现有利于验证理论,并为新理论的构建提供依据。因此,革命理论的前景是创造真理,而非找到真理。

(3) 单个命题以及(实际上)整个理论结构**本身**不一定属于上述任何一个类别。它们只是在特定社会情境的使用过程中才进入一个类别。否则,命题和理论仍然是抽象的、理想化的、空洞的构想,只具有形式而没有内容(它们仅是文字和符号)。反革命模式往往永久保持这种没有内容的状态。

(4) 一种理论模式,可以随着环境及其应用状况的变化,从一个类别转换到另一个类别。这表明必须避免两种危险:

i. **反革命性的同化**:把革命理论曲解成反革命理论。

ii. **反革命性的停滞**:由于新环境和新情况下的理论重构失败,革命理论停滞不前,这意味着革命理论可能成为一种现状理论。

但这里也有两项重要的革命任务:

iii. **革命性的否定**:把握反革命理论并揭露其真实面目。

iv. **革命性的重构**:把握**现状**或**反革命**模式,将它们付诸行动或为其提供真正的内容,并用它识别目前内蕴的真正选择。

(5) 只有把握有组织地追求知识(特别是学科划分)的反革命立场并直面现实,才能完成这些任务,才能避免这些危险。

第五章　使用价值、交换价值与城市土地利用理论

> 值得一提的是,"价值"(value)一词有两种不同的涵义,有时表示某个特定物品的效用,有时表示该物品所具有的购买其他物品的购买力。前一个可以称为"使用价值"(value in use),后一个则可以称为"交换价值"(value in exchange)。使用价值很大的东西往往交换价值极小甚或没有交换价值;相反,交换价值很大的东西往往使用价值极小甚或没有使用价值。——《国富论》(Smith, 1776: 28)

使用价值与交换价值之间的区别是 19 世纪政治经济学家普遍关心的问题。这一区别是李嘉图的著作《政治经济学及赋税原理》以及马克思的著作《资本论》的出发点。斯密和李嘉图此前都曾就此进行过讨论,但存在一些含糊的地方和前后矛盾之处。杰文斯[①]着手恰当地阐明这些问题(Jevons, 1871: 128—144),不过,在这一过程中,他消除了许多与之相关的耐人寻

[①] 威廉·斯坦利·杰文斯(William Stanley Jevons, 1835—1882),英国经济学家和逻辑学家,著有《政治经济学的数学理论通论》《科学原理》《政治经济学理论》和《劳工问题介绍》等。

味的社会议题。杰文斯将使用价值等同于"总效用",将交换价值等同于"交换比率"。后者通过规范定义与前者关联,这一定义被杰文斯视作所有经济思想的"基石":

> 任何两种商品的交换比率,指交换完成之后可供消费的诸商品量的最后效用程度之比率的倒数。

于是,杰文斯将政治经济学转化为经济学,重点强调了复杂边际主义分析的理论方法。尽管这些复杂的方法在某些方面可能被证明颇有见地,但在处理古典政治经济学相关的一些重要问题上,结果却不中用。因此,这些问题反复以非常棘手的新面目出现。这些问题渗透着大量福利经济学内容,并以十分具体的形式出现在关于社会福利的具体说明、公共物品供给、生产者和消费者剩余的本质、资本的本质和适当的衡量标准等方面的辩论中。这些问题也出现在政策领域。比如,社会上的需要(need)与经济上的需求(demand)是两个明显不同的概念,且彼此之间存在着一种特殊的关系。因此,恢复使用价值和交换价值之间原本的区别并追问古典经济学的论战是否能对当代城市问题提供一些启示,看来是有意义的。

马克思对这场古典论战作出了重大贡献,有效澄清了斯密和李嘉图讨论中的模棱两可之处,开辟了一条与杰文斯奠定的截然不同的经济分析之路。马克思的分析所带来的部分困难在于他的措辞方式独树一帜。奥尔曼①最近详细讨论了这一主题

---

① 伯特尔·奥尔曼(Bertell Ollman, 1935—),美国纽约大学政治学教授,著有《马克思的异化理论》《辩证法的舞蹈:马克思方法的步骤》等。

(Ollman，1971)。困难的产生源于马克思所用的措辞是关系和辩证的方式。使用价值和交换价值本身没有任何意义。马克思讨论的使用价值和交换价值不像当时其他讨论中所显示的那样，是两个固定而彼此独立的测度系统（具有普适性），这两个系统要么以某种**先验**的康德意义上的形式"存在"，要么可以通过研究人类行为的经验而发现。对于马克思来说，它们通过彼此之间（以及与其他概念之间）的相互关系以及它们与所讨论的环境和形势之间的关系而显现意义（如果人们愿意它们就会存在）(Ollman，1971：179—189)。因此，"使用价值"这一术语可以适用于特定的社会和自然环境中的各种对象、活动和事件。它可以指宗教意识形态、社会制度、工作、语言、商品、娱乐等。思考"使用价值"这一概念的使用价值甚至也合情理——事实上，这正是本文观点的一部分。

马克思极其重视资本主义社会中使用价值和交换价值的意义。在《资本论》和《政治经济学批判》前几章中，马克思在资本主义语境下详细阐述了这两个概念的涵义。在后一部作品里（我们在此加以借鉴），马克思首先接受下面这一命题：在资产阶级主导的资本主义社会，每种商品都有两种属性：使用价值和交换价值。接着，他断言："使用价值只在使用时有价值且通过消费过程而实现"。因此，使用价值"直接是生活资料"。然而，在这种情况下，"使用价值不属于政治经济学的研究范围"。马克思紧接着思考了交换价值。马克思认为，乍一看，这似乎是一种"量的关系，即使用价值相互交换的比例"。但是，马克思以其典型风格继续追问在资本主义社会里产生交换价值的力量。他得出结论:交换价值的创造内蕴于社会进程之中,这一社会进程将社会必要劳动应用于自然物之上,以产生适合人类消费(使用)的物象(商品)。然后,马克思将使用价值和交换价值彼此联系起来。耐人寻味的是,这种方法与杰文斯诉诸的边际主义假设形成鲜明的对比。马克思写道:

> 到此为止,商品是从使用价值和交换价值这两方面来考察的,每次考察一面。可是,作为商品,它直接是使用价值和交换价值的统一;同时,它只有在同其他商品的关系中才是商品。商品相互间的**实际关系**是它们的**交换过程**。这是彼此独立的个人所参加的社会进程,但是他们只是以商品所有者的资格参加这个过程……商品是使用价值,但是,作为商品,它同时又**不是**使用价值。如果商品对于它的所有者是使用价值,就是说直接是满足他自己需要的手段,那它就不是商品。商品对于它的所有者倒是**非**使用价值,就是说只是交换价值的物质承担者,或者说只是**交换手段**;作为交换价值的积极承担者,使用价值变成交换手段。商品对于它的所有者只有作为交换价值才是使用价值。因此,它还得变成使用价值,首先变成别人的使用价值。由于商品对它自己的所有者不是使用价值,所以它对别种商品的所有者是使用价值。[156] 不然,他的劳动就是无用的劳动,从而劳动的结果就不是商品。……为了变成使用价值,商品就得面对一种特殊的需要,成为满足这种需要的对象。因此,商品的使用价值之变成使用价值,是在它们全面地变换位置、从把它们当作交换手段的人的手中转到把它们当作使用对象的人的手中的时

候。只有通过商品的这种普遍异化，包含在商品中的劳动才变成有用劳动。……商品要变成使用价值，就要普遍异化，进入交换过程，但是交换只关心它们作为交换价值的存在。因此，它要实现为使用价值，就必须实现为交换价值。①（《政治经济学批判》）

这里，马克思的方法是把使用价值和交换价值通过商品的形式结合起来，形成一种辩证的关系。商品也表达一系列社会关系。马克思曾在《1844年经济学哲学手稿》中对"普遍异化"进行了更详细的说明。马克思认为，人类在历史发展进程中也变得更加疏离于劳动产品（自然界和物质世界）、生产活动（如失去对生产资料的占有）、自身固有的"类本质"（这源于人类是自然界的一部分因而具有人性的观念）以及彼此（由于每个人都有一个身份，从而被迫竞争而非合作）。这些"普遍异化"都存在于商品之中。在马克思的分析中，商品作为一个简单的客观对象或"自在之物"，被商品作为无数社会关系的表达所取代，这些社会关系通过简单的易手就可以彻底地转变意义。"商品"本身蕴涵着生产和消费商品过程的社会环境中所发生的一切。正是这种辩证关系的分析方法，使马克思和传统分析方法分道扬镳。毫无疑问，人们对这种分析方法褒贬不一。比如，琼·罗宾逊②就抱怨"黑格尔的鼻子在李嘉图和我之间不断干扰"（转引

---

① 马克思, 恩格斯. 马克思恩格斯全集（第31卷），北京：人民出版社，1998，第434—435页（根据哈维引文译者有删改）。
② 琼·维奥莱特·罗宾逊（Joan Violet Robinson，1903—1983），英国经济学家，她是后凯恩斯主义经济学的核心人物。

自Ollman, 1971: 188), 但是, 仔细阅读上述段落表明, 马克思的提法并非没有道理。马克思的分析在某些方面比杰文斯所构想出的方法更具穿透力。杰文斯的构想假设有两个独立的价值体系, 可以通过一种理论方法建立彼此的功能关系。这一假设已经产生了重要成果（特别是在边际主义经济理论中）, 但是, 在使用价值和交换价值的背景下, 它把经济理论带入到效用函数的枯燥数学讨论之中, 或者使其依赖相当隐晦的"显示性偏好", 这一概念仅容许人们按自己的行为方式行事。另一方面, 地理学家、规划师和社会学家只是从商品的使用价值角度对待商品, 如果他们力图启发分析, 无疑要借鉴边际主义分析法。使用价值为传统地理学和社会学处理土地利用问题提供了概念基础, 但这种运用方式让土地利用研究处于"政治经济学研究范围之外"。马克思主义辩证地考察了商品的使用价值和交换价值的关系, 为地理学和社会学的土地利用研究注入了新活力, 也为解决城市土地利用问题的空间方法和经济方法搭建了桥梁, 因而提供了双重前景。后一种前景可能同时有利于当代经济学和空间分析。

一、土地和房屋的使用价值与交换价值

在当代资本主义经济中, 土地和房屋都是商品, 但它们都不是普通商品。因此, 使用价值和交换价值两个概念在相当特殊的情况下才具有其意义。有六种特性需要特别注意。

（1）土地和房屋不能随意移动, 这将其与小麦、汽车等其他商品区分开来。土地和房屋有固定的区位。绝对区位赋予决定使用它的人垄断特权。物理空间有一个重要的属性：任何两个人或物都不能同时完全占有同一区位；私有财产制度化之后，这一原则对城市土地利用理论以及使用价值和交换价值的涵义有重要的影响。

（2）土地和房屋是人人都离不开的特殊商品。不占有空间，人就无法存在；不占有区位，不利用位于那里的物象，人就无法工作；没有某种形式的住所，人就无法生活。没有一定数量的这些商品人就无法生存，这就极大地约束了消费者的选择。

（3）土地和房屋易手频率相对很低。在某些类型的营业活动中（特别是涉及到固定资本投资），在许多公共设施（道路、学校、医院等）的设计中和稳定的自有房地产市场行业中，土地和房屋尽管被不断使用，但很少以商品的形式出现。在房地产市场的租赁部门，在不稳定的自有住宅区以及零售部门，土地和房屋则更常以商品的形式出现。使用价值和交换价值在商品形式上的辩证互渗，在城市经济所有部门中的表现程度和发生频率都不相同。

（4）土地是永久性的东西，而房屋的预期寿命往往相当长。因此，土地、房屋及其使用权提供了财富储存的机会（无论对于个人还是社会而言）。许多资本品都具有这样的特点，但土地和建筑历来是资产储存的最重要仓库。然而，土地的另一方面也很特殊，它不需要保养便可继续使用；正如李嘉图所言，土地是某种"固有的不可毁灭的"东西。因此，如不考虑这一特点，便难以分析当下的土地利用模式。在资本主义经济中，财产对个

第五章 使用价值、交换价值与城市土地利用理论

人具有双重利益,即在当前和未来,既有使用价值,又有潜在或实际的交换价值。

(5)市场交换发生在瞬间,但使用可延续一段时间。商品的这一属性不是土地和房屋所独有的特性,但交换频率和使用时间之间的比率特别低。一旦某个时间点支付一大笔费用,便可购买到土地和房屋相当长一段时间的消费权。因此,在资本主义经济中的城市土地和房地产市场运作中,金融机构必然扮演一种非常重要的角色。

(6)土地和房屋有许多不同的用途,而对于用户来说这些用途并不互相排斥。例如,一栋住宅可以同时具有许多不同的用途。它可以提供:

i. 居所;

ii. 居住者一些专属使用空间;

iii. 隐私;

iv. 一个靠近工作场所、容易获得零售机会和社会服务以及接触到家庭和朋友等的相对区位(这也包括工作场所等实际上是在住宅里的可能性);

v. 一个邻近各种污染源、交通拥堵地区、犯罪源和危险源、公众厌恶地方等的相对区位;

vi. 一个具有实际、社会和象征(地位)特性的邻里区位;

vii. 一种储存和增进财富的方法。

整体而言,所有这些用途构成了住宅对居住者的使用价值。对于居住在同类住宅中的不同人来说,这种使用价值是不一样的;同样的人在同一住宅里,其住处的使用价值也会随时间的变

160 化而变化。日常生活中，活跃的单身族、有孩子的年轻夫妇、退休老人、病人、体育爱好者和园丁都有不同的需要，消费不同数量住宅的不同方面。每一个体和群体都会确定不同的使用价值。只有把人的特性与住宅的特点结合起来，使用价值才呈现真正的意义。

使用价值反映了各种社会需要、个人特质、文化习惯、生活方式等的混合，但这不是说使用价值是通过"纯粹的"消费者主权随意建立的。不过，使用价值基本上基于所谓的个体"生命维持系统"而形成。日常意义上的使用价值"位于政治经济学范围之外"。把握生命维持系统如何运行非常关键，但无论我们对它的理解有多么复杂，我们都不能从中产生一种合适的城市土地利用理论。要想有这样的理论出现，我们必须把注意力集中在城市土地利用决策过程中使用价值和交换价值发生碰撞，使土地和房屋商品化的催化时刻。在这些时刻，有关土地的活动和资源配置的决定会被确定下来。尤其重要的是，要了解在那些时刻发生的事情，必须牢记土地和房屋非常特殊的特性。

二、城市土地利用理论

当代城市土地利用理论正处于一种特殊的状态。分析要么集中在使用价值特性（通过研究生命维持系统），要么集中在交换价值特性（市场交换系统），但是关于两者之间如何相互联系的概念则很少或者根本没有。

第五章 使用价值、交换价值与城市土地利用理论

比如，地理学家和社会学家构想出各种各样聚焦使用模式的土地利用理论。同心圆模式、多中心模式和扇形模式"理论"都只不过是城市空间经济使用模式的广义描述。因子生态学的研究传统是试图用更为严谨的方法（和一些启蒙思想）去做同样的事，而甘斯和萨托斯等其他一些社会学家的成果则给因子生态学中有些枯燥无味的统计概要带去一定的现实意义（Suttles, 1968；Gans, 1970）。关于城市土地利用的宏观模式存在着各种各样其他统计概括的方法。人口密度（和地租）的负指数"模型"随着离城市中心距离的增加而下降，但这种情况已经进行了较为详细的研究。产生于社会物理学传统中的各种模式也早已被用来表现城市系统中各种活动和各种用途的宏观特性，其中艾伦·杰弗里·威尔逊的构想显然是迄今为止最为复杂的（Wilson, 1970）。然而，所有这些构想都是对土地利用的复杂分析，虽然复杂程度不同，但实质上没什么两样，就像在城市生命维持系统中展开的土地利用图或日常活动描述一样。通过这样的描述可以获得很多东西，但这样的研究不能产生城市土地利用理论。

通过对比，虽然产生于新古典微观经济学中的土地利用理论强调以交换价值为中心，但它们实际上明显符合杰文斯率先提出的使用价值（效用）等同于边际交换价值的策略。阿隆索、贝克曼、米尔斯和穆斯都认为个体效用最大化行为理所当然（Alonso, 1964；Mills, 1967, 1969；Beckmann, 1969；Muth, 1969）。在房地产市场中，这意味着：在总体预算约束之内，个人权衡住宅的量（通常认为是指空间）、可达性（通常指到工作

地点的交通成本）以及获得其他所有商品和服务的需要。假定消费者对于某些空间和可达性的组合不在乎。同时，假定个体会对某位置的住宅持续竞标，直到从搬迁中获得的额外"补偿额"正好等于额外所花钱的边际效用。从这种概念化过程中，可以推导出城市房地产市场的均衡条件，这种条件被称作帕累托最优。这一过程可以用多种方式建模。赫伯特和史蒂文斯将其阐述为一个程序设计问题（Herbert and Stevens，1960）。在此问题上，家家户户都在成本和预算约束下，从装着所有商品的一般市场篮子中挑到自己最佳的"住宅捆绑"（residential bundle）商品。穆斯提出了特别复杂的构想（Muth，1969），试图将住宅生产分析、现有存量住宅分配、土地利用配置以及对收入特点不同和住宅偏好不同的个体消费者的效用最大化行为结合在一起。其他研究者则考察了不同用途（商业、工业和住宅等）对空间和区位的竞争。

人们很容易将城市土地利用理论库看作一种可用来分析塑造城市土地利用各种市场力量的充分框架。不幸的是，这些理论都是从使用价值的问题中抽象出来的，几乎没有把使用价值和交换价值结合在一起，就像地理学家和社会学家把使用价值作为基本考量的构想一样。效用最大化模型包含一个关于使用价值和交换价值之间关系的粗略假设，这一事实不应该欺骗我们，使我们认为真正的问题都已经解决了。这不是谴责从微观经济学中脱胎而出的模型毫无用处。正如地理学家和社会学家揭示使用价值属性一样，这些理论说明了城市土地利用理论的交换价值属性。不过，合适的城市土地利用理论需要综合这两个方面。这样一来，我们才能从马克思所设想的意义上把握商品交换的社会进程。这一理论的构建不会一蹴而就，特别是考虑到土地和房屋的特性及不同用途。

三、微观经济城市土地利用理论

对微观经济方法的批判性评估将有助于我们找出问题所在。柯万和马丁最近回顾了这一方法对我们理解住宅土地利用的贡献（Kirwan and Martin, 1971）。为了简洁起见，我将集中讨论城市土地利用理论的这一方面。显然，我的评论原则上可以推广到城市土地利用的其他所有方面。

人们普遍认为，通常建立在微观经济方法中的假设显然不切实际。但是，如果这么说的话，所有这类微观经济模型都是如此。问题是，一般概念化如何以及在何种程度上是不切实际的？我们可以通过比较结果的一般特点与我们正在力求理解的现实来回答这个问题。一个值得注意的事实是，尽管不能从理论一直接受严格经验检验的意义上将脱胎于微观经济学框架分析得出的理论视作"真理"，但这些城市土地利用理论（尽管是规范的）都产生了与城市结构的现实没有太大差异的效果。换句话说，将其看作与经验相关的方法可能还没有得到证实，但也没有被推翻。因此，将这些理论视为是对塑造城市土地利用的各种力量的一般性描述也不无道理。然而，这一临时结论可能会受到一些理由的批评，我们现在就要探讨这些理由。

房地产市场上有许多不同的行动者，而每个群体都用一种独特的方式来确定使用价值和交换价值。让我们思考一下各主要群体在房地产市场的运作视角。

（1）**房屋居住者**根据自己的意愿和需要消费住宅的方方面面。住宅的使用价值取决于个人或家庭条件以及特定区位的具体住宅的综合情况。业主基本上都关注使用价值并据此采取相应的行动。但是，如果住宅有储存资产的用途，交换价值可能成为要考量的因素。我们可以把住宅装修以便更好地利用，也可以通过改装来增加其交换价值。业主通常在两个节点上关注交换价值，即迫使他们正视自己预算约束的购买之时和大修之日。租客（和其他类型的租户）所处的情境截然不同：因为住宅的交换价值归房东，而住宅的使用价值只为他们提供有限的行为根据。但所有住宅的使用者都关注一个同样的问题，即通过支付交换价值而获得使用价值。

（2）**房地产经纪人（房地产代理商）**在房地产市场运作获得交换价值。他们通过买卖或通过作为中介机构提供服务收取交易费用获得利润。房地产经纪人很少对住宅的使用价值有很大的贡献（虽然他们可能在有些情况下进行某些改造）。对于房地产经纪人来说，住宅的使用价值在于交易量，因为他们是从这些交易中获得交换价值的。他们在房地产市场上扮演着协调企业家（coordinating entrepreneurs）的角色，他们工作竞争压力大，需要获得一定的利润。他们有加快住宅存量周转的动力，因为这将使业务得到拓展。周转可能会受到道德或不道德的手段刺激（街区房地产跌涨牟利是后者一个很好的例子）。因此，房地产经纪人可以在市场上持续发挥作用，从被动协调市场到活跃市场再到左右市场。

（3）**房东**经营在大多数情况下是以交换价值为目标。当然，出租自己部分住宅的业主有双重目的，但他们与房地产完全用于自住的业主一样，都考虑住宅的使用价值。但是，职业房东把住宅视为交换手段，即以住宅服务交易换取金钱。房东有两种方法。第一种方法是直接购买房地产，然后租出去，从投入的资本中获得收入；第二种方法是通过按揭融资购买房地产：租金收入用于还抵押贷款（连同折旧费和税收减免），然后让房东持有的资产增值。第一种方法使当前收入最大化（通常在短期内），而第二种方法则使财富增长最大化。策略的选择对住宅库存管理有重要的影响：第一种方法往往会导致房地产市场快速衰退；第二种方法则会使房地产维持良好势头。选择取决于环境——与所有其他形式投资相比，投资于住宅资本的机会成本、抵押贷款融资的可获得性，等等。无论采取何种策略，职业房东仍然把住宅作为交换手段，而不是一种使用价值。

（4）**开发商**和**房地产建筑行业**参与为他人创造新使用价值的过程，以实现自身的交换价值。土地的购买、土地的准备（特别是公共设施的提供）和住宅的建设需要大量的前期资金投入。参与这一过程的企业有竞争压力，且必须实现利润。因此，他们有强大的既定目标，即通过实现必要的使用价值来维持他们的交换价值利益。实现这一目标的方法很多（既有合法的也有非法的）；当然，房地产市场的这一群体在郊区化过程中也拥有强大的既定目标，在改造和重建中则要弱一些。大致正如房地产经纪人对增加周转很感兴趣一样,开发商和建筑公司对增长、重建和改建感兴趣。只有当项目给这两个群体带来交换价值时,他们才会对他人的使用价值感兴趣。

(5)**金融机构**凭借房地产的特殊性而在房地产市场中扮演重要角色。业主自住、业主经营、开发和新建设房地产的融资很大程度上靠银行、保险公司、建筑集团和其他金融机构的资源。其中有些机构(美国储蓄信贷协会便是一例)与房地产市场的金融业务绑定在一起。不过,其他服务于所有行业的机构也倾向于将资金配置到房地产上,因为相对于其他投资机会而言,投资房地产安全且有利可图。从根本上讲,金融机构感兴趣的是通过创造或实现使用价值的融资机会获得交换价值。不过,从整体来看,金融机构涉及房地产开发的方方面面(工业、商业和住宅等),因此,它们通过对融资的控制来促进划拨土地用于房地产开发。这种决策显然是为了盈利和规避风险。

(6)**政府机构**经常干预房地产市场,这些机构的出现通常是为了满足由房地产消费者的住宅缺乏使用价值的问题而产生的政治程序需要。通过公共行为生产使用价值(提供公共住宅便是一例)是一种直接的干预形式;但政府机构的干预往往是间接的(尤其在美国)。间接干预可能采取帮助金融机构、开发商和建筑业的形式,通过政府行为减免所得税以保证利润或消除风险,帮助相关行业获得交换价值。有人认为,支持市场是确保使用价值生产的方式之一;不幸的是,情况并非总是如此。政府还对房地产的运作实行各种制度性约束(最为明显的是控制分区规划和土地利用规划)。只要手中掌握许多服务、设施和交通线

第五章　使用价值、交换价值与城市土地利用理论

路的配置权,政府也就能通过塑造周围环境间接对房地产的使用价值起作用(参见第二章)。

很难将上述诸多存在于房地产市场行业中的不同群体纳入同一个全面的分析框架之中。对一方是使用价值,而对另一方则是交换价值;且每一方都以不同的方式看待使用价值。根据个体、组织和机构所代表的社会关系,同一座住宅可能意味不同的涵义。房地产市场模型假定所有住宅存量都将通过效用最大化行为在不同用户(其唯一的区别特征是收入和住宅偏好)间分配,但其适用性似乎特别有限。例如,城市土地利用决策的现实分析始于赫德的感知分析(Hurd,1903),华莱士·史密斯从中得出结论说,"传统'供求平衡'概念与大多数经济领域的住宅问题关系并不大"(Smith,1970:40)。我们很难不同意这一观点,因为,如果一种商品取决于社会交换行为中的使用价值和交换价值的总和,那么,我们称之为土地和房屋的东西显然是非同寻常的商品,它们取决于在市场上运作的特定利益集团。当我们把不同用途之间竞争所产生的更复杂因素引入市场后,我们也许会倾向于将华莱士·史密斯的结论扩展到整个城市土地利用理论。

对城市土地利用理论的微观经济学方法的另一种普遍批评源于这样一个事实,即这种方法是在静态均衡框架中制定的。然而,如果只是指出城市土地利用系统很少接近均衡状态,且指出"帕累托最优"永远不可能实现,那这只是一种粗鲁的批评。差异化不均衡(differential disequilibrium)随处可见(参见第二章),因为有太多不完善、僵化和不稳定的因素,使市场根本无法发挥协调机制的作用。但是,这里有一个核心问题需要考察。

城区是在长期活动中按顺序建成的，人依次在城市系统中占据自己的位置。一旦定位，人和活动往往很难改变位置。微观经济模型中假定的同时性与非常强大的现实过程往往背道而驰。这说明微观经济模型存在一个致命缺陷：它们无法处理空间的绝对质量问题，而空间质量正是使土地和房屋成为特殊商品的关键。大多数作者要么不关心这个问题，要么对此避而不谈。比如，穆斯认为：

> 城市结构和城市土地利用有许多特点，但这些特点可以不用参照过去的遗产加以解释。只要土地（尤其是城市土地）和其他生产要素之间有区别，这种区别就似乎主要来自于空间的独特性这一事实。事实上，空间的独特性并不像人们最初想象的那样是一种明显的性质区别。如果不是因为劳动有时高度不流动而产生空间上的独特性，可能就不会存在经济萧条区或农场生产问题。有时需要通过沿着江边、湖畔、海滨区填水造地或更常见的投资修建交通运输设施来增加具有某种空间独特性的土地供给。（Muth，1969：47）

对空间独特性（或绝对空间）的这种处理显然行不通。空间独特性不能仅仅沦为非流动性或交通通达问题。

说空间具有绝对属性等于说建筑物、人和地块以一种相互排斥的方式存在于一个三维物理（欧几里得）空间之中。这一概念**本身**并不是构建城市土地利用理论所需的适当空间概念。点与点之间的距离是**相对的**，因为距离取决于交通工具，取决于城市场景中行动者的距离感知，等等（参见第一章）。我们也必须以

关系的观点考虑空间，因为空间的任何一个点都"包含"所有其他点的重要意义（比如，分析人口潜力和零售业潜力就是这种情况，这对于理解土地价值的确定也很重要，关于这一点我们后面会讨论到）。但是，我们永远要牢记：同一区位**只有**一个地块。这就意味着，所有空间问题都具有固有的垄断性。绝对空间的垄断是一种存续的条件，而不是一种对无空间的完全竞争世界的偏离。在资本主义社会中，绝对空间的这种特性通过私有财产关系实现了制度化，使"所有者"对"块"空间享有垄断特权。因此，我们关注的焦点是"这种垄断在资本主义生产基础上的实现"①（《资本论》第二卷）。穆斯—阿隆索模型在某些重要方面低估了空间的垄断性质，其分析方法事实上既依赖于资本主义经济体系背景中的某些抽象概念，也依赖于一种特定的时空观。

如果我们设想将某城市空间划分成数量很多但有限的地块，并以有序的方式进行配置，我们便能开始吸收源于绝对空间概念的考量。这时，土地利用理论便作为一个按次序进行空间填充的问题登场（有在外围增加空间的可能性）。在住宅存量固定的房地产市场中，这一过程类似于在空荡荡的剧院里依次安排座位。第一个进入者有 n 个选择，第二个有 (n−1) 个选择，以此类推，最后一个进入者别无选择。如果那些进入的人按照各自竞标能力的顺序去做，那么那些有钱者就有更多的选择，而最贫穷的人则在其他人行使选择权后剩下什么就选什么。这种概念化有所

---

① 马克思，恩格斯. 马克思恩格斯全集（第46卷），北京：人民出版社，2003，第695页。

暗示——特别是如果它与消费者剩余这一概念结合起来。

消费者剩余是指消费者愿意为某种商品支付的最高价格与其实际支付的价格之间的差额（Hicks，1941，1944；Mishan，1971）。消费者剩余这一概念有助于再现人们没有注意到的使用价值和交换价值之间的区别，尽管它通过这样的假设达到这一效果，即允许用交换价值表达方式来估算使用价值（这是一种非马克思主义的概念化）。消费者剩余为区位分析与福利经济学之间提供了一种非常重要但很大程度上尚未探索过的联系（Gaffney，1961；Alonso，1967；Denike and Parr，1970）。例如，毋庸置疑，房地产市场存在消费者剩余现象。一项有趣的任务是确定如何估算消费者剩余，以及集体消费者剩余（希克斯将其定义为"在某种商品消失而导致每个人都境况不佳时，消费者整体所必须损失的金额"）如何在个体和群体之间分配。差异性分配出现的部分原因是利益、成本、机会、可达性等在人造资源系统（即城市）中存在分布差异（参见第二章）。地块可俘获其他地方产生的外部利益而住宅占用会将这些利益转化为消费者剩余（我们这里用联系的观点思考绝对空间中的不同地块）。我们接下来会集中关注竞标方式对消费者剩余差异性分配的影响。

估算消费者剩余最简单的方法是把它等同于需求曲线之下和竞争均衡价格线之上的面积。只有在某些假设下（Hicks，1944），这种估算才切合实际，但这种估算足以满足我们的目的。让我们就在以下这种条件下展开讨论：社会上存在一些与众不同的收入群体，但所有群体对于住宅保障服务的要求都相似。

如果住宅的边际效用对所有消费者都恒定不变,那么,随着收入的增加,需求曲线将从原点向外推移。换言之,消费者剩余会随着群体收入的增加而增加。消费者剩余也可能随着竞标能力的提高而极大增加。最富有的群体只需出价比富有程度稍低的群体高一小部分便可获得黄金地段和最好住宅的居住权。由于在资本主义社会收入分配高度扭曲,且好地段的数量想来是有限的,若群体收入下降,消费者剩余的数量就极有可能会下降。还有,由于竞标能力取决于信用评级,在抵押品减少的情况下,这种连带的能力肯定会下降。因此,我们可能会发现,美国最富有群体平均支付 50000 美元,住着最多愿意(平均)出价 75000 美元的住宅,而比较穷的群体可能正支付 5000 美元的房租,住着他们可能愿意支付 6000 美元的住宅(最富群体的消费者剩余为 25000 美元,较穷群体的消费者剩余仅为 1000 美元)。富裕群体花费在住宅上的每一美元所获得的消费者剩余是否比穷人群体更多,这是一个尚待经验调查研究的问题。

　　按竞标权顺序配置固定住宅存量,最后进入房地产市场的最贫穷群体不得不面对那些处于准垄断地位的住宅供应商。因此,竞标过程中最后到达者会被迫放弃部分消费者剩余,其将作为生产者剩余让利给房地产经纪人和房东等。缺乏选择使得穷人更容易受到准垄断政策的打压(一个不局限于房地产市场,但延伸到工作机会和零售机会等的过程)。正如米尚认为的(Mishan,1968),如果生产者剩余可以简单解释为租金或利润,那么房地产市场领域可能更容易累积超额利润和超额租金。竞争可能会造成这些超额租金和超额利润减少,但对消费者而言,结果都一样：消费者剩余减少了。即使房地产经纪人和业主自己不单独赚取超额利润，按这种方式，我们仍能预见到最贫穷地区存在着房地产经纪人剥削（售房加价过度）和房东剥削（租金过高）。当生产者为了赢得困在其中的空间消费者的光顾而在空间上互相竞争时，这种特殊情况就会出现；换言之，和我们正在打交道的是一个给低收入阶级提供住宅的垄断房东阶级。阶级垄断现象在解释城市结构时非常重要，因此，需要阐明这一现象。有一类住宅消费者没有信用评级，他们只能找到什么地方就租什么地方。房东阶级的出现是为了满足租房消费者的需要，但是，由于消费者别无选择，作为一个阶级的房东拥有了垄断权力。个体房东相互竞争，但作为一个阶级，他们表现出某种共同的行为模式。比如，如果资本回报率低于一定的水平，他们便会将住宅从房地产市场撤出。从经济意义上看，应当把最后到达市场的人与因其他原因最后到达市场的人区分开。新家庭在形成过程中也都或多或少面对这一问题，但在一个可能有新建住宅的市场上，富人群体总有新住宅的优先选择权。然而，可以得出的主要结论是，在资本主义市场交换经济中，由于空间固有的垄断性质，在某些情况下可能比在其他情况下实现更多收益。通过生产使边际成本等于边际收益而非价格，个体垄断者便可实现利润最大化（正如在完全竞争下的情况一样）。这意味着，在个体和阶级垄断下，产量更低、价格更高、利润更高。相对于选择极其有限的穷人而言，拥有大量经济选择的富人，更能规避这种垄断的后果。因此，我们得出一个基本结论，这便是：富人可以掌控空间，而穷人却被困其中（参见上文，第83页）。

上述论证很随意且不充分。但却为阿隆索、穆斯、贝克曼和米尔斯的效用最大化模型的比较提供了一个有效的参照物。由于这些模型是在相对空间中以一种不考虑绝对空间垄断特性的方式构想出来的,它们似乎最适合作为富人群体的论点,因为这能让他们逃避空间垄断后果;因此,这些构想都是有收入偏向的。分析城市房地产市场时,帕累托最优标准也显得无关紧要(如果不是完全误导的话)。按"先到先得"原则(the first-come-first-served principle),以富人为主导的集体消费者剩余的差异性分配,几乎可以肯定产生某种收入差距效应:富人在大多数情况下都注定要比穷人获益更多。虽然我们现在假设的这种城市土地用途的连续占用不会产生帕累托最优,但是对估算收入的再分配(这其实就是真正的消费者剩余)会。即使我们考虑到新的建设是可能的(即住宅存量是不固定的),这种态势也不太可能改变,因为穷人在私营部门中显然没有产生活动的条件,他们能够在房地产市场上表现的有效需求疲软。

绝对空间约束(absolute space constraint)为土地利用转型过程提供了一些耐人寻味的洞见。为了方便起见,让我们假设,居住者根据其收入特点在地理上有序排列。在这种井然有序的情况下,处境如何变化?人们常常认为(拿不出任何证据来支持这一主张),消费者对住宅都有贪得无厌的欲望(对使用价值的欲望永远得不到满足),且所有人都将会努力想在更好的区位买到更好的住宅。因为最富的人拥有最多的资源,故他们搬迁最为容易,而如果他们搬迁的话,他们留下了的优质住宅可以被其他人接手。通过某种"过滤"过程,最贫穷的群体最终获得更好的住宅。这一"过滤下渗"(filter down)理论已有人充分思考过,但很少能拿出证据(Lowry, 1960; Douglas Commission, 1968)。不过,可以研究某些土地利用转型和住宅搬迁过程。如果我们诉诸于上面提到的"空间填充模型"(space-packing model),我们就可以猜测到点什么。最贫困的群体潜在的住宅需求最大,但同时他们手中获得的住宅资源最少,因此他们买不起新住宅。然而,贫困群体有一种独特的能力(他们中许多人很可能都希望自己没有这种能力),使当代社会中的富裕群体不喜欢住在他们附近。贫困群体会施加社会压力,这种压力会以不同的形式出现:从仅仅能够让人察觉的存在到展现全部与贫困相关的社会病症再到全面暴动。最不可思议的是,后者有助于贫困群体房地产市场的开发。因此,研究"井喷"理论而非"过滤下渗"理论兴许更有意义。有形的社会压力都在房地产市场底层,但这种压力会随着社会经济尺度上传,直至最富有的群体不得不搬迁(当然,我们将新家庭的形成、人口迁入等问题排除在外)。然而,这一构想显然不切实际,因为富人拥有抵御侵犯的政治和经济力量,而社会经济地位紧随其后的群体的行为不太可能像最穷群体那样令人无法接受。最富有的群体若非自愿很可能不愿搬迁,这就让各种中间群体夹在其中,两面受压,既要承受来自下面群体的社会压力,又要承受来自上面群体的无法撼动的政治和经济压力。根据系统中不同阶段施加的相对压力,不同群体都可能"井喷":中等收入群体可能被迫离开,迁至郊区新建设的地点:这一过程很可能减少消费者剩余。华莱士·史密斯发现,这种行为在房地产市场上非常明显(Smith, 1966)。比如,正是中低收入群体在洛杉矶建起了新住宅,而上层收入群体要么保持原地不动,要么"过滤"到黄金地段的老住宅中去了。这一过程如何展开,很大程度上取决于当时的环境。20世纪60年代后期,美国许多城市出现社会动荡,鉴于经济形势,许多中间群体迅速外逃,留下了大量的住宅存量。在实践中,房地产市场的动态最好视为"井喷"和"过滤下渗"的组合。

此外,值得一提的是,房地产行业的土地利用变化无法独立于在其他土地利用方式下的收益前景。贫困群体通常面临着这一压力。比如,霍利认为:

> 土地价位抬高通常发生在住宅质量差的地方,因为这里的房地产市场靠近商业区和工业区,这些住宅被利益集团投机性持有,期待被收购而获得更多的利润。鉴于存在这样的可能性,这类房地产的业主不打算花巨资维修或参与新住宅建设。(Hawley, 1950: 280)

质量差的住宅通常受到投机的压力——一种在土地利用转型下可能导致城市更新的压力。恩格斯早在1872年就认识到霍利描述到的这一过程的重要性:

> 现代大城市的扩展,使城内某些地区特别是市中心的地皮价值人为地、往往是大幅度地提高起来。原先建筑在这些地皮上的房屋,不但没有这样提高价值,反而降低了价值,因为这种房屋同改变了的环境已经不相称;它们被拆除,改建成别的房屋。市中心的工人住宅首先就遇到这种情形,因为这些住宅的房租,甚至在住户挤得极满的时候,也决不能

超出或者最多也只能极缓慢地超出一定的最高额。这些住宅被拆除,在原地兴建商店、货栈或公共建筑物。……结果工人从市中心被排挤到市郊;工人住宅以及一般较小的住宅都变得又少又贵,而且往往根本找不到,因为在这种情形下,建造昂贵住宅为建筑业提供了更有利得多的投机场所,而建造工人住宅只是一种例外。①(《论住宅问题》)

当代美国城市的证据表明,在资本主义生产方式下,土地利用变化的动力仍然比较稳定。最贫困群体的消费者剩余减少,由住宅供应商通过准垄断做法将其转化为生产者剩余(通常基于阶级垄断权力进行)。同时,最贫困群体通常生活的区位面临着极大的因土地利用变化而产生投机的压力。例如,为了使现有商业性城市更新计划投资在未来获得足够的回报,金融机构对于拓展土地商业开发有着既定目标;通过这一过程,新的商业开发提高了旧地皮的价值,空间外部性被创造了出来。新的商业开发通常只能发生在已有住宅的土地之上。金融机构故意从房地产市场撤资可以使这些地区的住宅经济下行:在美国,金融机构的"红线拒贷"(red-lining)是一种常见的做法,尽管这种做法通常用规避风险解释了事;然而,这只是故事的一部分。在这种情况下,房东被迫在短期内实现当下收入最大化,这就意味着,从房产获得最大回报是一种合理的商业化行为。由这种经济折旧而产生的实物折旧导致了社会和经济压力,这些压力在房地产市场

---

① 马克思,恩格斯. 马克思恩格斯文集(第 3 卷),北京:人民出版社,2009,第 252 页。

第五章　使用价值、交换价值与城市土地利用理论

最差的地段蓄积，必须在某个阶段通过一次"井喷"得到缓解。这种"井喷"引起在城市边缘或市区重建中兴起新建设并占有新土地的进程，因而都面临着激烈的投机压力。新家庭的形成和人口迁入也对这种态势起到推波助澜的作用。

金融机构可能拒绝向房地产市场的一个部门提供资金，但是，随着土地用途的变化或郊区化进程推进，金融机构可能会从另一个部门的投资中获得收益。这些在城市土地利用系统中传递的冲动并非毫不相干。涉及的参与者和机构之多使城市土地利用变化的阴谋论不太可能存在（这并不是说阴谋从未发生过）。通过市场交换系统，这些过程被强有力地组织起来，这样个体、群体和组织能够在"看不见的手"的帮助下，以交换价值实现自我利益。有人认为，该系统产生了最佳的使用价值分配。但随机观测表明，这种推断是错误的：由不同因素所引起的交换价值最大化给某些群体带来极大的利益，但同时减少了其他群体的机会。使用价值的合理生产和分配与建立在交换价值概念之上的配置系统之间的差距是不容易掩盖的。

从交换价值占主导地位的构想角度判断，土地利用系统中运行的行动者的多样性和绝对空间中固有的垄断性质使微观经济理论在描述配置机制时显得不充分。如果我们放弃个体和群体对住宅品位一致的假设，允许需要和品味的多样性发挥作用，那么我们将更加偏离微观经济理论所蕴含的框架。因此，到目前为止，如果我们要构建一种塑造城市土地利用各种力量的现实理论，我们应当有所偏离。微观经济理论确实产生了与制约土地利用配置的各种社会进程的实际效果颇为一致的结论，这一结论令人不

安。阿隆索本人直接针对这一点发表过自己的见解（Alonso，1964：11）。他认为微观经济理论以更简洁的方式成功地研究了许多事情，而像霍利这样的研究者所做的更为复杂的概念化工作（Hawley，1950），虽然更接近真实但缺乏分析力。因此，我们必须思考，微观经济理论在建构城市土地利用模式中何以如此成功（相对而言），当它模型化产生这些模式的真实过程时，这个特征表现得尤其明显广泛。这一问题可以通过研究地租作为城市系统配置方式的意义和作用加以解决。

四、地租和城市土地的配置使用

地租概念在城市土地利用理论中占有重要地位。这一点在阿隆索—穆斯—米尔斯模型中就有明确的说明。地租在其他区位理论的规划版本中是以土地和资源的影子价格形式出现的。对于许多区位理论家而言，一般空间均衡理论非常神圣，但我认为这一理论或可通过地租和区位理论的融合而实现。"大家早就知道一个事实"，阿隆索写道，"地租和区位理论是一对孪生姐妹，但其联系难以捉摸"（Alonso，1967：39）。有人认为，地租作为一种配给手段通常通过竞标将土地用途划分成不同的区位。房地产剧场中的所有演员都在某个阶段受地租影响；地租为所有人提供了一个共同的标准，所有行动者如果要实现各自不同的目标，就必须以此衡量自己的愿望。正是因为所有算计都基于这一共同的标准，各种活动在土地和房地产市场中才协调一致，从而产生了在当代大都市中如此清晰的土地利用模式。

在政治经济学思想史中,租金这一概念历史悠久,但也饱受争议[(Keiper et al., 1961)提供了一次非常全面的调查,同时参见(Bye, 1940)]。然而,租金是在纯真状态下进入城市土地利用理论的,仿佛它的解释不存在什么严重问题。这一事实可能是由于新古典观念在微观经济城市土地利用理论中被普遍且完全接受,这一理论认为:地租是对一种稀缺的生产要素的回报;土地和劳动力、资本相比没有本质区别。米尔斯说明过这种城市地租概念观点的后果:

> 城市地租取决于土地边际生产力的价值。而且,正如在农业中一样,土地生产率取决于土地本身的特点以及抵达相关市场所花费的交通成本……如今,经济学家们已经都能理解这些基本观点。对这些观点的梳理是经济学说发展过程中的一个显著成就。当然,这些观点本身并没有给我们提供一种城市土地价值模型。为此,有必要将地租纳入一种模型,以描述城市土地各种用途的需求和供给。不同地块的供给和需求彼此密切相关,但人们却对这一点知之甚少,而由此产生的巨大的复杂性则是城市土地的关键特性。换句话说,城市经济是一个复杂的一般均衡系统。(Mills, 1969: 233)

加夫尼①已表示,并非一切都符合区位理论的这种"被普遍

---

① 梅里尔·梅森·加夫尼(Merrill Mason Gaffney, 1923—2020),美国乔治主义经济学家,是新古典经济学的主要批评家。

认可的点缀性知识"（Gaffney，1961，1969）。他注意到，地租是一种"与其他分配份额不同的剩余，它缺乏引起总供给的功能"（Gaffney，1961：147）；基于此，土地及其他生产要素之间的对称性假设不能被接受。加夫尼还批评了福利经济学：

> 就其普世意义而言，大部分"纯粹"福利经济学没有时空约束。它认为从地方主义中抽象出来是好的，而且时间和空间是绝对共性的（absolute universals）。这就是宣扬反对逐渐优化的福利经济学。在空间和时间无量纲的节点上节约是不能容忍的渐进主义。（Gaffney，1961：142—143）

土地的区位和总供给都是固定的，但是新古典主义设想二者都不是固定的（例如，穆斯完全接受了这一观点）；这种设想是一个天真的陷阱，很容易导致我们误解决定城市土地利用的种种力量。如果我们忽视了绝对的、相对的，以及由相互联系所决定的时空现实，我们将置身险境。正如勒施所说："特殊性是我们存续的代价"（Lösch，1954：508）。

因此，利用内容朴实而丰富的古典政治经济学以阐明地租的本质颇有用处，因为对于某些特定目的而言，新古典主义的成就是非常简单实用，它成功地把地租本身在城市土地市场中附带的技术问题和伦理问题遮蔽了起来，而这些问题恰恰更为重要。然而，古典著作主要讨论农业用地的地租，争论的特殊性主要是围绕这一方面而不是在城市土地利用方面。这应该妨碍不了我们，因为只要能从古典争论中获得普遍性的地租概念，转换到城市背景之下就相对容易。不过，关于地租这一概念，马克思在《资本论》(第三卷)和《剩余价值理论》(特别是第二部分)中都有详细的综合和概括。寻找事物之间隐藏的联系,而非满足于表象,是马克思的独特力量。马克思把地租看作某种物,这种物可以通过各种方式出现在各种初始条件中。然而,这些情况的共同之处在于土地私有财产制度。

　　土地所有权的前提是,一些人垄断一定量的土地,将其当作排斥其他一切人的、只服从自己个人意志的领域。在这个前提下,问题就在于说明这种垄断在资本主义生产基础上的经济价值,即这种垄断在资本主义生产基础上的实现。用这些人利用或滥用一定量土地这样一种法律权力来说明问题,是什么问题也解决不了的。土地的这种权力,完全取决于不以他们的意志为转移的经济条件……不论地租的独特形式是怎样的,它的一切类型有一个共同点:地租的占有是土地所有权借以实现的经济形式……不同地租形式的这种共同性……使人们忽略了区别。①(《资本论》第三卷)

因此,土地所有者掌握着土地利用的阶级垄断(class monopoly)。在这个普遍性概念之内,马克思着手揭示那些人们可能忽略的"区别"。他在《资本论》(第三卷,第47章)中展示了地租如何以各种不同的方式产生,这取决于占主导地位的生产方式;他还收集了一些历史证据来说明他的论点。《剩余价值理论》的第二部分阐述了地租的各种定义如何取决于每一个时代

---

① 马克思,恩格斯. 马克思恩格斯全集(第46卷),北京:人民出版社,2003,第695—696页,第714—715页。

的经济条件,以及各种定义和护教学是如何密切相关的。但是,马克思主要感兴趣的是地租在竞争市场经济中的各种形式,因此他对这一话题探索得最为全面。马克思列举了三种基本类型的地租,它们通常产生于资本主义生产方式之下:

(1) **垄断地租**之所以出现,是因为它有可能收取一个垄断价格,这种价格"只决定于购买者的购买欲和支付能力的价格,它既与一般生产价格所决定的价格,也与产品价值所决定的价格无关"①(《资本论》第三卷)。收取垄断价格的机会给土地所有者获得垄断地租的机会。许多研究者认为,这种形式的地租在农业中并不是很重要(马克思曾提到了具有特殊性的葡萄园作为例子,说明垄断地租可能出现的条件)。但是,马克思在不少段落(例如《剩余价值理论》第二部分)都表示②,他相信在城市土地和私有财产情况下,垄断地租非常重要;而且,有时候还存在着这样的情况(特别是在人口稠密的地区),房屋和土地的租金"只能解释"为垄断地租。张伯伦和勒施曾分析过这种垄断竞争(Chamberlin, 1933; Lösch, 1954),而这种垄断竞争能否产生马克思意义上的**垄断地租**是一个有趣的问题。依我看,空间竞争所取得的地租是绝对地租(定义参见下文)的典型案例,而马克思意义上的垄断地租仅由空间竞争中的重大缺陷产生。

(2) **级差地租**通常与李嘉图的名字联系在一起(Ricardo,

---

① 马克思,恩格斯. 马克思恩格斯全集(第46卷),北京:人民出版社,2003,第876页。
② 参见马克思,恩格斯. 马克思恩格斯全集(第34卷),北京:人民出版社,2008,第25页,第35页。

1817),但马克思表明,李嘉图的学说是一种特例,它产生于土地肥沃程度的级差,这意味着对劳动力和资本连续投入的回报逐渐减少。马克思质疑李嘉图假设的普遍性并反对教条式地阐述这种学说的涵义。他批评李嘉图分析地租时似乎无视土地所有权的存在,分析地租时好似土地具有"原有的和不可摧毁的力",而地租显然是一种条件,而不是一种生产力。马克思接受级差地租的存在。级差地租的产生仅仅是由于"处于有利地位的生产者的个别生产价格和整个生产部门的一般的、社会的、调节市场的生产价格"①之间的差额(《资本论》第三卷)。级差地租显然不能计入生产成本或产品价格,因为级差地租是因某些生产者凭借其有利条件而产生的超额利润。这些超额利润以地租的形式由土地所有者收入囊中。有利条件的形成原因很多,马克思以一种比李嘉图更普遍的方式讨论了这些原因,他区分了资本与劳动在不同条件下密集而广泛的应用。土地肥沃程度存在差异非常重要,但马克思表示,不论耕作是从肥沃的土壤到贫瘠的土壤,还是从贫瘠的土壤到肥沃的土壤,级差地租都会出现②(《资本论》第三卷)。也没有必要假设收益递减,因为级差地租可以简单地产生于资本和劳动的差别运用。相对区位优势明确可以纳入这一框架(同时需要注意的是,马克思这方面的很多灵感来自威廉·配第,配第早在1662年便意识到区位对地租的重要性,

---

① 马克思,恩格斯. 马克思恩格斯全集(第46卷),北京:人民出版社,2003,第723页。

② 参见马克思,恩格斯. 马克思恩格斯全集(第46卷),北京:人民出版社,2003,第731—758页。

而冯·杜能没有提到这一点）。然后，马克思将所有这些元素组合起来并阐明，不同区位、特性的土壤的不同组合如何以不同顺序、资本量被加以利用，从而产生不同形式的级差地租模式①（《资本论》第三卷、《剩余价值理论》第二部分）。他还指出，"在房屋的地租上，位置是级差地租的决定性因素，正像在农业地租上，土地肥力（和位置）是级差地租的决定性因素一样"②（《剩余价值理论》第二部分）。大多数当代区位理论家同意这个说法。

级差地租在因不同区位生产能力差异构成的相对空间中具有意义，并通过运输成本关系在空间上整合起来。若不能投射出一个相对空间，似乎级差地租就不能概念化。但按照马克思的观点，级差地租是在私有财产制度背景下通过资本主义生产方式的运作而产生的。

（3）**绝对地租**区别于垄断地租，前者产生垄断价格，后者则可从独立确定的垄断价格中获得。李嘉图否认绝对地租的存在；马克思断定，李嘉图之所以持这种看法是因为他把价值和价格混为一谈而被迫采取的立场。马克思避免了这种混乱，因为他认为：同其他生产领域所需的工资与固定资本的比率相比，如果按固定资本的比例增加工资，农产品的价值可以高于其价格。在

---

① 参见马克思，恩格斯．马克思恩格斯全集（第46卷），北京：人民出版社，2003，第721—831页；马克思，恩格斯．马克思恩格斯全集（第34卷），北京：人民出版社，2008，第342—348页。

② 马克思，恩格斯．马克思恩格斯全集（第34卷），北京：人民出版社，2008，第430页。

第五章 使用价值、交换价值与城市土地利用理论

这样的条件下,从农业中榨取的剩余价值(源于剩余劳动力)可能比其他地方大得多。这一条件是绝对地租在特定生产领域中存在的必要条件,但只有在不同生产领域间的利润率总体均衡存在障碍时才能实现。各种壁垒都可以存在,包括地理和社会的流动性不足、流动资金缺乏等①(《资本论》第三卷)。因此,超额利润可以在所有生产领域中"暂时"出现[这里,马克思似乎提出了类似于马歇尔准租金(quasi-rents)的观点]。但是,在农业中,超额利润通过私有财产垄断权的制度化转换为绝对地租:

> 但是,如果资本遇到了一种外力,对这种外力,资本只能局部地克服或完全不能克服,这种外力限制资本投入一些特殊生产部门,只有在完全排斥或部分地排斥剩余价值一般平均化为平均利润的条件下才允许资本投入这种特殊生产部门,那么很明显,在这种生产部门中,由于商品的价值超过其生产价格,就会产生超额利润,这个超额利润将会转化为地租,并且作为地租能够与利润相对立而独立起来。当资本投在土地上时,土地所有权或者说土地所有者,就作为这样一种外力和限制,出现在资本或资本家面前。在这里,土地所有权就是障碍。因此,不纳税,也就是说,不交地租,就不能对从前未耕种或未出租的土地投入任何新的资本。②

---

① 参见马克思,恩格斯.马克思恩格斯全集(第46卷),北京:人民出版社,2003,第222—226页。

② 马克思,恩格斯.马克思恩格斯全集(第46卷),北京:人民出版社,2003,第861—862页。

(《资本论》第三卷)

在马克思看来，资本主义生产无法承受摧毁私有财产制度的代价（就像资本主义摧毁了许多其他封建制度那样），因为资本主义自身的存在是以生产资料私有制为前提的。因此，资本主义愿意缴纳生产税（租）作为维系自身存在的法律基础的代价。这种税显然必须进入生产成本；在这一点上，绝对地租（和垄断地租）区别于级差地租。马克思的绝对地租概念一直遭到部分学者的批评（例如 Emmanuel，1972：216—226）。之所以出现这样的困难，是因为马克思没有对《剩余价值理论》（第二部分）提出的问题作出令人满意的回答："如果土地所有权使人们有权让产品**高于**它的费用价格而按照它的**价值**出卖，那么，为什么土地所有权不能同样使人们有权让产品**高于**它的价值出卖，就是说，按照任何一个垄断价格出卖呢？"① 考虑到垄断地租在个体层面上运作（特定所有者有某人特别想要或特别需要的东西），而绝对地租则产生于某些部门的一般生产条件（这是一个阶级垄断现象，这种现象影响着所有农业土地所有者的状况，所有低收入住宅的业主等），也许能挽救垄断地租和绝对地租之间的区别。

一旦地租制度化，它便可以通过各种形式出现。例如，土地投资者将地租等同并当作资本利息，而实际上这种资本利息仍然是地租。这就产生了一种错觉，即土地本身就是一种生产要素，

---

① 参见马克思，恩格斯. 马克思恩格斯全集（第34卷），北京：人民出版社，2008，第372页。

必须通过购买才能获得,而其成本必须进入生产成本。这种成本实际上是由私有财产作为绝对或垄断地租所抽取的税(租)。然而,这一方面造成了地租概念的混乱,另一方面出现了作为资本盈利回报的利息。马克思承认这里要进行合理的区分,但他认为,资本盈利是相对持久的,并纳入了土地的属性(他将永久性建筑物包括在内),因此资本盈利应该从地租的视角来分析,而不是利息角度。马克思在这方面的观点大致对应于加夫尼在当代分析家中的观点。

马克思承认"距离摩擦"的意义——所有生产领域都允许攫取绝对地租和垄断地租,但是却没有实现利润的平均化。不过,他低估了距离本身可能是一个"外力",可以为土地所有者和财产所有者创造获得绝对地租和垄断地租的条件。地租分别产生于土地使用权竞标或垄断回报,因此地租之间的区别一直普遍存在于城市土地利用的文献之中(Chamberlin,1939:附录D;Alonso,1964:43;Lösch,1954)。但是,人们一直对垄断方面理解得不够深刻,因为垄断正如马克思分类的那样既可以以绝对形式出现也可以以垄断形式出现。这两种情况都涉及垄断定价(monopoly pricing),但就绝对地租形式而言,是地租决定垄断价格,而不是相反。这种区别关系到我们对空间竞争的理解。垄断价格是在完全空间竞争下产生的——当然,这是勒施的重大贡献之一。在无差别产品生产者之间完全竞争的完全同质化平原上,我们仍然能够观察到一种租金面;垄断力量存在于生产者附近,因为其他地区的替代生产者承担更高的运输成本。这种地租可以确定为绝对地租,因为这种地租产生于影响特定行业整体的技术和社会条件。由于行业内的生产者在行业内部之间会建立卡特尔协议，单个生产者的经营涉及许多生产点，且不同地域的公司之间的各种竞争行为受到限制或修改，以防止竞争过于激烈，这种地租便融入垄断地租（马克思主义意义上）[赛德尔对上面这一点提供了一些耐人寻味的观察资料（Seidel，1969）]。绝对地租依然作为一种土地所有权的回报，但产生绝对地租的技术条件可能比马克思认为的或说明的更多。

马克思对地租的分析非常有力，这在于他分析地租的方法，他剖析了一种看似同质的东西中的不同组成部分，并将这些部分与社会结构的其他方面联系起来。地租虽是对私有财产所有者的一种简单支付，但地租产生的条件复杂多样。因此，从关于空间本质的不同观点上比较地租概念饶有趣味，因为这两套想法彼此存在着一种特殊的关系。私有财产的垄断特权产生于某种程度上制度化了的空间绝对属性。在社会活动领域，绝对空间成为垄断地租产生的基础。虽然绝对空间在任何情况下都会通过对私有财产的垄断特权来抽税，但绝对空间一般可通过不同区位的不同活动领域之间的相互作用而得到克服，空间的相对属性因此成为区分级差地租和绝对地租的指导原则。此外，一般会认为不同区位地租价值的确定主要取决于关系空间；关于这一点本书将很快作出更明确的阐述。马克思所采用的联系的分析方法事实上与莱布尼茨信奉的关系论空间观非常相似（Leibnitz，1934；Whiteman，1967）。如果不将所支付的与社会环境联系起来，就无法理解地租；同样，我们必须认识到：城市空间既不是绝对的，也不是相对的，也不是关系的，三者的存在都取决于当时的环境。因此，我们应该注意把我们的社会分析和我们对空间（和时间）的概念化进行匹配。

马克思主义的垄断地租、级差地租和绝对地租三个范畴包含了古典政治经济学中的所有思想，但事实上此后并没有得到丰富和完善。当然，这并不是说，马克思之前的学者（如李嘉图和斯密）或马克思之后的学者（如马歇尔、维克塞尔和庇古）都认可马克思主义对这些范畴的理解。例如，绝对地租产生于马克思的分析之中，但绝对地租取决于其与众不同和独一无二的价值论，因此不能与其价值论割裂开。后来的学者们都忽略了或完全误解了这一理论〔（Ollman，1971）和（Hunt and Schwartz，1972）都提供了很好的讨论〕。西方经济学家很少否认绝对地租的重要性，但大多数人更倾向于把绝对地租归因为固定的土地总供给：一旦土地以某种方式全部得到使用，必然会产生一定的地租。因此，与其他生产要素相比，绝对地租的水平可以归因于土地的相对稀缺。由此，我们可以得出新古典主义的观点。新古典主义认为，生产者对土地供给的操纵产生了稀缺，对稀缺的操纵产生了垄断地租。

然而，稀缺是由社会决定的（参见第四章）。马克思把地租的意义限制于通过私有财产制度所取得的稀缺，而且马克思把这种稀缺与其他条件下诱导和实现的稀缺区分开。在马克思看来，地租是房地产所有者"攫取"的某种东西，是一种不应得的回报。在某些方面，新古典主义的概括是有用的，但它消除了马克思和一些后来的分析家（如亨利·乔治①）由于明显的伦理原因而不愿忽视的区别。新古典主义的分析法进而表明，地租似乎与稀缺如何出现没有关系。与至少促进了生产的资本家相比，土地所有者没有任何贡献；土地所有者成功的原因在于：如果对他有利的话（例如，有意持有空置的大型写字楼自1966年起有利于伦敦房地产开发商），他有能力收回绑定在土地和房屋中的大量资源。马克思清楚地阐明了这一规则，他认为土地的法定所有权容许土地所有者"不让别人去使用他的土地，直到经济关系能使土地的利用给他提供一个余额"②（《资本论》第三卷）。因此，马克思把食利者视作消极角色，他们通过利用社会劳动，收获经济增长中的总体收益③（《资本论》第三卷）。这一地租观进一步引发了对稀缺如何导致租金价值递增或递减的分析。

　　土地捕获利益和承受成本的能力取决于其相对于城市系统中社会活动所产生的各种外部成本和收益的固定位置。加夫尼指出（Gaffney, 1967: 142），地租一方面取决于"业主的免费公共配套设施"，另一方面取决于"与给定地块明显相联系的免费赠送

---

　　① 亨利·乔治（Henry George, 1839—1897），美国政治经济学家。他的作品《进步与贫困》在19世纪的美国非常受欢迎，并引发了进步时代的几场改革运动。他启发了被称为乔治主义的经济哲学，即人们应该拥有他们自己生产的价值，但来自土地（包括自然资源）的经济价值应该平等地属于社会的所有成员。乔治有一句名言：对土地价值征收单一税将创造一个更有生产力和更公正的社会。
　　② 马克思, 恩格斯. 马克思恩格斯全集（第46卷），北京：人民出版社，2003，第856页。
　　③ 马克思, 恩格斯. 马克思恩格斯全集（第46卷），北京：人民出版社，2003，第577页。

的私人活动"。他还补充道,"正向溢出收益(spillover benefits)、累积效应(cumulating)和增强效应(reinforcing)为城市经济学家所强调,同时也是城市发展的要求。"古典政治经济学家认识到经济增长和不断上涨的租金价值之间的联系,但这方面问题后来一直为人们所忽视。土地获取利益、诱捕消费者等的能力极其重要,这种能力与稀缺有关,从某种意义上说,公共和私人活动共同创造了场所稀缺,这些场所更便于获取人造资源(参见第二章)。在这种情况下,财产所有者获得利益或分担成本不受自身意愿的影响,除非他们能影响到公共和私人活动(加夫尼指出,就土地资源管理而言,国家或地方立法机关是一种最普遍的卡特尔协议)。

但是,地租也产生于一个关系结构的时空之中。亚当·斯密和马克思都认为,所有地租都取决于维持生命的**基本商品**(谷物)的价格。最好认为租金价值同时受到替代用途和邻近用途的影响(这里一般均衡思想很重要)。这意味着,地租是根据所有区位的所有生产领域的关系确定的,未来的期望也一并纳入计算。根据房地产的惯例,土地和房屋的价值经常按最高最佳使用方式估算而不是按其实际使用方式。由此产生了一种"重要意义":任何一个地块的价值都"包含"目前所有其他地块的价值以及其未来价值的期望值。这对决定土地价值及土地投资机会的计算都具有一定的意义,而土地经济学文献中对这种意义已经开展了充分的研究(例如 Ratcliffe,1949)。随着城市的发展和(某种)经济的增长(并行),城市土地利用决策的后果是多方面的,这种后果包含一大堆问题:从投机炒作到土地利用转型地

区"熟化成本"和相关的衰退,再到波及整个城市系统的影响。加夫尼举过一个例子:

> 今天,太多的土地配置决策都是在迫切的(土地价值)增长阴影之下拍板的。用一系列同心圆来臆想土地利用的层次结构!对更高端用途的需求在其适合的范围里得不到完全满足,因为那里的土地拒不出让。未满足的需求向外延伸,在外部区域上形成一个扩散了的"浮动值"(floating value)。这种浮动值会抬高土地价格,使外部土地定价过高,无法按目前的用途进行城市更新,虽然用于更高端用途的时期还未成熟……对社会而言的最佳做法是以目前的较低端用途进行区位更新。但浮动值因素阻碍了这一行为。(土地所有者)更可能让旧建筑物放一段时间使其老化,将土地留给更高端用途。需要较低端用途土地的建设者被挤到另一个环,在下一个较低端用途土地中造成浮动值,就这样形成了一系列冲击波,结果导致:土地利用在每个边际都在向外蔓延。(Gaffney, 1969:148)

然而,这些(为恩格斯和霍利所观察到的)冲击波会反射回中心,因为当城市向外扩散时,中心的土地价值往往会增加(这里冯·杜能的观察非常有意义)。但是,这种增加不仅仅是土地价值的增加;拥堵成本也随着各种其他外部成本的增加而增加(Lave, 1970)。这些成本影响着土地使用者,因为他们对这些成本必然很敏感。如果信息不明确,按最高端及最佳用途惯例进行评估的财产税,很快就会让人知道,土地使用者的使用方式不符合潜在的交换价值，而"过滤"（受到新一波向外扩张的刺激）和"爆裂"的压力会导致内城区房价下跌。由此产生了美国城市的悖论：从关系角度看，房价下跌最快的往往是最有价值的地段。

内城区土地的高租价不一定能够理解为是对土地边际生产率差异的反映（米尔斯便持这种观点）。这些区位的绝对地租和垄断地租都会进入生产成本，但级差地租不会。如果绝对地租和垄断地租在确定中心地段的土地价值时占据主导，那么土地的价值就决定了土地的用途。如果级差地租占主导地位，那么土地的用途就决定了土地的价值。当然，在实践中，地租产生于三种情境，而且通常难以确定总体租金价值的哪部分产生于哪种情境。有一种可能，19世纪新工商业城市交通系统结构和生产性质意味着，级差地租是这一时期地租的主要来源（例如这一概念在19世纪后期的芝加哥非常吸引人），但是，还有这样的可能：当代大都市中心（以及老商业和行政中心，例如18、19世纪的伦敦）会出现反向过程，即绝对地租和垄断地租进入生产成本从而决定土地用途，这种过程意义更为重大。这些条件下的问题是发现（或产生）具有生产功能的公司，可以很快调整并消化掉这些成本。因此，城市中地租最高的地区往往是生产力无法估量的商业活动集中之处，这一点也不奇怪；政府机关、银行、保险公司、证券公司、旅行社以及各种形式的娱乐场所都是很好的例子。由此产生一种悖论：社会上某些最缺乏生产力的活动却在因地理位置而被认为具有最高边际生产力的土地上。这一悖论的解决方法非常简单。中心区位的地租和物业租金并非产生于土地的边际生产力，而是产生于允许收取绝对地租（更重要的是垄断地租）的过程。

　　这为我们理解杜能式模型的相对成功提供了一把钥匙。这些模型完全依赖于级差地租概念，且通常将自己的分析置于相对空间。和李嘉图一样，这些模型也从私有财产的权力中抽象出来。但它们总是预设个体垄断控制着个别地块。因此，这些模型必须视为特殊案例。这些案例描述条件时，会认为绝对地租和垄断地租微不足道，绝对时空概念以及关系时空概念并不重要，土地和房地产市场上私有财产制度明显处于休眠状态。当然，对这些限制性条件进行分析阐明将有裨益，但是把这些模型视作土地利用普遍理论的基础就很危险了。许多地理学家、规划师和社会学家对这位新古典经济学家的抽象模型缺乏认知或者不认同，但是这些模型已经开始广泛传播并具有吸引力，因为这些模型提供的方法似乎都很有意义，有利于了解城市系统的总体结构；米尔斯和穆斯模型实验获得一定的成功也进一步为这一观点提供了养料（Mills，1969；Muth，1969）。

　　这种明显的相关性产生于一个假设，即"离市中心的距离要承受以交通成本或通信成本形式出现的'罚款'"（Mills，1969：234）。实际上，级差地租就"笼罩"在市中心（通常推定市中心是所有就业的中心来源）周围的地段之上。然而，城市中心土地价值的峰值是各种力量相互作用的结果，这些力量与级差地租或边际生产力没有必然关系。比如，城市里建立起的相关土地价值（如人口潜力和零售潜力）往往很自然地在接近或到市中心的地方达到峰值。因此，垄断地租也往往最容易建立在市中心或接近市中心的地方（条件是只有一个市中心和一个完整的城市外围)。绝对地租（例如，如果我们诉诸勒施系统）将在最大的都市区域中心达到峰值。因此，正是中心性假设让阿隆索、米尔斯和穆斯的模型具有了经验意义。通过联合，在这些模型中所假设的运作机制——土地利用竞标——受到的重视远超其应有的程度。竞标无疑非常重要，但竞标假定土地利用确定其价值，而在实践中，逆向决定论在当代资本主义城市中更为普遍。这样看来，这里的分析在一个重要方面与第四章的分析有所不同。

因此，城市土地利用中的杜能式模型应被视为仅在非常有限的条件下适用的特殊案例。这些模型看似与经验关联，事实上只是基于中心性假设；然而，这些模式逐渐开始广泛传播并获得信任。

五、结论：使用价值、交换价值、地租概念与城市土地利用理论

地租是为土地和财产所有者预留的交换价值的一部分。交换价值（通过商品流通）与社会决定的使用价值相关。如果我们认为地租可以决定使用，那么这意味着交换价值可以通过创造新条件决定使用价值，而个体要想在社会中生存，必须适应这种新条件。这些条件非常重要，不仅是在对商品形式的土地和财产做出决定时具有催化作用，而且也透过已经确立的土地价值关系的变化以及通过连续捕获的土地地块外部成本和收益，产生持续的压力。资本主义市场交换经济渗透到社会生活和私人生活的方方

面面，以几乎专制的方式支配着嵌入了使用价值的生命维持系统。马克思曾认为，一种占主导地位的生产方式不可避免地创造了消费环境。因此，城市土地利用模式的演变只能根据社会整体进程来理解，不断演变的市场体系中的各种盲目力量会推动社会沿着某种不能预知的路径迈向一种社会需要和人类关系的模式，但没人理解也没人渴望这种模式。城市形态的演变是这个整体进程不可分割的一部分，而地租作为一种使用价值和交换价值相互渗透的衡量标准，则明显有助于这一进程的开展。

在资本主义经济中，地租以垄断、级差和绝对的形式出现。一旦出现，地租就起到分配土地用途的作用。可以确定的是，使用决定价值时，作为一种配置方式，地租具有社会合理性，这种方式催生了有效的资本主义生产方式（虽然对于这一配置机制而言，社会对这种配置机制已经支付的地租总量似乎很高）。但是，价值决定使用时，配置发生在投机炒作以及人为造成的稀缺等情况之下，地租就会失去伪装，不再与有效组织的生产和分配有任何关系。因此，人们通常认为，社会政策应该有针对性地鼓励前一种配置并防止后一种配置。不幸的是，私有财产的垄断权力可以通过无数的花招实现其经济形式。如果用一种花招不能获得地租，那就再换一招。面对层出不穷的花招，无论社会政策多么用心良苦，都无能为力——无论怎样，食利者都会得到那一磅肉。正是这一事实赋予资本主义城市形态以一定的同质性，尽管各国（甚至各个城市）在政治、法律和行政制度以及在生产、分配和社会生活模式中都存在着明显的差异。

然而，随着时间推移，获得地租的方式明显改变。（马克思

第五章 使用价值、交换价值与城市土地利用理论

主义意义上的）垄断地租和绝对地租（如果被视为一种阶级垄断现象）比以往任何时候都重要得多，部分原因在于如今的城市规模更大、地域差异更大。个体垄断地租和阶级垄断地租如今非常普遍，但由于不同的位置、具体的交易形式、特定的消费收入群体以及食利阶级为了自己的利益操纵公共决策，地租的实现方式有所不同。在当代资本主义经济中，地租也变得与资本利息混淆起来；结果，和资本主义生产的商品的产量增加一样，资本利息和租金价值的增加对资本主义的演变有重大意义。城市土地利用理论中也出现了地租与资本回报率之间的混淆问题。关键是，如果必要的话，地租可以被视为一种定义资本社会回报率的问题。这样的话，地租被解释为一种产生于这种资本社会回报率的转移支付方式。不幸的是，本章提出的所有问题在资本理论的争论中都再次被提出（参见 Harcourt, 1972）。如果我们采取的立场是认为不存在所谓的同质资本单位且固定资本交换价值的衡量不能独立于分配和价格，那么，谈论一个总体生产函数甚或一个行业范围内的生产函数都毫无意义。同时，城市经济学中的所有工作，如米尔斯和穆斯的研究（Muth, 1969; Mills, 1972），也同样毫无意义。由于城市现象的所有真实分析都必须从这一事实开始：离开了未来用途、价格和社会利益分配，社会上的大部分固定资本都根本没有价值。因此，将地租理论所产生的问题转换到资本理论领域是无法解决的。换言之，如果说琼·罗宾逊、斯拉法以及其他"新凯恩斯主义者"有几分正确的话（参见 Harcourt and Laing, 1971; Harcourt, 1972; Hunt and Schwartz, 1972），那么阿隆索、米尔斯和穆斯便完全错了。

城市增长提供了某种实现地租价值或固定资本价值增长的方式，同时为剩余产品的处置提供了一个场所（参见下文，第270—273页）。不仅在中心和外围，而是在整个城市系统中，人们都期望土地和房地产价值会上升，固定资本资产的生产能力能得到利用；实现这一目标最安全的方法就是刺激城市增长。增长可以是缓和的，但只控制物理实体增长而对其他方面不加以控制只会加剧稀缺。英国东南部的规划师以及纽约都市区的分区委员会都同样有助于创造更多获得垄断地租的机会。作为一般地租的主要来源，个体垄断地租和阶级垄断地租的出现必须被看作资本主义市场交换经济及其附属的政治和法律制度演变过程中的一个方面；这种演变与一种独特的城市化形式的出现紧密相连（参见第六章）。垄断资本主义似乎与垄断地租密不可分。

由此得出一个结论（如果从马克思的分析中还看不出来的话），地租只存在于一种偶然意义之上；地租依赖于生产方式以及与产权有关的某些制度。如果使用价值和交换价值之间的关系同样是社会整体运行进程的一个函数，那么就可以说，不可能存在一种"普遍适用的"城市土地利用理论。所有土地利用理论必须依情境而定。只有特殊的理论可以发挥特殊的作用：要么有助于阐明现状，要么在对占主导地位的生产方式、各种社会关系本质和普遍社会制度的特定假设下确立替代方案。所有城市土地利用理论都具有偶然性本质，最明显的例子便是特殊地租概念所产生的特殊理论。例如，米尔斯直接诉诸级差地租概念（Mills, 1969），而加夫尼则将级差地租看作"附带性的"并认为地租产生于"土地相对于需求的稀缺"（Gaffney, 1961）。因此，二人

第五章 使用价值、交换价值与城市土地利用理论

对城市结构产生了截然不同的分析。将绝对空间和地租作为在一种连续占有的土地市场上消费者剩余或生产者剩余引入（本文前面已经概述过），产生了分析城市房地产市场动态的另一种视角。地租和空间这两个概念结合在一起的方式明确决定了这种土地利用理论的产生。接着，评价不同理论的问题产生了。只有对理论的用途有清晰的理解，才能完成这项任务。

例如，如果我们要寻求对我们当前城市相关问题的启示，那么应当得出这样的结论：城市土地利用中的杜能式模型是一个令人尴尬的混合模型，它既是**现状**的护教学，也是反革命的模糊处理。这些模型是特殊案例，其意义已经考虑过，但这种意义在文献中找不到解释，也似乎没法理解。对各种新古典方法的依赖和对地租的本质、空间的本质以及使用价值和交换价值之间关系的重要区别的模糊，以及某种站不住脚的验证，都让这些模型开始获得广泛的传播并得到人们的相信，这远远超过其本身应有的地位。另一方面，地理学家、社会学家、规划师为我们提供了一堆数据和资料（有时以模型形式呈现）；这些东西都是零散的，很难总结出什么有价值的东西，只是形成阶级和地位、交通成本和政治权力等对城市系统功能重要性的泛泛之谈。这些记述所体现的观察可能颇有见地，且偶尔对认识人类处境复杂本质有启发，但是，关于"一切究竟是如何结合在一起的"或"一切究竟是如何产生的"，很少有人真的明白。最让我们感觉到开始真正接近并受到启蒙的是少数几位土地经济学家的研究，其中，加夫尼无疑最为杰出，他们将牢固掌握到的实际进程和在社会进程的整体背景下进行概括与评价的天赋结合了起来。因此，最为明显的

任务就是构建"特例"型城市土地利用理论。这种理论的适用范围足够广泛,可以在同样语境中包含不同的地租概念和空间概念。在这里,对数学分析方法细节的过于在乎可能更多是一种障碍而于事无补。城市土地和房地产市场之中发生的大多数情境不能因不易用常规技术建模而被忽略。或许,当代环境下最紧迫的任务是了解个体和阶级垄断地租产生的原因,并对人为稀缺的创造、城市地区的扩容和实现这些地租的能力之间密切相关的进程有所了解。目前,城市土地利用理论在这一重要话题上还没有多少发言权。

另一方面,如果我们寻求某种规范性土地利用理论,那么杜能(及他的区位论同僚们的)模型值得倾注。土地生产力的级差确实存在,距离摩擦确实发挥作用,土地的各种用途以复杂的方式相互联系,且土地可用性的绝对稀缺可能值得注意。不管生产方式如何,这些情况都有可能持续存在。从这些条件中产生一种概念,即地租是一种影子价格,代表已弃的社会选择,这种形式的租金(实际上不需要收)可以帮助塑造使用土地和空间的社会态度,也可以帮助确定符合社会目标的、有益于社会的土地利用决策。也许,这看似自相矛盾:作为用模糊的方式提出的资本主义市场交换经济中一种完全、纯粹竞争的结果,新古典模型就创造社会效率和人性化的城市结构而言提供了革命性进步的基础。然而,事实证明:特殊的理论或模型本身并不是**现状**、**革命**或**反革命**的(参见第四章)。只有理论和模型进入社会实践才呈现这三种情形中的一种,要么通过塑造影响人的过程相关的人类意识,要么通过提供一种作为行动跳板的分析框架。

第六章 城市化与城市：深度阐释

罗伯特·帕克①曾经写道：

> 城市，特别是现代大都市……以其复杂绝伦和巧夺天工，成为人类最宏伟的创造和最奇妙的作品。因此，我们必须把我们的城市……想象成文明的工场（the workshops of civilization），同时也想象成文明人的自然栖息地。（Park，1936：133）

长久以来，城市化及其有形的表达——城市，一直被视为文明本身之所在，城市化现象已在各种文化和历史背景下备受审视也就不足为奇。尽管（或者也许是因为）有这种审视，像帕克的同事路易斯·沃思②一样，我们仍在徒劳无功地寻求一种"能将作为社会实体的城市相关的可用知识系统化的普遍理论"（Wirth，1938）。自沃思的文章以来，事实的一个重要方面已经发生了变化，我们如今有了关于城市理论的大量文献。这些文献

---

① 罗伯特·埃兹拉·帕克（Robert Ezra Park，1864—1944），美国城市社会学家，被认为是美国早期社会学中最有影响力的人物之一。他对城市社区、种族关系的研究以及基于经验的研究方法的发展作出了重大贡献。

② 路易斯·沃思（Louis Wirth，1897—1952），帕克的学生，也是芝加哥社会学派的代表人物之一，城市社会学的创始人。沃思于1938年在《美国社会学杂志》第44期上发表《作为一种生活方式的城市化》的著名论文。

包含许多理论模式,其中有些非常特殊,似乎不可能将它们纳入任何一种普遍城市理论,而另一些显然是水火不容。文献研究的结果表明,很可能无法构建一种城市化的普遍理论。城市化现象过于复杂,很难用一些普遍理论来概括。如定义一样,理论的根源在于形而上学的思辨和意识形态,也取决于研究者的具体目标和被研究现象的各种特点。似乎还有太多的意识形态阵地需要捍卫,太多引人入胜的思辨有待追踪,太多城市现象中的背景条件可能碰到,因此,城市化的普遍理论很难出现。目前,提出这样一种理论可能会被证明是愚蠢且无益的:这将过早终结我们对一系列现象的看法,这些现象非常复杂模糊以致我们还未着手了解其所有可能的表现。

然而,普遍理论的缺乏不应该阻止我们对使城市成为"文明工场"的城市化的基本特质进行整体考量。可用信息的数量使这种整体考量变得困难,但从文献中抽象出一些很简单的概念似乎并非没有可能,由此我们可以洞悉城市化的本质。这正是我将在本文中初步探索的任务。

一、生产方式与经济一体化模式

城市化可以看成是社会进程中的一种特殊形式或模式。这一过程在人类创造的具有空间结构的环境中展开。因此,城市可以被视作有形的、作为社会产物的建成环境。社会可以定义为"一群人共享的自给自足的活动系统,它能存在的时间比个体寿命长,且群体中至少部分成员肩负着繁衍后代的使命"(Fried,1967:8)。

自给自足和存续的条件决定了该组织拥有一种生产方式和社会组织模式,能成功地获取、生产和分配足够数量的物质资料和服务。因此,个体行为必须相互协调和整合,使充足的个体生存以保证群体的存续。社会应对这种挑战的确切方式在细节上千差万别。但它也许可能概括成生产方式及其伴生的城市化形式(无论这些发生在哪里)。

1. 生产方式

生产方式概念不易掌握,因为它很复杂且似乎有些模棱两可。它在马克思主义思想中起着至关重要的作用,但没有得到充分阐释。因此,我们必须厘清其涵义。在《政治经济学批判》序言中,马克思提出了他的所有研究的"指导原则"。为了保障社会的存续,人们不得不"不以他们的意志为转移",与他人建立各种社会关系。这些关系的形式必须"适应"生产力发展的具体阶段。接着,马克思写道:

> 这些生产关系的总和构成社会的经济结构,即有法律的和政治的上层建筑竖立其上并有一定的社会意识形式与之相适应的现实基础。物质生活的生产方式制约着整个社会生活、政治生活和精神生活的过程。不是人们的意识决定人们的存在,相反,是人们的社会存在决定人们的意识……随着经济基础的变更,全部庞大的上层建筑也或慢或快地发生变

革。在考察这些变革时,必须时刻把下面两者区别开来:一种是生产的经济条件方面所发生的物质的、可以用自然科学的精确性指明的变革,一种是人们借以意识到这个冲突并力求把它克服的那些法律的、政治的、宗教的、艺术的或哲学的,简言之,意识形态的形式。①

马克思和恩格斯在《资本论》和其他作品中的不同章节可以用来进一步理解这一段的涵义。恩格斯晚年以驳斥他所认为的对马克思立场的严重歪曲为己任;在 1890 年写的一系列信件中,他寻求解释马克思的真正意图。例如,在给约瑟夫·布洛赫的一封信中,他写道:

> ……根据唯物史观,历史过程中的决定性因素**归根到底**是现实生活的生产和再生产。无论马克思或我都从来没有肯定过比这更多的东西。如果有人在这里加以歪曲,说经济因素是**唯一**决定性的因素,那么他就是把这个命题变成毫无内容的、抽象的、荒诞无稽的空话。经济状况是基础,但是对历史斗争的进程发生影响并且在许多情况下主要是决定着这一斗争的**形式**的,还有上层建筑的各种因素:阶级斗争的各种政治形式和这个斗争的成果——由胜利了的阶级在获胜以后建立的宪法等,各种法权形式以及所有这些实际斗争在参加者头脑中的反映,政治的、法律的和哲学的理论,宗教的观点以及它们向教义体系的进一步发展……青

---

① 马克思, 恩格斯. 马克思恩格斯文集(第 2 卷), 北京:人民出版社, 2009, 第 591—592 页.

年们有时过分看重经济方面,这有一部分是马克思和我应当负责的。我们在反驳我们的论敌时,常常不得不强调被他们否认的主要原则,并且不是始终都有时间、地点和机会来给其他参预交互作用的因素以应有的重视。① (《马克思和恩格斯通信选》)

在之前给康拉德·施密特的一封信中,恩格斯也写道:

> 虽然物质生活条件是**原始的起因**(primum agens),但是这并不排斥思想领域也反过来对这些物质条件起作用,然而是第二性的作用……必须重新研究全部历史,必须详细研究各种社会形态存在的条件,然后设法从这些条件中找出相应的政治、私法、美学、哲学、宗教等等的观点。在这方面,到现在为止只做出了很少的一点成绩,因为只有很少的人认真地这样做过。在这方面,我们需要很大的帮助,这个领域无限广阔,谁肯认真地工作,谁就能做出许多成绩,就能超群出众。② (《马克思和恩格斯通信选》)

生产方式的概念似乎模棱两可,部分源于这一事实:人们对这一概念的解释因社会而异。有些人据此认为马克思使用的术语前后矛盾。然而,这种认识本身就是前后矛盾的,因为通常认为:一方面,承认固定的范畴和定义妨碍我们对过去、现在和未

---

① 马克思,恩格斯. 马克思恩格斯全集(第37卷),北京:人民出版社,1971,第460—462页。

② 马克思,恩格斯. 马克思恩格斯全集(第37卷),北京:人民出版社,1971,第431—433页。

来的理解；而另一方面，否认马克思所使用的一种"动态的"关系定义（参见 Ollman，1971），认为其不可接受和令人困惑。马克思竭力将他的定义和范畴与所考虑的社会联系起来。因此，虽然很难确定"生产方式"这个术语的抽象涵义，但我们应该能够对其组成部分作出说明。生产方式是指生产和再生产现实（物质）生活所必需的要素、活动和社会关系。其中有三个基本要素，它们不随社会变化而变化。它们是：

（1）劳动对象（存在于自然界中的原材料）；

（2）劳动资料（由过去劳动积累起来的工具、设备、固定资本等）；

（3）劳动力。

这三个要素必须结合成一种活动模式，以生产出社会现实生活生产和再生产所必需的物品和服务。活动模式彼此差别可能很大，这取决于生产的技术安排、社会分工、未来生产资料所需的产品以及不同环境中社会消费需要等。协调生产中个体活动的社会基础由社会关系构成：这些关系既可能随协调机制（可因社会不同而异）而变化，也随生产方式的变化而变化。社会关系形成一种由政治、法律和其他力量所维持的社会结构。例如，在一些社会中，血缘关系提供了一种可以协调社会活动的社会结构。在另一社会中，基于某种产权的地位制度可以行使同样的功能，在这种情况下，为参与者分配了生产角色。在当代西方社会里，价格体系通过市场行为来协调大量个体活动。因此，在这里，必要的社会结构是一种阶级分化社会。社会主义社会试图通过其他某种方式取代市场机制，如集权式计划体制或分权式计划体制。这些不同的协调机制——经济一体化模式，是社会经济基础不可分割的一部分；也正是通过这些协调机制，各种生产要素被结合到一起，多样化的社会生产活动构成连贯的整体。每个社会都会表现出自己的特点，包括特定要素的组合、特定活动的交融和特定社会关系模式。如果所有这些合在一起并有助于现实生活的生产和再生产，就构成了生产方式。正是由于这一原因，恩格斯重新研究每个社会的建议必须认真对待。如果认识到这一点，生产方式的概念就不是那么模棱两可。

马克思和恩格斯主要针对资本主义社会状况进行分析，但把这种分析推广到所有生产方式就危险了。考察经济基础和意识形态的上层建筑之间的关系时，尤其如此。在给约瑟夫·布洛赫的一封信中，恩格斯承认上层建筑中的意识形态形式（政治、法律、宗教等）具有一定自主性，并拒绝某种简单的经济决定论思想。《资本论》（第三卷）及《政治经济学批判大纲》等著作的某些章节表明，这也是马克思的观点①。问题的实质是，政治、法律、制度和其他形式以及意识形态相互作用的整体，必然反映和支持社会经济基础状况。历史进程和经济基础与上层建筑之间关系的特殊性在发展模式上错综交织。在给布洛赫的信中，恩格斯提到，"无穷无尽的偶然事件""存在于人们头脑中的传统"以及"许多单个意志的相互冲突"都包含在历史进程之中，而历史进程包含了"无数互相交错的力量，有无数个力的平行

---

① 参见马克思，恩格斯. 马克思恩格斯全集（第46卷），北京：人民出版社，2003，第497—500页。

四边形，而由此就产生出一个总的结果，即历史事件"。最终，这一历史事件成为一系列历史事件中的一个，即"经济运动作为必然的东西"①（《马克思和恩格斯通信选》）。

一个社会的存续意味着一种既定生产方式的延续。因此，马克思认为生产方式必然产生自己永续的条件，而这些条件的再生产也因此与生产本身一样重要②（《资本主义以前的状态》，《资本论》第三卷）。这意味着，由于意识形态都与经济基础及其中各种关系的延续（如劳动分工）相一致，政治、法律与其他意识形态（包括社会意识形态）将获得延续。例如，若一种经济制度延续下去，必然要求其赖以存在的财产关系能够延续。因此，马克思提醒注意生产方式"生产"自身存在的条件的方式。在这些条件下，一种既定生产方式"本身就是前提，它从它自身出发，自己创造出保存和增殖自己的前提"③（《政治经济学批判大纲》）。

一种生产方式会转型成另一种生产方式，这种情况必须加以解释。马克思认为：

> 无论哪一个社会形态，在它所能容纳的全部生产力发挥出来以前，是决不会灭亡的；而新的更高的生产关系，在它

---

① 马克思, 恩格斯. 马克思恩格斯全集（第37卷），北京：人民出版社，1971，第459—463页。

② 马克思, 恩格斯. 马克思恩格斯全集（第46卷），北京：人民出版社，2003，第995页。

③ 马克思, 恩格斯. 马克思恩格斯全集（第30卷），北京：人民出版社，1995，第452页。

的物质存在条件在旧社会的胎胞里成熟以前,是决不会出现的。所以人类始终只提出自己能够解决的任务,因为只要仔细考察就可以发现,任务本身,只有在解决它的物质条件已经存在或者至少是在生成过程中的时候,才会产生。①(《政治经济学批判》,序言)

这段文字有两个重要观点。第一个观点表明,任何生产方式都会倾向于在赖以存续的自然条件或社会条件下耗尽自己的潜能。通过耗尽社会的潜能或消耗自然资源基础,一种既定的生产方式将被迫以某种方式作出调整和变革。这些适应可以通过新出现的上层建筑形式(如意识形态、政治机制等)使社会稳定,这些上层建筑形式会限制人口增长,压迫某些人口群体,或者防止危机出现并产生新的社会经济形式;或者,这些适应能够在现有生产方式中创造新的潜力。这样的变革也可能使上层建筑中的各种力量与经济基础的各种力量发生冲突。例如,用来增加对自然资源支配的技术变革可能需要实施新的社会和法律形式(新的劳动分工、新的产权观念等)。然而,这些冲突可能在某种既定的生产方式中得到解决。例如,马克思认为,资本主义中

> 资本破坏这一切并使之不断革命化,摧毁一切阻碍发展生产力、扩大需要、使生产多样化、利用和交换自然力量和精神力量的限制。……所以资本的生产是在矛盾中运动的,这些矛盾不断地被克服,但又不断产生出来。不仅如此。资

---

① 马克思,恩格斯.马克思恩格斯文集(第 2 卷),北京:人民出版社,2009,第 592 页。

本不可遏止地追求的普遍性，在资本本身的性质上遇到了限制，这些限制在资本发展到一定阶段时，会使人们认识到资本本身就是这种趋势的最大限制，因而驱使人们利用资本本身来消灭资本。①（《政治经济学批判大纲》）

特定环境的结合可能打造出一种社会经济形式新组合，从而形成一种新的生产方式。这就要求某些社会经济形式要从一种生产方式转换为另一种生产方式，无论是经济基础还是上层建筑：事实上，没有这些形式的某种持久性，是不可能实现从一种生产方式到另一种生产方式的转型。因此，**同一种**生产方式中可以发现**不同**的生产形式；同样，在**不同**的生产方式中也可以发现**相似**的生产形式。可以确定，资本主义特有的某些形式（如商业、信用、货币和利息）可以在更早的时代被发现：这些形式在从封建主义到资本主义的转型中起重要作用，因为正是通过对社会很重要的量变才实现从封建主义向资本主义转型的质变。这是马克思论点中的第二个重要思想。这意味着，一种生产方式并非专属一个历史时代，即使某种特定生产方式可能明显占据主导地位。社会自身之内总是包含着潜在的、相互冲突的生产方式。卢卡奇②这样说道：

> 只有当旧生产方式已在全社会完成了与之相适应的社会

---

① 马克思，恩格斯. 马克思恩格斯全集（第30卷），北京：人民出版社，1995，第390—391页。

② 乔治·卢卡奇（György Lukács，1885—1971），匈牙利马克思主义哲学家。他是西方马克思主义的创始人之一。他在《历史和阶级意识》中发展了物化理论。

第六章 城市化与城市：深度阐释

转型之后，新生产方式才能得到发展并发挥历史作用。不同生产方式及其相应的社会形式和阶级分层会相互继承和彼此取代，它们在历史上往往更多以**互相交错和彼此对立**的力量出现。(Lukács, 1970: 45)

生产方式概念比较模糊，其部分原因源于人们试图将不同的生产方式等同于不同的历史时期。这导致了一些人错误地认为生产方式是一种马克斯·韦伯所谓的"理想型"（ideal type）概念。换言之，它有概念效用（conceptual utility），但没有经验效度（empirical validity）。相反，很明显，一个特定历史时期的特征源自不同生产方式之间的冲突。或者，换句话说，社会本身的特点是生产方式适应其环境的过程中被正确定义的矛盾。甚至在稳定的社会里，也存在着相互对立的生产方式；不过，这里的生产方式紧密联系在一起，受到各种意识形态、社会、政治和法律手段的牵制。正是从这种意义上，社会中的上层建筑要素在遏制社会经济基础及其所包含的社会关系的转型中起着至关重要的作用。正因为这个原因，在意识形态上层建筑中，"意识到冲突并力求把它克服"。当一个特定的历史时期被称为"封建主义"或"资本主义"时，这应该总是指，这一历史时期**占主导地位**的生产方式的性质是"封建主义的"或"资本主义的"。

在这当口，我认为对城市化（作为一种**社会形式**）、城市（作为一种**建成形式**）与**占主导地位**的**生产方式**之间的关系进行初步观察是有价值的。某种程度上，城市是一个积累之前生产的固定资产的仓库。城市用某种既定的技术构造并建立在某种既定的生产方式背景之下（这并不是说城市建成形式的所有方面都对生产方式产生作用)。城市化是一种社会形式,一种生活方式;最重要的是,这种生活方式基于某种社会分工和某种与占主导地位的生产方式大体一致的活动的等级秩序。因此,城市和城市化可以起到稳定具体生产方式的作用(它们都有助于创立该生产方式得以自我延续的条件)。但是,城市也可能是矛盾积累的场所,因此可能成为新生产方式的发源地。从历史角度看,城市似乎有不同的功能:特定生产方式的组织中枢、对抗既定秩序的革命中心以及(需要反抗的)权力和特权中心。从历史上看,城乡之间的二元对立一直是运动和冲突的关键点,整个社会经济历史围绕它展开。在《德意志意识形态》(第69页)中,马克思和恩格斯写道:

> 城乡之间的对立是随着野蛮向文明的过渡、部落制度向国家的过渡、地域局限性向民族的过渡而开始的,它贯穿着文明的全部历史直至现在……随着城市的出现,必然要有行政机关、警察、赋税等等,一句话,必然要有公共机构,从而也就必然要有一般政治。在这里,居民第一次划分为两大阶级,这种划分直接以分工和生产工具为基础。①

因此,城市化研究可能对我们理解社会经济基础中的社会关系以及上层建筑中的政治要素和其他意识形态要素大有裨益。但是,像任何社会形式一样,城市化可以在占主导地位的生产方式下呈现出缤纷多彩的形式,而不同的生产方式中也可以找到类似

---

① 马克思,恩格斯. 马克思恩格斯选集(第1卷),北京:人民出版社,2012,第184页。

的形式。例如，中世纪时期的某些城市（尤其那些由宗教机构主导的城市）可能与资本主义时期的某些城市相似，而资本主义生产方式中的城市之间却可能存在着巨大的反差。然而，我们似乎有理由相信，某种占主导地位的生产方式将以一种主导的城市化形式，或许，还会以一种同质性的城市建成形式为特征。在《资本主义以前的状态》中有一段有趣的文字，马克思尝试将社会生产方式初步分类（显然建立在很粗略的信息基础之上）：

> 古典古代的历史是城市的历史，不过这是以土地所有制和农业为基础的城市；亚细亚的历史是城市和乡村的一种无差别的统一（真正的大城市在这里只能看作王公的营垒，看作真正的经济结构上的赘疣）；中世纪（日耳曼时代）是从乡村这个历史的舞台出发的，然后，它的进一步发展是在城市和乡村的对立中进行的；现代的［历史］是乡村城市化，而不像在古代那样，是城市乡村化。①②

城市化形式和功能（特别是各种形式的城乡关系）与占主导地位的生产方式之间存在某种关系的一般命题，似乎完全合理。因此，现在的主要问题是阐明其性质。马克思主义学者和非

---

① 马克思，恩格斯．马克思恩格斯全集（第30卷），北京：人民出版社，1995，第473—474页。

② 陈光庭在《马克斯著作中的"城市化"是误译》《再论汉译马克斯著作中的"城市化"一词系误译》中认为德语"Verstädtischung"一词应译为"建立城市关系"，"Verländlichung"一词为"建立乡村关系"。而城市化对应德语为"Urbanisierung"，乡村化对应德语为"Ruraliseierung"。陈光庭将末句译为"现代历史是城市关系渗透到乡村，而不像古代那样，是乡村关系渗透到城市"。

马克思主义的学者都试图改进马克思对各种生产方式的分类,并根据某种公认的类型学来识别社会发展的各个阶段。这种方法的困难在于,占主导地位生产方式的经济基础与上层建筑的形式多样性不允许对这种生产方式进行唯一的描述。因为这些多元的形式与我们用来描述社会特征的许多确切证据(如城市的布局等)相关联,故此,若试图给特定生产方式的本质下定义就会遇到争论和产生歧义。例如,人们普遍认为存在着一种被称为"封建主义"(马克思称之为"日耳曼")的生产方式,但对于它究竟具有什么特征以及它可能被有效地运用于哪些社会形态就存在分歧。从某种程度上说,这种争论的产生是因为封建主义的特性最初是由欧洲历史学家在欧洲背景下研究时确立的;随着学者将他们的研究扩展到其他背景之中,如日本和中国古代(Hall, 1962; Wheatley, 1971),这些性质得到了大的修正。

相比围绕资本主义的争论,对封建主义本质的争论则显得温文尔雅。资本主义下可以存在各种各样的社会形态。不同国家的制度差异很大,而且,随着时间的推移也有显著的变化。有些人认为,现在的资本主义制度与 19 世纪占主导地位的生产方式有着本质的区别。例如,巴兰和斯威齐认为资本主义的垄断形式本质上有别于 19 世纪典型的个体主义资本主义(Baran and Sweezy, 1966)。另一些人则辩称,斯堪的纳维亚国家和英国的福利国家实质上改变了资本主义。据此,认为将这种社会继续描述为"资本主义社会"已不合理。当然,这些争论不仅是学术性的,因为它们代表着用来批判当代社会的不同分析立场和不同行为规范。事实上,根本没有哪一种生产方式能够以某种方法勾勒后得到所有观察家的一致认可。因此，将惠特利①关于封建主义的结论推广到所有生产方式或许有用。他认为：

> 封建社会不能在单一的包容性概念下分类；作为一种理想型，封建主义的整体性不必由任何一个具体的所谓封建社会代表。封建社会应视为一种**社会、政治和经济一体化的模式**，这种模式包含着一系列的基本变量。定义这样一个系统时，特别要注意这些因素的可变限度。（Wheatley, 1971: 121）

如果以马克思典型的关系方式来使用生产方式概念，那生产方式就不是一个"理想型"概念。也许这一概念过于宽泛和包罗万象，无法当作必要的工具去细致解剖社会和城市化之间的关系。因此，需要某种其他概念化方法，而最容易浮现在惠特利脑海中的就是"社会、政治和经济一体化模式"。

2. 经济一体化模式

卡尔·波兰尼区分了三种不同的经济一体化模式或协调机制——**互惠、再分配与市场交换**（Polanyi, 1968: 148—149）。这些模式大体上都与三种不同的社会组织模式相联系，它们分别被莫顿·弗里德称为平等社会、等级社会和分层社会（Fried, 1967）。经济一体化与社会组织模式之间的联系并不准确，波兰尼与弗里德提出的模式在某些方面有所不同。整体而言，互惠只与平均主义的社会结构联系在一起，市场交换（在波兰尼给这

---

① 保罗·惠特利（Paul Wheatley, 1921—1999），美国地理学家，专门研究东南亚和东亚的历史地理学。

一术语的狭义涵义上）只与分层有关，但是再分配可能既存在于等级社会结构也存在于分层社会结构之中。显而易见的是，所有三种经济一体化模式可以同时存在于一种具体的生产方式之中，尽管通常有一种经济一体化模式占主导地位。因此，这三种模式并非相互排斥。但是，在历史上某一特定时期，一种特殊的经济一体化模式可能占主导地位并成为社会运转的基础。因此，描述社会特征可以根据市场渗透到人类活动中的程度，互惠行为赖以依存的各个方面，再分配活动可以被观察到的程度以及三种模式共同作用使整个社会赖以存续的活动获得全面协调的方式。我们还可以通过考察不同经济一体化模式的制度支持和相关社会特征描述社会结构。波兰尼这样说道：

> 因此，互惠假设一种对称安排的群体背景；再分配取决于群体存在某种中心度；交换为产生一体化而需要一个价格垄断市场体系。显然，不同的一体化模式具有确定的制度支持。（Polanyi, 1968: 149）

互惠、再分配和市场交换概念似乎提供了一些简单而有效的工具来解剖社会与城市形式之间的关系。因此，廓清这些概念以备使用是有好处的。

（1）互惠

互惠指特定群体中的个体之间按照某些明确的社会习俗转让物品、恩惠和服务。弗里德描述过各种互惠（Fried, 1967）。"均衡"互惠指个人或生产单位（如家庭）等参与方之间的相互交换的量大致相等（从长远来看）。许多群体表现出一种"不均衡"互惠,这确保互惠能够在不同类型的人群间稳定运转。也可以找到我们称之为"负向"互惠的例子,例如偷窃。互惠典型的特征是遵循社会结构中对称分类的存在(Polanyi,1968)。弗里德称这些群体为主张**平等主义**的群体,并将他们定义为:

> 在任何特定的年龄—性别等级中都有很多有声望的职位,因为总有许多人有能力去填补空缺……由于很多人能够行使权力——通过个人的影响力、威望或其他任何手段都能够做到,所以没有必要把他们拢到一起建立一个支配和至高无上的秩序。(Fried,1967:33)

平等社会没有必要的系统的社会强制机制(但不排除个体强制行为发生);因此,其社会一致性通过社会习俗松散的自愿合作得以维持。原始群体往往都是这样的社会,由互惠交换所支配。这种社会组织形式大体上与马克思所认为的原始共产主义一致。关于这种社会组织模式主导的社会,有几点需要说明。首先,它们倾向于稳定在社会和资源的限度内,所以没有社会变革特征。在马克思主义意义上,它们根本没有历史,只是以永恒的方式存在着。它们只是不断复制自己的存在。同样,在这样的社会里,个体意识非常不发达,个体与自然之间的关系意识也受制于直接感官环境中的条件。这种自然意识被列维-斯特劳斯称为"具体科学"(the science of the concrete)(Lévi-Strauss,1966),意指一种适应于感知和想象力的科学探索模式,但这种"科学"拒斥了当代科学思想中的抽象概念化。具体科学看问题决不能超越朴素实在论(naive realism)或现象绝对主义(phenomenal absolutism)(Segall *et al.*,1966),而且渗透着古德金称为人与自然界之间的"我和你"(I-Thou)的关系(Gutkind, 1956: 11),而非"我和它"(I-It)的关系;在后者中,人类在某些重要方面将自己看成独立的、不同于自然的。平等社会以其经济一体化的主导形式,在意识形态上层建筑中展现出某些特点,反映了利用"可感知的字眼言说可感知的世界"的能力和需要。因此,列维-斯特劳斯认为,具体科学非常复杂,为新石器时代的农业革命提供了基础。但是,具体科学还不够详尽,不足以迎接科学的崛起;在柴尔德①看来,科学的崛起是美索不达米亚城市革命的必然产物(Childe, 1942)。

整体上,大多数学者都认为平等社会无力支持城市化。典型的对称分组不允许城市化所必须的社会产品集中。作为城市社会中的一种残余形式,互惠还可以在各地看到,比如,城市社会大公司中的共谋行为以及社区中好邻居之间的友好往来和互相支持的行为。但互惠主导的经济不能维系城市化。

(2) 再分配一体化

弗里德将等级社会定义为:

> 在这种社会中,有价值地位的职位受到某种程度的限制,因而并非所有拥有足够才干者均可实际获得占有这些地位的机会。这样的社会也许会分层,也许不会。换言之,只

---

① 维尔·戈登·柴尔德 (Vere Gordon Childe, 1892—1957),澳裔英国考古学家,专门研究欧洲史前史。他最初是文化历史考古学的支持者,后来成为西方马克思主义考古学的代表。

要不影响城市全体成员获得赖以生活的基本资源,这个社会就可能大幅限制有声望的职位……累积声望并不意味着拥有特权去占有社会赖以存在的战略资源(Fried,1967:109)。

等级社会的特点是一种经济一体化利益**再分配**模式。再分配涉及支持精英人士活动的商品流动(或在某些情况下确立生产权)。典型的情况是,存在某个可供货物进出的中心。弗里德认为,这一中心通常是"等级体系的顶峰,或随着复杂性增加,是一个更大网络内的一个较小分支网络的顶峰"(Fried,1967:117)。等级社会因而可以实现城市化。惠特利认为,中国北方城市的起源还涉及"互惠向再分配的嬗变"(Wheatley,1971:341)。在复杂的等级社会中,社会结构在物理上可以用从克里斯塔勒和勒施区位理论中推导出来的某种城市中心层级结构表示。约翰逊在这一点上提供了大量证据(Johnson,1970)。当然,除非社会结构存在某种明显的层级秩序,否则就不可能有城市化和城市中心层级结构。

再分配经济和与之相关的社会形态——等级社会,至少在理论上可以通过自愿合作得以维持。以往的大多数等级社会都建立在宗教思想基础之上,在某些情况下,可能足以保障再分配经济的延续。农业人口很可能都乐意支持神职和中央官僚系统。但似乎更可能的是,再分配可以通过产出或生产资料的决定权来维持(这就意味着分层)——一小部分精英把持着这些权利,必要时通过武力予以保障。这种情况的证据在于上层建筑中出现了政治机构和其他形式(如某种财产所有权)。经过广泛的研究,弗里德未能找到一个不同时拥有政治和法律制度的纯粹再分配社会的例子（Fried，1967）。在某些情况下，再分配社会（如欧洲中世纪封建社会）也是分层的，而在一些神权社会中，保障再分配经济永续的权利似乎是针对产出的道德权利，而不是针对生产资料本身的财产权利。

（3）市场交换

将作为一种经济一体化模式的市场交换与可能发生在互惠和再分配下的物物交易和交换行为区分开非常重要。波兰尼区分了

（1）产品在人群中的一种纯区位流动；

（2）按某种社会机制的定价进行的产品交换；

（3）通过价格垄断市场运作进行的交换。

他继续说道：

> 为了实现交换一体化，合作伙伴的行为必须以生产对每个合作伙伴都有利的价格为导向。这种行为与基于固定价格的交换行为形成鲜明对比……以固定价格进行的交换只涉及在交换决策中隐含的双方都有利；以波动价格进行的交换旨在获得某种收益，而这种收益只有通过伙伴之间明显的竞争才能获得。（Polanyi，1968：154—155）

市场交换产生于各种情况之下，但只有价格垄断市场运行起来协调活动时，市场交换才起到一种经济一体化模式的作用。本文正是在后一种意义上使用"市场交换"一词。

通过价格垄断市场实现的正规化交换是一种精心协调的机制，用于协调和整合大量个体的独立活动。不过，若要行之有

第六章 城市化与城市：深度阐释

效，这一系统便要求，个体对价格信号作出适当的反应，否则就不会有什么经济一体化。应对措施必须集中落实在价格和潜在利润之上。因此，**市场交换的焦点是交换价值而不是使用价值**（参见第五章）。出售商品所得的货币不是用于购买商品，而是用货币来购买商品，然后再出售（通常以一种转化状态）以获取更多货币。后一种流通过程是商业行为的标志，正是这种流通模式为马克思在《资本论》中的分析提供了焦点。通过价格垄断市场而实现的一体化是资本主义生产方式的特征：这种特征鼓励社会分工和地域生产专业化；通过竞争，这种特征刺激了人们积极采用新技术并组织合理有效的空间经济。结果是，它极大地开拓了为整个社会创造物质财富的前景。它往往带来扩大再生产。但是，市场交换依赖于稀缺，因为没有稀缺，价格垄断市场就不能发挥作用。因此，稀缺通过市场交换体系带来了财富，而保持市场交换要求维持稀缺。因此，上层建筑中的许多社会制度都是为了重现价格垄断市场赖以存续的稀缺条件。对于那些规范生产资料所有权的机构来说，这一点尤为正确。因此，**分层化**（作为一种社会形态）和市场交换（作为经济一体化模式）以一种非常具体的方式相互联系，为了弗里德所说的"维持生命的基本资源"的不同获取，允许在经济基础本身内出现稀缺的社会组织（Fried, 1967: 186）。在分层社会里，自然特征和社会特征都可以用一种自我意识的方式被冠以"资源"的称号。然而，"稀缺"和"资源"是两个相对的概念，必须谨慎使用（参见上文，第80—86页，第139页）。但是，一旦某个社会被这些术语所定义，那么与稀缺资源配置打交道的实用经济就成为可能。

市场交换关系通过多种途径影响个体参与者的意识。个体用"**物**的依赖关系"取代了"**人**的依赖关系"状态[①]（平等社会和等级社会的特征）（《政治经济学批判大纲》）。个人变得"自由"，然而却被市场制度下"看不见的手"控制着。渗透着市场交换的社会意识形态反映了这一点。马克斯·韦伯和其他研究者已经认识到宗教意识形态的变化与欧洲资本主义兴起之间的本质联系（Weber，1904；Tawney，1937）。适合资本主义秩序的社会关系取代封建秩序的社会关系的斗争反映了实现新的宗教意识形态的斗争。这种意识形态斗争的一个重要或核心的方面涉及"价值"一词的涵义。对于古希腊人而言，生活在一个层层依赖他人的等级社会中，价值指的是道德上值得或一个人的"善"。因此，交换价值不能与交换中所涉及的人的价值分离（Polanyi，1968）。这一价值的基本概念是所有等级社会的共同特征（如中世纪的天主教会），但不同于在平等社会中运行的价值概念：这里的价值在于一件商品或一个帮助能立即派上用处，因此，只要能满足个体的需要（无论身体的还是心理的）即可。相反，在价格垄断市场中，价值成为通过交换行为获得的一种支配资源的功能。以价格表示的交换价值，是通过基于货币作为价值尺度的市场体系运行而确定的一种抽象的量。马丁·路德就"善"与"利润"关系问题提出的警示可以看作将市场交换中的价值概念与作为道德价值的价值观结合起来的尝试，当然，这种联合让人

[①] 马克思，恩格斯. 马克思恩格斯全集（第30卷），北京：人民出版社，1995，第107—114页。

心里感到不安。霍布斯在《利维坦》中也做了同样的尝试（Hobbes, 1651）。一方面，他明确断言，"和其他一切事物一样，一个人的价值（value）或身价（worth），即是其价格（price）；也就是使用其力量时将付给的值……对人来说，也和对其他事物一样，决定行市价格的不是卖者而是买者"。另一方面，霍布斯还断言，"一个人在公众中的身价，也就是由国家①（the Commonwealth）赋予他们的身价，一般称之为地位（dignity）。这种国家赋予的身份要通过发号施令、裁断诉讼、公共职务等职位来估定，或者是通过专为显示这种身价的称号或名义来估定"。自从宗教改革②以来，这些概念之间的冲突一直是一种重要的思想力量：例如，在英国工业革命初期，旧的贵族秩序与新兴工商业阶级之间的冲突便可以用这些术语看待。

在市场交换条件下，人与自然界的关系意识也呈现出一种新的形式。欧洲早期的等级再分配社会整体上催生了抽象的艺术和科学形式，而这二者与"具体科学"中所表达的形式截然不同。为了阐明永恒神权政治社会的宇宙象征主义（cosmological symbolism），等级社会中抽象的、演绎的科学应运而生（因此希腊兴起了数学）；其任务是识别塑造人类、自然界和社会意象的宇宙结构。应用科学往往旨在模仿宇宙的秩序而景观被相应地塑造

---

① 英文中"Commonwealth"一词也有"共同财富""国家"和"联邦"等意思，这里明显是双关语。
② 指始于欧洲16世纪基督教自上而下的宗教改革运动。该运动奠定了新教基础，同时也瓦解了从罗马帝国颁布基督教为国家宗教以后由天主教会所主导的政教体系，为后来西方国家从基督教统治下的封建社会过渡到多元化的现代社会奠定基础。

出来——惠特利出色地证明了再分配经济中的城市建成形式可以解释为宇宙象征主义在物质世界的一种投射（Wheatley，1969，1971）。然而，随着市场交换经济的渗透似乎带来了这样一种认识：科学中应重新强调自然哲学，它源于这样一个事实，即人类现在认为自己在与自然界的关系中具有不同的新地位。自从文艺复兴以来，已经建立了一种依赖"一切现实分为内在经验与外在世界、主体与客体、私人实在与公共真理的二元论"的新意识（Langer，1942：22）。对于这种意识，怀特曼称之为"科学二元论时代"（Whiteman，1967：370），它使人们可以将交换价值和价格响应的公共真理与使用价值和实际消费的私人真理区分开来。马克思所描绘的后果之一如下：

> "只有在资本主义制度下自然界才真正是人的对象，真正是有用物；它不再被认为是自为的力量；而对自然界的独立规律的理论认识本身不过表现为狡猾，其目的是使自然界（不管是作为消费品，还是作为生产资料）服从于人的需要。"① （《政治经济学批判大纲》）

通过概念化，自然世界被视作供人类使用的一种"资源"。这种概念化构成了现代科学思想中唯物主义自然观的基础（参见 Whiteman，1969）。因此，现代自然科学的兴起不应视为一种意识形态的变革，因为意识形态的变革与市场交换经济的渗透毫不相干。重要的是，达·芬奇生活在佛罗伦萨商业活动巅峰时

---

① 马克思，恩格斯．马克思恩格斯全集（第30卷），北京：人民出版社，1995，第390页。

期，而艾萨克·牛顿应该是在英国商业和银行技术发生基础性革命的时期担任皇家铸币局总监（参见 Wilson，1965：227）：很显然，应用数学、政治算术和自然哲学在 17 世纪后期的英国齐头并进。科学家不是孤立地生活于社会环境之外，因此，我们应期望科学能反映时代的社会价值观、态度和紧张局势。例如，段义孚的《水循环与上帝智慧》研究令人愉悦（Tuan，1966）；在有关 17 和 18 世纪的水文现象讨论中，他探讨了旧秩序中典型的宇宙象征主义是如何与新秩序的自然科学风格产生冲突的。

如果市场交换作为一种经济一体化模式顺利运行，那么需要制订具体的法律和政治制度。在欧洲，为了促进新的经济一体化模式，要调整的政治和法律制度很多。这些调整非一朝一夕所成。而且，自 17 世纪以后，法律制度和政治制度一直持续演变（出现了有限责任法、股份公司和企业集团法等）。在这些新法律形式和制度形成过程中，人们总是自由运用了产生于旧秩序的象征主义：例如，国家和其他政治形式呈现出在神权政治社会宣称的道德权利上才特有的道德必然性光环。在实践方面，通过使新的经济一体化模式合法化和在某些情况下神圣化，这些制度起到维持并继而延续新模式的作用。然而，最终，所有这些制度都依赖于保障它们持续实施的强制力量，正如弗里德所言，"分层社会中产生了平等社会和等级社会中所没有的压力，而这些压力不能仅由内在化的社会控制或意识形态所遏制"（Fried，1968：186）。因此，经济一体化的市场模式取决于强制力的运用；因为只有通过这种力量，维持价格垄断市场的微妙制度才能得以永续。由于通过市场交换运作的分层社会具有动态性和扩张性，我们必须预见到需要内部调整或新形式扩张过程中矛盾的出现。由于强制是经济一体化的市场模式的本质特征之一，所以要解决这些矛盾就必须使用暴力。

总而言之，互惠、再分配和市场交换是经济一体化的三种不同模式。它们反映了社会意识形态上层建筑中的某些相关特征。其中，地位、阶级、两者在政治权力格局中的投射、明确的支持性制度和社会意识形态也许是最显著的特征。像大多数简单但粗略的分类一样，这样的方案必须最终被更精细的概念网所取代，以便捕捉社会和经济组织更为细微的差别。但是，互惠、再分配和市场交换为我们提供了一种描述社会和经济形式的概念化方法，并为我们提供了一致的线索来追踪从一种占主导地位的生产方式向另一种占主导地位的生产方式的转型。

二、城市与剩余

城市是通过社会剩余产品的地理集中而形成的；因此，经济一体化模式必须能够生产和集中。这是城市化和经济一体化模式之间关系的关键所在。然而，社会剩余产品概念似乎有些不明确。正如我在这里所提议，作为一个概念，如果要使用的话，其涵义得认真厘清；因为通过这一概念，城市化和各种经济一体化模式可能相互联系起来。

1. 剩余概念与城市起源

由于剩余概念与城市化相关，因此有关城市起源的文献中，剩余概念受到了最严格的审查。一般认为，农业剩余产品是城市形式出现的必备条件。然而，围绕我们应该如何看待剩余以及剩余怎样产生、获取和使用，还有许多争议。检视这些争议可能有帮助。这里存在两个相互关联的方面。第一，剩余是否可以从绝对或相对意义来定义？第二个问题源于一种争论，即自动生产剩余的能力是否能保证剩余生产最大化并使之促进以城市化为中心特征的新社会发展。嵌入这一争议中的是两派之间的深刻分歧：一派坚持对历史证据的唯物主义解释，而另一派则寻求对历史演变**源动力**的其他解释。然而，唯物主义解释的反对者往往倾向于挑选唯物主义论证的粗糙版本——一些"马克思主义者"经常提到但马克思和恩格斯明确否认的版本，这就削弱了我们理解论辩方之间主要分歧的能力。

社会剩余通常用来表征"超过社会存续需求的物质资源数量"（Polanyi et al., 1957：321）。然而，定义这些"存续需求"（subsistence requirements）并不容易。可能等于最低限度的生物需求，但这一界定不能令人满意，正如马丁·奥兰斯指出，"生活水平很复杂，与文化密不可分，并非基于统一的生物物种需求"（Orans, 1966：25）。若将我们的注意力仅局限于生物需求，我们可以大致定义马丁·奥兰斯所称的"次最小剩余"（subminimal surplus），即总产量和支持纯生物活动（代谢、生产活动和繁殖）所需的"次最小需求"之间的差额。文化和社会需要表明，任何社会都不可能在这种情况下存续（将生物与文化功能分开的策略本身就非常可疑）。因此，"次最小需求"最多可以表明，若人类个体仅仅像"纯粹的动物"一样活着，究竟会剩下什么。但是，我们不能用这种方法构建绝对剩余概念。

定义绝对剩余要求我们厘清：对于社会存续而言，哪些社会文化功能是"必需的"？哪些是"过剩的"并由剩余生产所支持？即使这是合理的任务，也显然是不可能完成的，因为"需要"（参见第三章）只能根据特定的技术、社会、文化和制度背景来定义。即使像饥饿这样基本的事情也不能脱离某些社会情境来衡量。比如，马克思认为：

> 饥饿总是饥饿，但是用刀叉吃熟肉来解除的饥饿不同于用手、指甲和牙齿啃生肉来解除的饥饿。因此，**不仅消费的对象，而且消费的方式，不仅在客体方面，而且在主体方面，都是生产所生产的。所以，生产创造消费者。**① （转引自 Schmidt，1970：84；斜体为作者添加）

需要意识是一种社会产物；它只是建立在经济基础之上的意识形态上层建筑的一部分。需要的水平因社会而异，因时间而异；这取决于生产方式本身。马克思在《政治经济学批判》中研究了生产、消费、分配、需要、交换和流通之间的复杂关系，并得出如下重要原理：

---

① 马克思，恩格斯. 马克思恩格斯全集（第30卷），北京：人民出版社，1995，第33页。

生产生产着消费：①是由于生产为消费创造材料，②是由于生产决定消费的方式，③是由于生产通过它起初当作对象生产出来的产品在消费者身上引起需要。①（《政治经济学批判》）

大多数人都接受了剩余与某些事物相关的观点，但很少有非马克思主义学者认识到剩余的**本质**反过来是如何产生于社会内部条件。例如，皮尔森只接受但没有进一步阐述相对剩余概念：

从某种意义上而言，相对剩余只是在特定社会单位（家庭、公司、社会）对其经济的现有功能需求之外被预留或调动起来的物质资料和人力服务。（Polanyi et al., 1957: 334）

罗莎·卢森堡认为剩余产生于一种特殊的社会经济形势。她认为，"每个社会都存在剩余劳动"，因为非劳动者（特别是儿童，有时还有病人和老人）须由劳动者供养，还因为须经常维持一种"社会保险基金，防范有可能威胁产品年产量的自然灾害"（Luxemburg, 1913: 77）。即使在平等社会中，这也可能导致创建一个中心公共仓库和分配储存产品的社会机制。某种形式的剩余运转对社会长期存续是必要的，因为没有一个社会有足够的先见之明准确计算出未来的需要和可能发生的情况。因此，大多数社会除了满足眼前的需要都会预留一些东西。随着社会的变

---

① 马克思，恩格斯. 马克思恩格斯全集（第30卷），北京：人民出版社，1995，第33页。

化，预留物质产品的数量与用途也发生变化。因此，定义什么是不是剩余，就取决于社会生产的社会条件。

因此，在不增加实际的物质产品总量的情况下，可能的结果是通过社会变革改变剩余的社会定义从而增加剩余量（或者说相当于改变需要的概念）。例如，大型宗教活动会有物质需要，有些人会认为这是社会存续所"必须"的。但是，如果社会中的所有人都认定没有必要组织宗教活动，那么分配给这些活动的物质产品将会被认定为剩余。若所有人都以类似的方式认定当下配置给军事企业和国防的物质资源对社会存续来说并非必要，那么，这种情况也会发生。每一种生产方式和社会组织方式内部都不言而喻有某种特定的剩余定义。由于社会不可避免地包含着彼此冲突的不同生产方式，因此关于剩余的社会定义必然会产生相应的冲突。基于此，剩余概念便有意识形态内容和政治涵义。那些为了自身利益而侵吞剩余产品的人会千方百计说服那些贡献剩余的人，告诉他们，对于社会存续而言，占有者的活动和作用是无价的、必要的和有益的；人们对古代神职人员和军工集团的意识形态美化都有一些共同点。这意味着剩余应该被定义为超出**人尽皆知**保障社会存续所必需的产品数量。剩余必须用某种特定生产方式的内部运行方式定义。在整个社会中，一些人定义的剩余对其他人而言是必需品。

这种剩余观使我们背负无形的相对主义的恶名。我们很快就会明白，这种立场似乎被许多西方学者所接受。然而，如果剩余概念要发挥至关重要的作用，我们必须树立更一般的优势，以便将剩余概念与不同生产方式、不同经济一体化模式和不同城市化

第六章 城市化与城市：深度阐释

类型联系起来。要做到这一点，需要一个可以连接不同文化、不同时代和不同阶级的概念来取代无数狭隘的"剩余"定义。马克思主义把剩余概念与人作为类存在物的普遍人类需求的观点联系起来。通过将马克思的《1844年经济学哲学手稿》《政治经济学批判大纲》《资本论》相提并论，就会理解这种关系。由此，我们可以得出结论，剩余有两种形式。首先，它可能是为改善人类福利而预留的一定量的物质产品（超过现有状态下社会再生产所必需的量）。因此，罗莎·卢森堡指出，如果没有最初创造的可用于整体社会进步的剩余，就不会有文明的进步（Luxemburg, 1913）。其次，剩余可以被看作是前者的异化版本：它是社会一部分人为了自我利益而牺牲另一部分人的利益所占有的一定数量的物质资源。历史上的所有生产方式中（原始共产主义社会组织形式除外），剩余一直以其异化形式出现。在这些社会中，剩余可以等于异化劳动的产物。

马克思主义的剩余概念及其相关定义在西方文献中（以及在"马克思主义者"中）被误解了，部分原因在于"马克思主义者"将关于普遍物种需求的观点和支持绝对剩余概念的论断混为一谈。对剩余概念在马克思主义思想体系中的关系作用也存在更严重的误解。西方学者，如皮尔森、亚当斯①和惠特利过分地批判了马克思的论断，特别是当它重现在戈登·柴尔德关于城

---

① 罗伯特·麦考密克·亚当斯（Robert McCormick Adams, 1926—2018）是美国人类学家，芝加哥大学教授。他以跨学科方法研究了几千年来城市文明的发展历程，一直强调社会互动和文化生态在文明演变中的重要性。他的研究探索了文化生态学如何帮助解释文明的兴起以及文化如何相互影响。

市起源的研究中时。必须承认，柴尔德在表达马克思主义观点时并不总是明确的，而他又并不坚持一些通常归于他的观点。我们将很快处理这个问题，但是先探索许多西方学者所持的另一种看法如何展开是有益的。

皮尔森、亚当斯和惠特利等学者对剩余概念采取的无形的相对主义立场，对他们关于城市起源的概念以及对城市化本质的基本概念化都有一定的影响。因为，对每个社会而言，剩余都被视为独立的和特殊的，所以很难或不能说剩余在城市形式的出现或一般城市化的运作中所扮演的特殊角色有任何重要的意义。诚然，剩余必须被生产出来，但剩余可以通过各种方式被生产出来。例如，注意皮尔森如何从对剩余的考虑转向了社会组织的其他方面：

> 由于我们寻找的不是剩余自动出现之前的绝对消费水平，研究兴趣导向是制度方式的积极因素。经由这些方式，正在进行的经济进程被改变以支持新的或扩大的社会角色的物质需求。（Polanyi et al., 1957: 334）

一旦确定制度形式是"积极因素"，那么，虽然剩余生产所带来的问题很现实，却成了次要的。因此，社会变革归因于人类思想中的一种推动力，而不是在支持初始生产方式的条件在自身内部发展和扩张中逐渐耗尽时，发生的从一种占主导地位的生产方式向另一种占主导地位的生产方式转型所决定的社会实践的必然演变。他们认为，剩余总是存在的。皮尔森写道：

> 到处都有潜在可用的剩余。重要的是激活这些剩余的制

度方式。而号召格外努力、留出额外份额、设计剩余内容的方式都与经济过程组织本身一样广泛而多样。(Polanyi et al., 1957: 339)

惠特利认同皮尔森的观点:

> 总之,"社会"剩余是由所讨论的社会所指定的东西,剩余的实现依赖于能够从其成员手中榨取产品或服务的权力中心的存在。没有哪个原始民族把自己醒着的所有时间都用在吃饭、繁殖后代和耕田种地上:即使是最勤劳的民族,也会通过非功利性方式浪费一些资源,证明剩余的存在。那些在再分配经济中负责调动资源的管理者很早就发现,人类的结构几乎可以无限扩展,因此,几乎总有可能从最贫困的耕耘者身上再榨取另一种支持中央官僚体制的苛捐杂税。(Wheatley, 1971: 268)

亚当斯同样得出结论:"城市革命的核心是社会组织领域的变革"(Adams, 1966: 12)。社会组织的哪个方面在城市化涌现中起决定作用是一个有争议的话题。皮尔森接受广泛的可能性,而惠特利则强烈赞成从神社到礼仪中心的转变,因此专门研究宗教制度。事实上,马克思认为,整个社会组织的特征中有许多都属于上层建筑,这些特征都被视作城市化产生的**积极因素**。西方学者的观点之间也存在很大差异,但他们的观点跟马克思的明显不同。很简单,马克思认为任何社会都包含一些内在矛盾。为了让社会存续下去,这些矛盾容许并最终促进某种社会内部转型,其中可能产生某种新的生产方式。每一种特定的生产方式都规定了剩余的概念定义和有形形式，就像它产生维持自身存续所必需的上层建筑形式一样。

皮尔森和后来的学者们所拒斥的唯物主义论点实质上与马克思所提出的论点大不相同。因此，皮尔森将他所称的"剩余定理"（surplus theorem）描述为一个两阶段的论证，其中剩余首先应该随着技术和生产力的提高而出现，紧接着就是"最重要的社会和经济发展"。诸如"贸易与市场、货币、城市、社会阶级分化等，实际上即文明本身，这些都随着剩余的出现而产生"（Polanyi et al.，1957：321）。皮尔森随后否定了这一稻草人（假想对手）论点：他首先认为，城市不会因为在某个经济发展阶段出现了剩余而产生；其次，"存在的物质和社会方面之间的相互关系不能按'先''后'次序划分"；第三，剩余甚至不能被视为以城市化涌现为基础的社会经济变革的必要不充分原因。亚当斯同样反对这一观点，他和惠特利（Wheatley，1971：278）都认为这是戈登·柴尔德的观点：

> 农业生产者的固有倾向是将生产力提高到与其技术相适应的最高潜力水平；换言之，农业生产者都希望将他们的生产最大化到超过生存需要的水平，从而推动新的占有和消费模式的成长，这涉及那些被免除了粮食生产责任的精英集团。(Childe，1966：45)

剩余生产与城市起源关系的相关争论有一个有趣的特点：反对柴尔德唯物主义观点（一种马克思主义）的论证方法，却导致许多当代西方学者至少在某些方面采取了类似于马克思的立场。当然，这里仍然存在一些根本的分歧。马克思不会允许上层建筑的制度和社会形式存在完全自主性。很明显，皮尔森和惠特利这些学者都将这种完全自主性归于这些制度和社会形式。虽然剩余在这两种争论中都被认为是相对的，但马克思对这种可能被视为相对性的论点有一种高度结构化的观点（参见 Ollman，1971：12—42）。但是，马克思和柴尔德都不认为剩余是绝对的，也不认同剩余引致城市形态变化的因果关系。例如，柴尔德写道：

> 当有人劝服或迫使农民从土壤中挤出超过自己家庭需求的剩余时，当这种剩余被用于支持不直接从事粮食生产的新经济阶级时，新石器时代经济中最严重的矛盾就被克服了。产生必要剩余的可能性是新石器时代经济的本质特点。然而，剩余的实现需要改变社会和经济关系，也需要增加为所有野蛮人使用的应用科学知识。（Childe，1942：77）

显然，生产剩余的能力和符合城市化形式以实现剩余的能力在这里被视作两种截然不同的东西。后者依赖于出现一种社会和经济组织形式能说服或迫使新石器时代的农民生产出超过生存所必需的产品。柴尔德显然认为产生剩余的能力是城市化出现的必要条件，但不是充分条件。然而，马克思提供了一个可以理解剩余如何创造和形成的更好观点，不过它常被歪曲，因而值得阐释。

2. 剩余价值与剩余概念

马克思主义的剩余概念源于马克思对资本主义社会中存在的

剩余价值异化形式的分析。剩余价值是指扣除不变资本（包括生产资料、原材料和劳动工具）和可变资本（劳动力）后剩余的生产总价值的一部分。在资本主义条件下，剩余价值部分由租金、利息和利润三种形式实现。如果要维持生产且资本主义生产方式持续，那么，就必须给劳动分配足够的价值，使其通过消费这些价值能够购买的物品来维持和再生产自己。消费的商品数量必须至少等于生物存续所必需的物品数量（在这里，马克思似乎援引了一个类似于马丁·奥兰斯提出的次最小需求水平的概念）。但是，显然存在一定的社会需要，但它取决于维持生产所必需的社会条件和社会关系。社会变革不可避免地导致实际和感知需要的转变，正如马克思在《哲学的贫困》中所说的，"整个历史也无非是人类本性的不断改变而已"[①]。因此，剩余价值量取决于满足劳动的社会和生物需要所必需的产品数量。马克思反对资本主义生产方式的部分理由是，将资本主义剩余价值形式最大化的动力不可避免地导致资本家作为一个阶级（甚至违背自己的个人意愿），使劳动人口中的生存水平越来越接近次最小需求线。在这一过程之中，劳动变得非人道，并沦为"动物般的"存在。特别是，早期工业家的表现似乎与周朝早期的那些官僚没有明显区别。惠特利推断，这些官僚发现有可能"从最贫困的耕耘者身上再榨取另一种支持中央官僚体制的苛捐杂税"。

在资本主义经济中，剩余价值是以交换价值或货币关系来衡

---

① 马克思，恩格斯. 马克思恩格斯文集（第1卷），北京：人民出版社，2009，第632页。

量的量。在再分配经济中,价值等于道德价值。然而,价值产生于社会必要劳动的应用,两种类型的社会中剩余价值的生产可以等同于榨取剩余劳动力。劳动者一天劳动的一部分致力于生产剩余价值,而另一部分用于生产维持和再生产劳动力所需的任何等价物。因此,剩余劳动是劳动力为了支持某人或某物而消耗的劳动力。由此产生了马克思主义的异化剩余和异化劳动概念之间的联系。在《资本论》中,马克思写道:

> 把价值看作只是劳动时间的凝结,只是对象化的劳动,这对于认识价值本身具有决定性的意义,同样,把剩余价值看作只是剩余劳动时间的凝结,只是对象化的剩余劳动,这对于认识剩余价值也具有决定性的意义。使各种经济的社会形态例如奴隶社会和雇佣劳动的社会区别开来的,只是从直接生产者身上,劳动者身上,榨取这种剩余劳动的形式。①(《资本论》第一卷)

后文中,马克思这样写道:

> 资本并没有发明剩余劳动。凡是社会上一部分人享有生产资料垄断权的地方,劳动者,无论是自由的或不自由的,都必须在维持自身生活所必需的劳动时间以外,追加超额的劳动时间来为生产资料的所有者生产生活资料,不论这些所有者是雅典的贵族,伊特鲁里亚的神权政治首领,罗马的市

---

① 马克思,恩格斯.马克思恩格斯全集(第44卷),北京:人民出版社,2001,第251页。

民，诺曼的男爵，美国的奴隶主，瓦拉几亚的领主，现代的地主，还是资本家。①（《资本论》第一卷）

因此，必须视资本主义社会的剩余价值为市场交换条件下剩余劳动力的表现形式。正如卢森堡所指出，在平等社会中，这种剩余劳动力的存在是为了支持弱势群体，并防范环境不确定性。然而，在再分配社会中，剩余劳动呈现一种异化的形式。因此，若社会从平均向再分配转型，就需要对剩余劳动进行新的社会界定，但这很可能是一件没人愿意承担的事。因此，马克思认为(《资本论》第一卷)"提供剩余产品不是人类劳动的一种天生的性质"，而劳动若"用于为别人从事剩余劳动，需要外部的强制"②。具有从事剩余劳动的能力并不能保证剩余的异化。剩余也只是相对意义上的剩余，它取决于社会认定。与马克思的其他所有概念一样，剩余概念也是关系性的（Ollman, 1971；同时参见第七章），因此，就有可能根据剩余的认定和提取方式来区分不同的社会。马克思提出了剩余价值的异化概念与剩余价值的非异化概念之间最明显的区别。但在异化的范畴内，他也区分了再分配经济和市场交换经济。前者的目标是获得使用价值，且这里可以吸收的剩余产品数量都有自然的限制；后者的目标是获得交换价值，而其对榨取剩余劳动的唯一限制源自为了未来生产目的而维持和再生产劳动力的必要性。因此，后一种经济一体化模式

---

① 马克思, 恩格斯. 马克思恩格斯全集（第44卷），北京：人民出版社，2001, 第272页。

② 马克思, 恩格斯. 马克思恩格斯全集（第44卷），北京：人民出版社，2001, 第589页。

第六章 城市化与城市：深度阐释

对剩余劳动力的追求比前者更卖力。换句话说，奴隶劳动本身往往不如雇佣劳动剥削性强。

榨取剩余劳动力并不一定会带来城市化，因为城市化依赖于一定数量的社会剩余产品在空间某个点的数量上显著集中，因此，很可能榨取了社会剩余，社会剩余却仍然处于分散状态。皮尔森指出，"互惠中典型的相互强制性共享的做法……并不利于个体积累剩余，因为它将引起储蓄的个体不确定性拒之门外"（Polanyi et al., 1957: 336）。互惠下的交换模式既不利于形成大量的社会剩余，也不利于将剩余集中在社会某一部分人手中。互惠之下，缺乏城市化可归因于剩余的指定方式、潜在剩余的有限可用性以及无法在某个永久性基地集中剩余。另一方面，经济一体化的再分配模式确实意味着具有一种集中剩余劳动产品的能力，尽管这种集中是否具有永久的和足够大的基地来引发城市化是另一个问题。然而，市场交换模式通常导致剩余价值的永久集中，然后再次进入流通以获得更多的剩余价值。经济一体化的三种不同模式都与不同的制度和组织安排相联系，我们可以顺便注意到：当代西方学者倾向于强调这些制度和组织安排，以解释城市化（作为一种社会形态）的出现和扩张。

然而，在从互惠转向再分配和市场交换的最终出现这一过程中，还有一个更深层次的经济问题有待解决。这就是扩大生产的问题，它反过来又引起原始积累的问题。罗莎·卢森堡是这样说的：

> 在社会历史的长期阶段之中，可以观察到一种生产过程，它只是像以前一样连续重复相同的生产规模……但是，

简单再生产是一般经济和文化停滞的根源和明确信号。没有扩大再生产,生产不可能再向前迈出重要的一步,因为推动文明的决定性基础和社会诱因完全在于生产的逐渐扩大,使其超过眼前的直接需求。(Luxemburg, 1913: 41)

从互惠到再分配的转型涉及一个纯粹的经济问题,即通过扩大再生产代替简单再生产。马克思和卢森堡都认为,这需要"原始积累",马克思将其定义为"只不过是生产者和生产资料分离的历史过程",是"用血和火的文字载入人类编年史的"①征收过程(《资本论》第一卷)。原始积累意味着通过占有现存固定资产所积累的使用价值或通过占有劳动力来剥削某一部分人口,以获得剩余产品投资扩大再生产。对马克思而言,这一进程中的关键因素是在生产(经济基础)中出现各种新关系,其中有一定比例的人口发现自己脱离了对生产资料的控制。因此,原始积累取决于出现分层社会,虽然可能最初由再分配占主导地位,但原始积累本身包含了市场交换的种子。

虽然罗莎·卢森堡没有完全解决马克思提出的纲领性问题,但她对原始积累的后续分析更有深度。她特别强调了城市化背景下三个特别值得注意的地方。首先,一部分剩余必须用于创造新的生产资料。只要这种投资以固定形式存在,它就可能有助于城市的建成形式。其次,原始积累要求生产剩余产品的有效需求同时增长。在资本主义生产方式下,产生了一个特殊的难题,即资

---

① 马克思,恩格斯. 马克思恩格斯全集(第44卷),北京:人民出版社,2001,第822页。

产阶级对扩大交换价值有直接的兴趣。为了实现这一点，必须通过扩大旧的用途或创造新的用途来创造一种有效需求。在必然利用价值观念的再分配经济中，这一问题不会以同样的方式出现。不过，我们发现，在两种情况下，城市都是作为处置剩余产品的场所。当代城市社会的纪念性建筑、奢侈性和炫耀性消费以及需求创造，都是这种现象的不同表现形式。因此，城市可以部分地理解为产生有效需求的一种场所。第三，卢森堡认为，像资本主义的扩张性生产方式寻求相当数量的原始积累是绝对必要的。在她看来，这种增加原始积累的最重要的机制，就是经济帝国主义和市场交换的经济一体化模式日益渗透和融入社会生活越来越多的方面以及新的领域。虽然有很好的理由不以此为原始积累的全部过程，但毫无疑问，当代城市化也就是所谓的"全球都市化"（global metropolitanism），嵌入在全球经济帝国主义的形式之中。所有这些都指向一个问题：在当代城市化条件下，如何定义剩余以及剩余从何而来？

3. 剩余劳动、剩余价值与城市化本质

当皮尔森、惠特利等人将制度转型和组织转型作为城市化出现的基础时，我们可以看出：他们实际上是在提醒人们注意原始积累过程中的某些相关特征。显然，即使是以社会指定的形式存在，剩余也没有产生因果效应；如果这样假设，就等于沉迷于马克思和恩格斯强烈反对的对历史所做的朴素唯物主义阐释。关键在于，社会经济基础的根本变化导致了剩余概念的重新界定，以及导致了与该界定相匹配的生产中的新的社会关系。这些变化不

是也绝不可能简单地从社会的意识形态上层建筑中产生:经济条件必须适应新的经济一体化形式的出现。这些经济条件包含过去资产的积累。出现再分配的物质条件已经存在或至少在形成过程之中(参见上文,第201页)。在《资本论》中,马克思这样说过:

> 在这个文化初期,社会上依靠他人劳动来生活的那部分人的数量,同直接生产者的数量相比,是微不足道的。随着社会劳动生产力的增进,这部分人也就绝对地和相对地增大起来。此外,资本关系就是在作为一个长期发展过程的产物的经济土壤之上产生的。作为资本关系的基础和起点的现有的劳动生产率,不是自然的恩惠,而是几十万年历史的恩惠。① (《资本论》第一卷)

柴尔德呼应的正是这一观点。因此,剩余概念引发的真正问题是:在社会经济基础中,允许再分配和最终市场交换作为经济一体化模式出现的相关条件是什么?

必须考虑从互惠转型为再分配的基本特征。首先,人口(或至少其中一部分)必须与部分产出或生产资料的获取分离。第二,社会的总生产力必须足以支持非生产性人口部分。毫无疑问,马克思和柴尔德关于这两个特征的论点往往过于简单。柴尔德关注提高农业生产力的技术变革。正如亚当斯不得不承认的那样(Adams, 1966:45),这显然很有意义。但是,总人口的增加

---

① 马克思,恩格斯.马克思恩格斯全集(第44卷),北京:人民出版社,2001,第586页。

第六章 城市化与城市：深度阐释

可以产生更大的总剩余，而不必对生产力进行任何必要的改变。例如，马丁·奥兰斯为总人口、分层和创造剩余活动之间的整体关系提供了一个好的案例（Orans, 1966）。也可以说，人口密度很重要。因为在再分配经济体中，剩余劳动力的榨取涉及到城市中心周围经济的空间一体化，这就意味着，邻近的人口加上方便的通讯可以轻松榨取更大量的总剩余劳动力。还有一点，产生剩余劳动力的人口通常不愿意这样做。奴隶可能会逃跑，而流动人口只会迁移以脱离某个剥削中心的范围。因此，生产固定的剩余劳动力非常重要。这在一定程度上说明了一种生产方式，其中固定资产（如一块空地）令人不易移动，并且高密度的人口或大量的物理障碍，使得人们难以在剥削性城市中心的范围之外找到生活空间。因此，剩余劳动力必须受到束缚（按照意识形态的偏好，这也应当不难想象），或束缚于城市中心抑或束缚于城市中心影响范围内的土地。

显然，没有哪一套条件能够被认定为保证经济一体化再分配模式存续的必要条件。然而，上述条件的某些组合似乎是必要的。弄清是哪些条件则是历史研究的问题。但是，有些条件（例如定居式农业、人口密度高、通讯形式便利和在给定技术下的自然生产率高等）下比起其他条件（以异化劳动的形式）下更容易取得大量认定为剩余的产品。此外，这些条件是"几十万年历史"的结果。这就是柴尔德的城市起源理论的全部暗含之意。面对这种看法，很难维持皮尔森和惠特利的观点，因为二者都认为，没有生产剩余的必要条件，只要形成正确的组织和制度安排，城市化几乎可以出现在任何地方。

对于城市化的出现而言，实现从互惠转向再分配的条件至关重要；这些条件有助于将剩余产品集中于少数人和少数地方。城市化的出现和社会剩余产品的占有间的关系不可分割。如果剩余价值被视为资本主义（市场交换）条件下剩余劳动的一种特殊表现，那么就可以由此得出：资本主义社会中的城市化可以通过剩余价值的创造、占有和流通加以分析。然而，仅此就**先验**地断言这样一个重要命题还不够。只有通过对资本主义生产方式下的城市化研究才能证明其正确性。

在资本主义经济中，积累剩余价值很大程度上是为了创造更大的剩余价值。这一积累过程在资本主义经济中的所有部门或所有领域发生时强度各不相同。此外，其强度取决于所涉部门或领域的市场渗透程度。因此，为了获得更多利润，考察剩余价值流通的空间和部门流通模式是重要的。

当城市从农业腹地提取剩余产品时，产生了最简单的空间流通形式。城市经济的内部分化与剩余价值在城市内部的流通有关；随着工业化的兴起，城市成为生产和提取剩余价值的中心。城市间商业关系的建立扩大了流通模式，使剩余价值可以通过商业和贸易获取。当代全球都市化是所有这些因素的组合，剩余价值流通的空间和部门模式极其复杂［(Frank，1969) 对这种流通的分析很有见地］。全球都市化嵌入在全球经济的流通模式之中，从中抽取剩余价值。不同的城市形态包含在这种经济之中。例如，卡斯特区分了北美和西欧的都市形态以及世界其他地区依附型城市形态（Castells，1970）。依附型城市化产生的条件是，城市形态作为一种渠道从乡村和资源腹地提取大量剩余，以便运往主要大都市的中心。这种殖民形式的城市化目前很典型,例如,拉丁美洲大部分地区便是这样(Frank,1969)。但是,正如普莱德所指出的,19世纪初这种情况在美国占主导地位(Pred,1966)。在国家内部,城市类型的不同功能等级为剩余价值的流通与集中提供了渠道,同时也为经济的空间一体化提供了渠道。流通中的漩涡也发生在大都市之内(如当代美国的城市和郊区之间),然而,与当代大都市化嵌入大规模剩余价值全球流通相比,这些都是次要的。

在所有这些复杂流通模式中,可能会出现地方性集中,然而其中本该显现的城市形态特性,曾经是一种很明显的地理现象,现在却已消失。按照亚当斯和惠特利的思维方式,当代城市化仍然可以视为一种社会经济组织形式,这种形式成功地动员、创造、集中和(可能)操纵以剩余价值形式出现的剩余劳动产品;但将城市视为一个有形的实体,以固定和可区分的形式来表达流通过程就不再有意义。尽管如此,简单的流通模式,如城乡流通模式,有助于解释当代城市化的某些基本特征。在接下来的几节中,我将用这样一个简单模型来演示。

资本主义依赖于剩余价值的流通。城市在这一过程中所起作用取决于社会、经济、技术和制度的可能性,因为这些可能性支配着集中在其中的剩余价值的配置。霍塞利茨对"生产型"和"寄生型"城市作了有用但有些简单的区分(Hoselitz,1960)。生产型城市对其所在地区的经济增长贡献很大,而寄生型城市则不然。生产型城市将其内部积累的大量剩余价值配置到各种投资形式之中以扩大生产。投资可能是在城市内或其周边乡村地区（当然，在后一种情况下，基本目的是为了加快从相关乡村地区提取剩余的速度）。因此，城市化和经济增长之间有必要但不充分的联系。在这种情况下，城市确实给乡村地区带来了一些好处，因此出现了亚当·斯密和简·雅各布斯共同持有的观点：城市对乡村有利，因为城市是技术创新的中心，是促进整体经济增长和经济发展的催化剂（Smith，1776；Jacobs，1969）。乡村从城市获得新产品、新生产资料和技术创新等。因此，亚当·斯密决定解决一个看似严重的道德困境问题，即"城镇可以说是从乡村那里获得其全部财富和生产资料"。当然，解决方案是"两者之间是互惠互利的；正如在所有其他情况下，这里的劳动分工有利于所有不同职业"。此处值得注意的是，斯密忽略了原始积累的问题，从而绕开了城镇历史上建立在社会剩余产品的获取和集中之上这个简单但不容置疑的事实。如果社会剩余用于扩大生产，社会的总产量无疑会增加，因此，历史上社会剩余生产总量的增加与城市化活动一直息息相关；简·雅各布斯和亚当·斯密在这一点上都是正确的。但城市中心通常是"生产型的"，由于需要完成原始积累，这就妨碍了亚当·斯密和简·雅各布斯所设想的自然、互惠的进程。用马克思的话来说，原始积累的进程"决不是田园诗式的"。

另一方面，寄生型城市的特点是一种致力于消费社会剩余的社会经济组织形式，往往通过从经济角度来看（无论其宗教意义或军事意义如何）明显是浪费的事业来实现。沃尔夫认为早期墨西哥的神权政治中心是寄生型的（Wolf，1959：106—109），而克利福德·索普·史密斯则表示，11世纪欧洲的许多城镇也表现出寄生特点（Smith, 1967：329）。寄生型城市适应于简单再生产，而不是文明和经济进步赖以存在的扩大再生产。由于这种简单再生产涉及将社会剩余流动到不劳动只消费的一群城市精英那里，城市化的寄生形式显然反映了城市精英们的寄生本质。寄生型城市很脆弱，除非城市精英能够从思想上、经济上或军事上有效支配生产剩余的人口。生产型城市在这方面更有活力，因为这些城市促成了一种剩余价值互利流通模式的假象。因此，约翰逊认为，与意识形态和军事控制相比，市场一体化是一种维护城市化和空间一体化的更强大的工具（Johnson, 1970）。另一方面，从事简单再生产的社会可能非常稳定且较好地摆脱了内部经济矛盾。因此，寄生型城市内部往往并不脆弱，也不易受外部势力影响。生产型城市和寄生型城市之间的区别可以表现在许多不同形式。例如，葛兰西在《狱中札记》中敏锐地区别了20世纪30年代意大利南部的寄生型城市化以及意大利北部的生产型城市化（Gramsci, 1971）：前者"实质上是城市从属于乡村"（因为城市是食利者和官僚的家园，他们靠从农业中获取剩余生活）；而后者则通过工商业及随之创造出大量的工业城市无产阶级而不断扩大生产。这两种情况下，剩余劳动力都被动员起来生产剩余价值，然而，虽然情境都是"城市"的，但性质却截然不同。

以上讨论表明，当社会主义国家制定城市化发展政策时，可能存在一种困境。一方面，要承认剩余劳动力是促进社会进步的必要条件；而另一方面，原始积累被认为是一个痛苦的破坏性过程。这在社会主义发展理论方面真是一个问题，但是似乎没有原始积累就没有办法扩大再生产；因此，在此情况下（这不一定是为了捍卫他们曾采取的和正在采取的实际形式），俄罗斯、中国和古巴的非田园诗式的发展经历似乎必然会出现。然而，如果向社会主义过渡时涉及重新定义剩余概念，这种观点就应当加以修正。这种重新定义消除了租金、利息和利润的形式，而聚焦为现在和未来人口创造有益社会的使用价值（而非交换价值）的社会必要劳动。换句话说，社会主义剩余至少原则上产生于非异化劳动。如此重新定义的剩余便失去了其阶级特征：所有人都是能够为了社会特定目标而交出一定量的剩余劳动力的社会成员。正是从这一理论角度来看，我们必须考察涌现的新城市形式。

社会主义社会必须生产某种形式的剩余，但是为什么必须集中剩余，还没有一个**先验**的理由。例如，马克思和恩格斯都认为，社会主义社会需要终结城乡二元对立的历史。鉴于剩余流通模式无论在当代资本主义国家还是在当代社会主义国家中都十分复杂，这一建议未免过于简单化。但是，我们可以围绕它展开讨论。社会主义社会产生的部分剩余可能会用于扩大生产的新投资。只要以集中形式（通过规模经济和聚集经济等）的投资布局能提高效率，就有充分理由接受某种形式的城市聚集区。但是，社会主义社会中获得的大部分剩余产品可能会被分配给人民使用，正是基于这一点，应该不惜一切代价避免地理集中。古巴有意将医疗保健服务从以前高度集中在哈瓦那全面分散到全国的综合区域保健系统，便是这种政策的一个很好案例。当然，古巴的情况相对简单，但是对于先进生产力的社会剩余的复杂流通而言，原则保持不变。然而，最重要的是，与资本主义社会中的城市形态对有效需求的促进相比，社会主义社会中的城市形态可能没有发挥任何作用。对于以上阐述的理论观点，在"社会主义"社会中的城市形态变化程度（最初通常由资本主义城市形态的遗产所主导）可以衡量它们是否成功实现宣称的目标。目前为止，苏联和东欧的迹象不是特别令人鼓舞，因为城市中心的主导地位没有转变成一种新的格局，城市结构本身也没有发生根本改变（Musil，1968；Castells，1970）。正如列斐伏尔所说："在社会主义和资本主义下可以发现同样的［城市化］问题，且同样没有回应"（Lefebvre，1970：220）。在中国，情况似乎有所不同。它的社会主义革命以乡村为基础，且必须直接处理中国人生活中的城乡紧张关系的历史。

在毛泽东思想中，城乡之间的紧张关系被视为人民社会组织中的主要矛盾，这种矛盾包含"三大差别"，即城乡差别、工业与农业差别以及脑力劳动与体力劳动差别（Committee of Concerned Asian Scholars，1972：104）。这些矛盾在中国革命理论中都有考察，而近代中国历史的很多内容都可以解释为试图解决这些矛盾（Mao Tse-Tung，1966）。例如，自1957年以来，中国政策的一个核心关注点就是改变最初（按苏联路线）被视为社会和政治权力中心（以及社会主义剩余流通的中心）的官僚主义工业中心的性质，并将城市融入乡村（用马克思和恩格斯倡导的方式解决城乡对立）。文化大革命是这一过程的一部分，其中城市知识分子的支配地位受到了挑战，而社会和政治组织采取了一种新的形式，它符合把乡村从城市的统治下解放出来的基本经济目标。苏中两国之间的政策分歧反映了两国解决城乡对立所包含的三大矛盾的不同方式。苏联的政策似乎致力于延续城乡之间的历史裂痕；而中国的政策似乎旨在解决城乡之间的历史裂痕。这种"社会主义"国家内部的对比在与资本主义国家城市化进程的自然演化相对照时，就会更有深刻意义。在资本主义国家中，城乡差别正在通过一种特大城市（megalopolitan）的空间组织形式迅速消失。发达资本主义国家中的城乡地方冲突已经被克服了，但结果只是被发达国家和不发达国家之间更广泛甚至更深刻的对立、被大都市区内部分化所导致的日益加剧的对立所取代。在所有这些社会主义的和非社会主义的发展道路中，只有中国似乎意在解决而不是加剧城乡之间的冲突。鉴于中国的经济发展水平，这样的解决方案是否可能甚至可信，都值得怀疑。

4. 城市化与剩余价值的空间流通

城市化涉及将某种形式的剩余（不管是怎么指定的）集中在某类城市（无论是围墙包围的飞地还是如今不断蔓延的大都市）。因此，城市化需要**构建**一个足够广泛的空间经济体，以促进社会剩余的地理集中。例如，价格垄断市场不能在狭隘的基础之上发挥作用；如果价格垄断市场要起作用，则需要进行有效的空间经济一体化。因此，通过创造、调动和集中必要的社会剩余，空间经济一体化、价格垄断市场演变和城市化演变为不可分割、相互联系的过程。如果城市化要以一种社会形态存续，就必须创造和维持空间经济。城市化中的扩大再生产和不断变化的规模也需要一种（地理上）日益扩大或强化的空间经济。整个空间经济中的货物流动和服务流动是这一过程的真实体现，而这一过程使得剩余价值得到流通以集中更多的剩余价值。空间经济这一概念比地理学和区域科学中的传统概念更有启发意义，区域科学建立在亚当·斯密的概念之上，即一切都可以用永不满足的消费者需求和贸易互惠收益来解释。因此，将城市化的空间经济建模为一种创造剩余、提取剩余和集中剩余的方法更为现实。约翰·弗里德曼倡导的自由主义政策建议设想通过创造一种"有效的空间"来促进欠发达国家的经济增长（Friedmann，1966，1969），因为在这种空间里，产品和人力可以用一种城市化的等级形式调动起来：显然，这一政策将创造一种空间组织形式；它只会增加开发度，并为有效和不可阻挡地提取更多剩余创造必要条件，以实现"帝国主义列强"的最终利益（参见 Frank，1969）。

关于更有效的空间组织的政策建议不能想当然地认为最终会共赢。在资本主义的经济和社会组织形式下，情况几乎肯定是相反的。

5. 结论

城市与剩余之间的关系可以概括如下：

定义

（1）社会剩余是指在特定生产方式背景下，在保证劳动力维持和再生产以创造生理、社会和文化产品时所必需的劳动力数量之外，为特定社会目的创造产品所使用的劳动力数量。

（2）剩余价值就是以资本主义市场交换术语表达的剩余劳

动力。

命题

(1) 城市是调动、提取和在地理上集中大量社会指定剩余产品而创造的建成形式。

(2) 城市化是一种个体活动的模式化，个体活动通过集聚形成一种能够调动、提取和集中大量社会指定剩余产品的经济社会一体化模式。

(3) 所有社会都生产某种社会剩余产品，且总有能力创造更多的社会剩余产品。随着生产、消费和分配条件的变化，需要重新界定剩余概念。必须区分由异化劳动形成的异化剩余和在特定社会中可以形成的非异化形式的剩余。

(4) 某些条件下，调动、提取和集中一定数量社会指定的剩余产品比其他条件下更容易。这些条件是历史演变过程的最终产物。最初的有利条件是以下这些情况的某种组合：

  a. 人口总量大

  b. 定居和相对固定的人口

  c. 人口密度高

  d. 在给定自然和技术条件下的潜在生产力高

  e. 易于通信和到达

(5) 以永久方式调动和集中社会剩余，意味着创造一种永久的空间经济，并永远维持（4）所描述的条件。

(6) 城市化**可能**起源于从基于互惠的经济一体化模式向基于再分配的经济一体化模式的转型。

（7）城市化必然随着经济一体化的市场交换模式的涌现而出现，同时伴随着社会分层与生产资料差异性获取。

（8）城市化可以呈现多种形式，取决于城市中心的特定功能，这与社会指定剩余产品的总流通模式有关。在当代社会，这些模式在地理上和部门上都很复杂。

（9）城市化和经济增长之间有着必要但不充分的联系。生产型城市能够促进增长，但是寄生型城市则不然。

（10）如果没有社会指定剩余产品在地理上的集中，就没有城市化。无论什么地方出现了城市化，对它唯一合理的解释在于对创造、调动、集中和操纵社会剩余产品的进程分析。

三、经济一体化模式与城市化的空间经济

经济一体化模式、社会剩余的创造和城市化形式之间的关系尚待考察。要成功做到这一点，要求我们首先要认识到，一种特定的经济一体化模式可以呈现各种各样的形式（参见上文，第199页）；其次，一种经济一体化模式的活动占主导地位并不妨碍其他模式的延续或萌生（参见上文，第202页）。后一点让我们认识到在特定历史时期的不同经济一体化模式之间的"影响力平衡"概念。因此，我们可以通过评估特定时间内各种经济一体化模式之间的影响力平衡以及通过考察当时每种模式所呈现的形式来解释历史上出现的城市化形式。这并不容易。困难是双重的。首先，"互惠""再分配"和"市场交换"这些术语没有

固定的涵义,但是,像我们研究的许多其他概念一样,这些术语是由关系定义的;其涵义的建立不能脱离某种背景,而在这种背景中各个部分彼此关联(例如,我们可以谈及原始社会和资本主义社会中的互惠。但后者仅仅是其前身的一种模糊再现)。其次,如果对"城市化"的定义仍然争论不休,这也可能表明"城市化"没有固定的、在任何时候都适用于所有社会的普遍涵义。因此,城市化和经济一体化模式若非一个社会经济组织的两方面,我们是不能将这两套关系性定义的术语联系起来的。换言之,两方面都有助于定义彼此。我们不能从因果意义上将城市化归为特定经济一体化模式的效果去解释它。但是,我们可以利用经济一体化模式的特征来反映并更好地理解城市化的定性属性。

1. 经济一体化模式内的变化

让我们首先考虑一种特定经济一体化模式如何在其内部表现出相当大的差异。互惠可以采取各种形式。再分配占主导地位的经济体中,流动模式也可以变化很大。等级社会的特殊结构特征会反映在城市的建成形式上。惠特利在讨论各种城市形式的象征特性时,提供了一些很好的案例(Wheatley, 1969, 1971)。然而,为了证明所述的普遍性,我们将非常扼要地研究市场交换所呈现的各种形式。

作为一种现象,市场交换很早就存在了;最早的城市可能是这种活动的集中地。但是,作为一种基于价格垄断市场的经济一体化模式,市场交换是相对较晚才出现的。正是价格垄断市场的自我调节才使市场交换成为一种独特的经济一体化模式。没有市

第六章 城市化与城市：深度阐释

场自我调节，集市、交换、商贸、货币和价格等都可以存在而且确实存在。但只有当个人调整其生产资源配置、产出水平和消费习惯以适应价格变动时，市场才成为一种经济一体化模式。

价格垄断市场需要彼此相互对立、以交换价值为媒介的参与者。参与者可以在各种社会格局中被组织起来，在各种制度条件下运转。个体生产者和消费者可以在高度分散的、原子化组织的市场体系中相互竞争。可能形成与其他群体竞争的群体。可能出现消费和生产的垄断。随着垄断生产流向个体消费者，寡头生产者与垄断消费者打交道时，各种组合就会出现。尽管这些需要会不可避免地产生某些压力和紧张局势，但都不能破坏市场体系的自我调节属性。即使在垄断某条生产线的情况下，生产者也被迫维持一定的利润水平（否则投资将撤出并转移到别处）。这意味着垄断者将寻求降低成本，并根据市场价格调整产量或改变市场价格以适应一定的产能。制度安排确实为对抗行为提供了游戏规则，也为约束参与者的组织提供了一些规则（例如，反托拉斯条例）。在某些情况下，也通过制度创造了调解或促进市场活动的手段（例如，限制责任的法律）。

参与者的精密社会格局及其运作的制度条件赋予了作为经济一体化模式的市场交换以多样性，并且我们将在后文看到，赋予了城市化独特的定性属性。不同社会格局和不同制度形式的出现并非偶然。例如，某些经济部门激烈竞争的最终结果是消除所有竞争者，从而出现垄断。这种从竞争向垄断的转变意味着一种趋势，即价格垄断市场会消除使其永存的必要条件。因此，如果要使市场交换持续下去，就必须不断改变社会格局和制度。当然，社会格局和制度形式也不需要独特的协调方式才能完成这项任务。不过，无论是何种格局、何种制度形式，它们都必须共同采取行动以维持市场交换，否则自我调节或价格垄断市场就会崩溃。

直到19世纪，自我调节市场才在欧洲普及，之后在世界各地迅速蔓延。在那之前，社会活动受到等级社会习俗的严密监管。然而，早在1800年之前，自我调节市场经济的许多迹象就已经显现，虽然几乎只发生在贸易和商业领域。在某些时期，自我调节的市场活动成为一支重要的一体化力量。因此，贸易和商业似乎成为市场交换渗透最早的两个活动部门。奇特的是，市场交换花费了很长时间才渗透到社会生活和活动的其他方面。甚至在英国，直到1750年前后，土地和劳动力整体上仍然处于自我调节的市场经济之外：虽然更早就有土地和劳动力市场，但这些市场都不是自我调节市场。土地的渗透（借助大量《圈地法案》）意味着农业的渗透。这就产生了为最大限度地提高农业产量获取利润的压力。与此同时，大量乡村居民（通过圈地和市场力量的结合）被剥夺了对生产资料的占有权，被迫离开土地进入城市。随之而来的是，工资制度普遍控制着劳动力。就像其他商品一样，劳动力成为商品。因此，农业生产和工业生产可以在市场交换的基础上组织起来，形成一种一体化机制。因此，英国工业革命的缓慢发展代表着，通过土地和劳动力的渗透，市场交换逐渐渗透到生产（与贸易和商业不同）之中。随着工业革命的势头逐步增强，越来越多的活动部门通过市场交换实现一体化，分配和服务活动也被吸引进来。资本主义形式的剩余价值

第六章 城市化与城市：深度阐释

流通最终摆脱了等级社会的束缚，继而通过对社会所有关键部门的支配成为一种媒介，通过这种媒介，经济一体化市场模式逐渐将社会凝聚为一个紧密的经济体系。19世纪早期，英国迅速成长的城市便处于剩余价值流通的风口浪尖。

随后，市场交换渗透并将新领域纳入全球资本主义经济，而剩余价值任性且不知餍足地在这种经济中到处游荡，寻求扩大再生产和原始积累。接着，市场交换也渗透到生活的方方面面，直到几乎所有重要的东西都受到影响。在这种渗透过程中，有一个条件至关重要。为了实现自我调节，个体和群体（消费者、竞争对手、贸易商）对价格变化的反应必须在大多数时间上是正确的。判断失误的个体会付出经济代价，但是价格信号本身的重大错误也会阻碍市场交换的渗透。这种错误在一定程度上可以通过改善通讯来减少：有了足够的运输设施，就能相对快速地实现供求平衡，且几乎可以即时传递有关供求的讯息。世界上许多地区都通过市场交换而进入资本主义体系的空间一体化，而这种一体化取决于适当通讯方式的存在。通讯越充分，市场一体化的可能性就越大。最初，这仅适用于私人物品，因为个体对它们的使用有完全控制权，它们也可以按一定价格进行交换。必须进行制度、法律和社会变革来改变其他活动领域，使它们能被视为商品。劳动力转化为雇佣劳动商品就需要这样的变革。现在可以进行商品期货、公债、公共物品特许供应权、各种形式的权利和义务等的交易。总的来说，我们可以大胆断言：城市生活中几乎没有一个主要方面如今不受某种自我调节市场运作的影响。

当然，我们需要针对价格机制的有效性提出一些严肃的问

244

题。困扰资本主义生产的问题之一是价格机制在某些条件下没有传递出正确的信号。在这种情况下,市场交换过程中的大多数参与者都会做出错误的决定,这会不可避免地发生经济崩溃。马克思认为,这种情况是资本主义中的常见现象,而且随着资本积累的推进,这种现象必然变得越来越严重,而凯恩斯则认为这是资本主义发展中的一个严重缺陷,可通过政府干预加以克服(Mattick,1969)。凯恩斯主义政策旨在解决价格机制中被视为结构性缺陷的问题。但是,对马克思而言,价格机制的缺陷只是剩余价值流通在创造更多剩余价值时对一种固有的深层结构性缺陷的表达。如果马克思所言正确,那么价格机制(例如在房地产市场中频繁出现)的局部崩溃不能仅归因于价格信息的缺陷,而更可能反映资本主义流通过程本身存在的根源问题。

总之,价格垄断市场可以根据具体的社会格局、制度背景和讯息属性进行不同的组织。同样,不同经济部门可以随时通过市场交换得到不同程度的渗透。城市化的定性属性对这些变化十分敏感。然而,在整个过程之中,价格垄断市场中的活动具有一定的稳定性,而这种稳定性会以某种方式确保剩余价值继续流通并寻求更多的剩余价值,从而使社会所有参与者和参与群体的活动都被吸引到一个始终保持自我调节的市场交换体系之中。

2. 城市空间经济中经济一体化模式之间的影响力平衡与剩余流通

资本主义国家的当代大都市是根据互惠、再分配和市场交换三种理念构建的社会形式的真实表现。按照资本主义秩序下所作的社会定义，剩余价值在社会内部流通，在某些渠道中自由奔腾而在另一些渠道中只剩下涓涓细流。只要流通表现在实物形式上，通过货物、服务和信息的流动以及流动媒介的构建等；只要不同社会凝聚力的形态取决于空间邻近性，我们也会发现一种表现复杂但真实可感的空间经济。本文的中心论题是，通过将围绕剩余概念、经济一体化模式概念和空间组织概念的诸多概念框架结合起来，我们将得出一个整体框架来解释城市化及其实体表现——城市。

每个时代都赋予这些概念框架一种特殊意义。如果我们试图根据它们得出关于城市化的普遍理论，那必须有一个前提：其涵义会变化且必须通过对当时情况的详细调查来确立。例如，在古代中国、神权统治下的墨西哥、欧洲封建国家和当代美国，再分配的涵义是什么？我们能从此时此地有可能存在但尚未成形的社会形态中看到再分配的未来涵义是什么？因此，城市化革命理论的构建并不需要重写以前的理论，但在某些情况下，可以包括重新定义其中所包含的术语。例如，我们可能需要给"剩余"和"再分配"等词赋予新的涵义。为了使我们的理论有效，它需要足够强大以适用于各种情况。正是本着这种精神，我们可以研究如何将本文前面部分提出的概念用于解释城市化和社会在各种历史背景下的关系。

（1）剩余的地理流通模式

城市化需要社会指定的剩余产品在地理上集中。这就意味着剩余物品和服务的地理流通、人员流动以及货币经济中投资、货币和信贷的流通。这样创造的空间经济受到各种替代、中断、破坏、转型和增长路径的制约。各个城市的声誉和重要性很大程度上取决于其在剩余地理流通中的位置。城市化定性属性同样会受到剩余总量的升降和以集中形式产生剩余的程度的影响。

　　由于各种原因、事故、自然灾害和自然进程，可能出现剩余地理流通遭到破坏的情况。例如，中世纪欧洲许多港口的衰落，有时被错误地归因于河道的淤积（比利时古城布鲁日便是最具争论的例子）。关键资源的耗尽和新资源的开发（通过技术或新贸易路线的开辟）既可以导致剩余流通的急剧转变和强盛城市的出现，同样也可以迅速摧毁它们。纽伦堡、奥格斯堡和许多其他巴伐利亚城镇都曾是中世纪欧洲的剩余流通中心，因为这些地方扼守着很受人们重视的白银通道。但是，16世纪通过西班牙征服而输入的大量金银，使该地区成为欧洲经济的一个沉寂地带。社会冲突、战争、限制流通的地方权力集团的出现、对流通设置障碍，都会干扰剩余流通。皮朗注意到（Pirenne，1925），在卡洛林时代，由于穆斯林渐渐主宰了地中海贸易，法国南部城镇逐渐衰落：由于被剥夺了长途贸易，城镇又回到地方再分配的功能，这主要集中在天主教会和地方贵族手中。伊斯兰、拜占庭和西方城邦国家间争夺地中海贸易的控制权对中世纪早期剩余流通产生了深远影响。西班牙、荷兰、法国和英国后来为控制大西洋和波罗的海贸易而进行的斗争以及19世纪的殖民运动都改变了剩余流通的地理。在当代，各国效忠关系的变化，通过政治行动阻止贸易（德国的分裂，苏伊士运河的关闭）都影响剩余流通。城市之间、城市组群之间（例如汉萨同盟①）或国家之间为争夺剩余流通的控制权所展开的竞争本身会改变流通的地理模式，因为一方会通过压倒性的经济力量（比如通过占据优势的组织和规模经济所获得），通过相对区位优势，或通过行使垄断特权（以某些策略赢得或由某些外部权力赋予）来控制另一方。剩余流通不断地向新渠道转变。在某些情况下，地理变化能成功保持城市化的整体水平和剩余流通的总量，而个别城市可能会消亡、停滞或扩张：剩余流通中的适应和替代使新的地理格局涌现以取代旧的。在其他情况下，流动中的剩余量会增加，城市化表现出整体增长，其中个别城市可能会消亡、停滞或扩张。

然而，一种固有的趋势是，确保创造剩余的经济社会机制失灵将会破坏剩余流通。沃尔夫提出了一个来自神权国家墨西哥的有趣例子：

> 统治圣城的祭司权力基本来源显然是对人思想的控制权和为神服务而取得的对物品的控制权。但是纯粹的意识形态力量存在固有的局限性……神权社会把圣城和内陆、牧师、贸易商、工匠和农民、操不同语言的人、陌生人与市民统一在一起。在统一过程中，它也播下了不可避免的内部分歧的种子和反抗的可能性……神权社会还有一个致命的缺点：圣城和内陆之间、城市和地方之间的内在不平衡性。最终，因为乡村的劳动和生产，城镇变得富有和辉煌。不是说这些中

---

① 汉萨同盟，德意志北部城市之间形成的商业、政治联盟。13世纪逐渐形成，14世纪达到兴盛，加盟城市最多达到160个，15世纪转衰，1669年解体。

心的一些财富没有流回乡村地区。一些福利必须归还给任何社会中的被统治者……中心和内陆之间的差距不是基于中心的绝对富有和乡村的绝对贫困。两者在彼此联系中都在发展；但中心发展更快、更富裕、更明显……在复杂的社会中，希望与否定希望的冲突将统治者与被统治者、穷人与富人、内陆边缘与中心地区对立起来。相比之下，边缘国家受到打击，而中心国家却随着财富和权力的增长而膨胀。然而，在边缘地带，政府和宗教的控制也往往最为薄弱；在这里，不满的势力很容易获得力量和组织。在这里，中心的引力及其强迫人们服从中心意志的能力最小。神权社会见证了这种边缘国家对中心国家的反抗。裂缝由此挣开了……
(Wolf, 1959: 106)

这种结构性缺陷在所有再分配经济体中都普遍存在。例如，罗马帝国灭亡和许多城市化程度较低的社会最终崩溃的原因都是因为它们无法应付其经济一体化模式中固有的结构性缺陷(Johnson, 1970)。这种缺陷并不局限于再分配经济：在经济一体化的市场交换模式中，它们表现在19世纪无数次商业危机、近乎灾难性的大萧条以及当代世界无处不在且具有潜在危险性的国际收支和货币危机之中。任何经济一体化模式本身都具有破坏其自我存续条件的力量。这种能力表明，再分配和市场交换中的结构性缺陷可能会对城市化所依赖的剩余流通造成严重的甚至彻底的破坏。

在经济扩张时期似乎最容易抑制这些结构性缺陷。罗马帝国的再分配结构在一定程度上是通过缩小帝国的边缘以克服外围地带人们的不满而得以保留的。扩张停止时，崩溃很快随之而来。其他再分配社会试图通过军事行动和意识形态劝服相结合的方式，寻求在一个相当稳定的空间经济中维持意识形态控制。但是，资本主义本身就呈现出一种固有的扩张力量；如果把剩余价值投入流通以增加剩余价值作为资本主义存在的前提，那么资本主义为了生存就必须扩张。因此，出现了通过扩张产生矛盾并随后解决矛盾的过程（参见上文，第227—228页）。扩张意味着随着探索新机会、取得新技术、开发新资源和生产能力而导致的市场交换的逐渐渗透、累积剩余量的增加，以及剩余价值流通转变。正如我们所见，城市化在这个过程中扮演重要角色。城市发挥生产中心的功能，围绕该生产中心创建了一个有效的空间，从中提取越来越多的剩余产品。整体经济增长的前提条件是，城市中心的人们愿意并有能力将剩余价值重新投入流通，使城市成为周边经济的"增长极"。随之而来的增长改变了剩余流动的渠道，并改变了这种流动的方向和数量。过去，伴随经济增长而来的剩余价值流通变化数量巨大且空间重组显著。经济增长对剩余流通地理模式的改变程度不亚于自然灾害、战争等造成的破坏。

因此，剩余流通地理模式只能作为进程中的一个时刻。就那一时刻而言，特定的城市在剩余流通中获得了位置，而在这个进程的下一刻，这些位置就改变了。作为一种普遍现象，城市化不应被视为特定城市的历史，而应被视为剩余在城市系统内部、城市系统之间和城市周围系统流通的历史。佛罗伦萨衰落时，纽伦堡和奥格斯堡取而代之；安特卫普衰落时，阿姆斯特丹崛起；阿姆斯特丹衰落时，伦敦成为剩余流通的主要仲裁者。因此，特定城市的历史只能从城市系统历史时刻的剩余价值流通来理解。

(2) 中世纪欧洲的城市

马克思断言"中世纪（日耳曼时代）是从乡村这个历史的舞台出发的，然后，它的进一步发展是在城市和乡村的对立中进行的。"（参见上文，第204页）这是一种有洞察力的分析。在中世纪北欧占据主导地位的封建经济主要由当地自给自足和基于乡村的经济体组成，其再分配要么在庄园体系内进行，要么在规模更大的封建领地内进行（Bloch, 1961）。少数位高权重的部门（其中教会和神圣罗马帝国最重要）松散地管理着这种高度分散的经济。为了养活等级社会的各种要素，剩余通过什一税、工作日和奴隶劳动等形式被抽取，土地所有权（通过继承法）和教会等级地位则被赋予特权。军事力量和意识形态控制是维系社会的双重控制手段。真实存在的城市中心大部分是堡垒或宗教中心；有时教会和堡垒可以结合起来形成一个相当重要的中心。但是，提取的大部分剩余没有在地理上以城市的形式集中起来，而是仍然分散在庄园体系之中。

另一种相当独特的剩余地理流通叠加在这些地方的再分配封建经济体之上。这与长途贸易有关，且在中世纪的大部分时间里，它都似乎与地方再分配活动分离。正如波兰尼所写，"市场不是主要在经济体内运行的体系，而是在经济体外运行的体系"（Polanyi, 1944: 58）。然而，长途贸易被大多数评论家视为中世纪城市的主要功能。长途剩余流通和地方剩余流通之间的区别是等级社会规则和利润交易活动之间模糊关系的具体反映。按照天主教和封建社会的普遍价值观念,以利润为交易目的和利用稀缺是不道德的和丧失人性的。等级社会的普遍伦理在大多数方面是反资本主义的(高利贷法是最明显的例子)。这并不是说贸易本身遭到鄙视,而是说这些职业商人的机构、活动和非常明显的商业本能与封建秩序的意识形态规则明显不一致。然而,试图在非职业基础上组织贸易是不可行的,等级社会被迫依靠职业商人阶级,但在某些方面,这个阶级似乎威胁到等级社会的道德基础。

因此,封建社会在一定程度上依赖贸易和商业,而城镇则提供了一个可以控制和监测这种活动的地方。这种控制为封建社会提供了获得有价值的新收入来源的机会(税收、通行费等是财富的重要来源,英法两国的皇家财政在相对较早的时候便与商业和城镇的命运不可分割地交织在一起)。然而,从根本意义上说,中世纪社会的商人都不是资本主义的。在大多数情况下,他们不寻求或不希望占有生产和劳动,也不积极取代为他们的商业活动带来巨大利润的社会和经济体系,他们通常认同这一社会规范。封建秩序的社会和经济体系具有高度分散性,因此它创造了许多地方性的经济体,在这些经济体之间的供需差异很容易共存。创造超越地方的综合空间经济的失败,可能部分归因于沟通困难,部分归因于社会组织的不足,但这为商人资本提供了大量剥削和获利的机会。

与工业资本主义相反,商人资本的运行依赖于经济发展运行中的差异,且事实上其运行是为了保护而不是消除这种差异。马克思认为:

> 在商人资本占优势的地方,过时的状态占着统治地位。

这一点甚至适用于同一个国家，在那里，比如说，纯粹的商业城市就和工业城市完全不同，而呈现出类似过去的状态。……商人资本的独立发展与资本主义生产的发展程度成反比例这个规律，在例如威尼斯人、热那亚人、荷兰人等经营的转运贸易的历史上表现得最为明显……只要商人资本是对不发达的共同体的产品交换起中介作用，商业利润就不仅表现为侵占和欺诈，而且大部分是从侵占和欺诈中产生的。撇开商人资本榨取不同国家的生产价格之间的差额（就这方面来说，它促使商品价值均等化和使之确定下来）不说……商人资本占据了剩余产品的绝大部分，这一方面源于商人资本充当各个共同体之间的中介，这些共同体基本上还是生产使用价值，对于它们的经济组织来说，大体说来进入流通的那部分产品的出售，也就是大体说来产品按照其价值的出售，还居于次要的地位，另一方面，是因为在以往那些生产方式中，商人与之做生意的剩余产品的主要占有者，即奴隶主，封建地主，国家（例如东方专制君主），代表供人享受的财富。①（《资本论》第三卷）

从这个角度看，商人资本及其产生的城市化必须被视为保守的而非革命的力量。防止生产中的空间一体化，建立可以规定生产者贸易条件的垄断，对周边乡村的"城市殖民主义"涌现（Dobb，1947：95），都是商人资本保守主义的重要方面。但是，

---

① 马克思，恩格斯．马克思恩格斯全集（第46卷），北京：人民出版社，2003，第365—369页。

第六章　城市化与城市：深度阐释

商人资本也对封建秩序构成威胁，这种威胁比纯粹的意识形态转向更重要。马克思继续写道：

> 商业和商人资本的发展，到处都使生产朝着交换价值的方向发展，使生产的规模扩大，使它多样化和世界化，使货币发展成为世界货币。因此，商业对各种已有的、以不同形式主要生产使用价值的生产组织，到处都或多或少地起着解体的作用。但是它对旧生产方式究竟在多大程度上起着解体作用，这首先取决于这些生产方式的坚固性和内部结构。并且，这个解体过程会导向何处，换句话说，什么样的新生产方式会代替旧生产方式，这不取决于商业，而是取决于旧生产方式本身的性质。①

城乡之间、城市商人与乡村封建秩序之间的对立，具有现实的经济基础。解决北欧这种对立的措施是把商人活动孤立与遏制于城市之中，以便对其进行管控。此外，商人活动往往只限于基于互补性地理原则的长途贸易或奢侈品的长途贸易（Postan, 1952）。因此，在某种程度上，北欧明显的地理破碎（geographical fragmentation）情况是封建秩序对商人活动可能的入侵所作出的反应；城乡严格的地理划分（geographical delimitation）也是如此。因此，中世纪城镇看起来似乎是"封建海洋中的非封建岛屿"（Pirenne, 1925; Postan, 1952: 172），或者，如波兰尼所说的"监狱"，这里限制着商人阶级潜在的破坏性活

---

① 马克思, 恩格斯. 马克思恩格斯全集（第46卷），北京：人民出版社，2003，第370页。

动。不过，由此得出中世纪城镇在封建社会中"完全是异类"的结论是错误的，因为很有可能大多数城镇"起源于对封建制度的模仿，或者在某种程度上说是封建社会的组成要素"（Dobb，1947：78）。

在整个北欧，等级社会与城市商业和贸易之间关系的形式通常是模糊的。在某些情况下，为了自己的利益，等级社会坚决支持商业活动或允许自由贸易。在其他情况下，等级社会与商业发生冲突，或假装（在某些情况下则真的）完全忽视它，结果商人活动只能在几乎纯粹的再分配城市的高墙外秘密进行。封建遗产和市场有无数的关系。然而，无论具体的关系是什么，城镇的商业显然是由等级社会从政治上进行管制的。这一规范最初依据行会章程订立，给城市提供一种法律构想，赋予城市居民权利和义务，这与管制封建经济的权利和义务明显不同。因此，城市采取了地域行会的形式。这种行会的目的旨在促进商业，但是它在设法调节内部冲突的同时，也设法促进针对其他行会的垄断优势。地域行会非但没有保证商人的行动自由，反而以一种符合封建秩序延续的方式规范、控制和指导商人活动。总的来说，商人认识到这一事实并设法遵守。例如，波斯坦和茜尔维亚·思拉普注意到了这种倾向（Thrupp，1948；Postan，1952）：一旦积累了足够的财富，活跃的中世纪商人就会退隐成乡村绅士或城市食利者——事实上，波斯坦在某种程度上把15世纪北欧较富裕城市的衰退归因于这方面的商人行为。

南欧城市化的情况与北欧在一些重要方面上明显不同。再分配社会主导各地贸易和商业，特别在意大利，再分配社会通过参与贸易和商业来主导。这里的行会国家将天主教、封建主义和商人资本主义的元素相结合，并且逐步形成了一种非常特殊和重要的等级社会形态。在意大利城邦，等级社会（主要通过亲缘关系和土地所有权的继承权建立）支持商业和贸易，实际上试图表达其道德和社会规范，并通过商业运营来占有剩余。天主教会偶尔直接参加，梵蒂冈也多次成为商业活动的中心。从等级社会制度（在这里天主教会发挥了更重要的支持作用）获得的地位和权力被用来使贸易和商业合法化，以及使通过海盗和战争获得的各种原始积累合法化。这种再分配活动旨在以一种与重视声望的等级社会秩序相适应的方式分配财富。正是在这种社会中，某些资本主义形式获得了最初的立足点，虽然不是注定会引起资本主义生产。洛佩斯写道：

> 我们认为中世纪贸易的黄金时代（在南欧）有许多典型的资本主义特征。如果我们浏览从11世纪后期到14世纪早期的记录，我们一定会注意到货币和实物资本稳定积累；对信贷运用的不断增加和逐步将管理者从资本拥有者和劳动力分离出来的趋势；不断提高商业技巧与同行业其他商人竞争的努力；大规模扩展集市的行动计划；商业利益提升到国家事务的重要地位；尤其重要的是，在商业活动中想赢利的欲望成为压倒性的动机。（Lopez, 1952: 320）

为了促进贸易，设立了银行机构，创立了复式记账等技术手段。这些资本主义技术后来被认为具有重要意义，因为它们被意大利商人（其中许多人主要是支持教皇制的再分配制度的收税员）向北传播到欧洲。随着城邦国家的崩溃以及随后16世纪地中海贸易的衰落，这些技术一直传播到更北的国家并得到保存。

关于意大利城邦是否能被恰当地称为资本主义国家的争论没有启发作用。再分配仍然是整个经济一体化的基本模式，资本主义没有实质性地渗透进生产关系。但另一方面，通过商人资本的流通，资本主义技术占有了剩余。认为再分配仍然占主导地位意味着自我调节的市场活动要么不存在，要么只是一个次要特征。虽然存在着一种价格体系，但无论在北欧还是南欧，价格反映的是供求状况的平衡，而不是消费者和生产者作出反应的信号。商业利润完全取决于商家将供给与需求相匹配的技能，由于农业生产和大多数工业生产不是按照商业规则组织的，商人必须充分利用不断变化的条件——实际上，这正是被组织起来的商人技能要做的事情。价格信号本身也受到外部干扰（金银供应的变化、货币贬值等）。商人活动局限在长距离和地理上互补的贸易，这也使得价格信号作为行动指南而言有点无关紧要，因为竞争减弱了、不确定性很大。然而，在13、14世纪，洛佩斯所说的长途贸易"内部"区域（主要是地中海边缘地区）的相对稳定性给这种贸易带来了不同的特点：

> 这是一个高度竞争的市场，成功主要依靠效率、速度以及对运费、通行税和营销条件的仔细权衡。即使根据现代标准判断，当时的投资也相对安全，利润通常稳健……利润率的下降和运输量的大幅增加加快了商业技术的发展，并且慢慢削弱了行商相对于坐贾的优越性。

第六章 城市化与城市：深度阐释

然而，这种"内部"长途贸易仍然独立于地方贸易和地方生产，但真正的现代价格垄断市场却可能从这种贸易中产生。直到 16 世纪初威尼斯的衰落时期，自我调节的区域一体化经济的轮廓才开始出现，但这种经济仍然没有与城市工业生产或长途贸易相结合。

欧洲向新生产方式的转型是在通过商人资本主义运作而使旧生产方式解体的基础上产生的，而这种转型取决于从城市中心本身消除的条件。在中世纪欧洲，马克思看到了两种可能的发展趋势①（《资本论》第三卷）。第一种发展趋势是一条"真正革命化的道路"，涉及生产者成为商人和资本家。第二种发展趋势是扩大商人资本对生产的控制，但这种发展趋势本身不能成功地改变生产方式。工业资本主义的到来只能等待着生产者向资本家和商人的转型。然而，封建社会的所有经济和制度形式都是为了防止这种转型。因此，生产者成为商人和资本家之前，必须消除封建秩序造成的众多障碍。这正是商人资本完成得最出色的任务。

商人资本主义是一种不稳定的力量。商人资本不断受到诱惑，最终也不得不扩大对生产的控制。商人资本主义寻求扩大生产，因为要维持利润水平，就必须始终增加剩余流通。这种扩张将经济从旨在生产使用价值的生产基础转型为旨在生产交换价值的生产基础，这在一定程度上解释了商人资本参与生产时的"后向一体化"。另一个也许更有说服力的原因是，如果要维持

---

① 马克思，恩格斯. 马克思恩格斯全集（第 46 卷），北京：人民出版社，2003，第 373 页.

经济发展的差异，商人资本需要依赖垄断贸易特权，而垄断贸易特权在日益激烈的竞争面前变得越来越难以维持和监管，因此，获得对生产的控制变得非常重要。商人资本对生产的控制——在中世纪的佛兰德斯、威尼斯和佛罗伦萨，在许多较小的城市中心和乡村地区（例如，英格兰乡村毛纺织业）——没有彻底改变资本主义的生产组织。它催生了新技术，但基本任务是控制供应源，而不是将供应源资本化。

我们解释中世纪城市化和随后向工业城市化过渡的能力取决于我们能否区分从封建主义、商人资本主义到工业资本主义过渡的关键点。如果我们的解释正确，那么我们可以识别出这个进程中的两个重要阶段：

　　i. 建立区域性、全国性和最终超国家的空间经济，可以通过价格垄断市场运行来调动资源、人员和产品；

　　ii. 市场交换渗透到生产的方方面面，而不是在商人资本主义下渗透到分配领域。

第一阶段在商人资本主义下大体上完成，而第二阶段需要进一步革命。封建社会的再分配城市化与商人资本主义的城市化之间的区别几乎完全在于后者实现了高于和超越封建时代地方主义的空间一体化。在这个有效的空间中，剩余价值可以在商业中心积累，且可以建立资本主义组织的所有金融陷阱（例如，通过技术金融专有知识）。例如，到15世纪后期，荷兰人组织了一个完整的区域空间经济，为挑战和击败汉萨同盟的贸易垄断提供了竞争优势（Postan, 1952: 251—253）。16世纪末期的尼德兰革命象征着商人资本主义最终决定性地摆脱了旧有等级社会的控制。商人在西班牙征服尼德兰南部（尤其是扰乱了安特卫普的贸易）之前逃离，大量财富、人口和专有技术突然涌入阿姆斯特丹，使其变成完全独立的由商人资本主义统治的中心。伦敦周边经济的空间一体化遵循了类似的路径。从16世纪初开始，通过价格垄断市场的运营，成熟的农业经济得到扩散，满足了伦敦的粮食需求（Fisher，1935）。这个"农业密集岛"的增长在价格垄断市场发展中扮演重要角色，因为价格垄断市场在这个领域最容易发挥作用。到了17世纪初，作为商人资本主义的中心，伦敦与阿姆斯特丹的地位相当。

然而，英格兰和荷兰之间有一个根本区别，这对理解资本主义转型意义重大。马克思提出一个简明的解释，这被后来的大量研究（参见 Wilson，1941，1965）所证明：

> 不是商业使工业发生革命，而是工业不断使商业发生革命。商业的统治权现在也是和大工业的各种条件的或大或小的优势结合在一起的。例如，我们可以拿英国和荷兰来比较一下。荷兰作为一个占统治地位的商业国家走向衰落的历史，就是一部商人资本从属于工业资本的历史。①（《资本论》第三卷）

一旦商人资本主义解决了封建主义的问题，一种新的生产方式出现的条件便已成熟。商人资本主义不增加生产就不能继续其扩张之路，所以商人资本主义偏爱生产组织中任何有助于扩大剩

---

① 马克思, 恩格斯. 马克思恩格斯全集（第46卷），北京：人民出版社，2003，第371—372页。

余价值流通的东西。因此，商人资本主义不抵制工业资本主义，而必然抵制封建秩序。然而，城市中心整体上仍然由等级社会主导，而且，和封建时代大部分时期一样，制造业是受管控的。整个中世纪时期制造业的历史就是强大的行会管制史，人们依据声望、地位和伦理价值的准则而不是通过工资制度来安排活动。当然，工资制度确实发挥了作用，但工资通常由城市当局或通过国家干预来调节。因此，工业活动经常被迫在远离城市影响和管制的乡村地区寻找场所。例如，英国的毛纺织业经历了几次搬迁。直到中世纪晚期，工业生产才开始利用某些资本主义组织形式（生产牟利、投资、投机、信贷融资和期货等）。这种组织无疑通过商人资本主义的运营被带入工业之中，而商人资本主义有时甚至能创造大量的无产阶级（例如，在工业活动鼎盛期的佛罗伦萨和低地国家）。然而，这不是一条革命之路。最终征服商人资本的工业化并不是一种城市现象，而是导致创造出一种新的城市化形式的现象——这是曼彻斯特、利兹和伯明翰从无关紧要的村庄或次要的交易中心转型成具有巨大生产能力的工业城市的过程。必须补充的是，在这个过程中，曾经占据主导地位的贸易中心由于受商人资本主义特有伦理以及基本上是寄生的经济功能的影响，在经济和政治上的意义逐渐减弱。阿姆斯特丹败给了伦敦，布里斯托尔败给了伯明翰。自我调节的市场活动渗透到工业和农业生产之中，创造了新的城市中心以及新的城市化形式：此时阶级分层成为最显著的特征，取代了部分基于分层（根据支配财产权和一般生产权的法律条文）和部分基于传统等级社会标准的老式分化。

中世纪和商人资本主义城市的建成形式反映了当时的社会秩序类别,其与新工业城市的社会秩序完全不同。在中世纪早期,堡垒、宗教机构和市场这三个主题随处可见。在商人活动渐渐占据主导地位的后期,较大的城市逐渐形成一种生态结构,表现出相当大的居住隔离以及活动隔离。这些模式与其说是劳动者职能隔离的结果,不如说是中世纪秩序的声望等级中相对地位的领域和符号表征(Sjoberg, 1960)。即使是较大城市里独特的工匠住宅区也反映了他们对声望的考量和对经济必需条件的考量(这是通过日益精细的劳动分工强加于人的)。一些活动,特别是那些涉及重型材料运输方面的活动,在选址时就考虑了区位有效性。然而,财富是声望的标志,而令人羡慕的区位大多数情况下都靠近中世纪再分配城市的象征性中心。土地价值反映了对高档地段的争夺。然而,在等级社会城市土地市场中是使用决定交换价值,这与后来由投资回报决定使用的情况形成对比。当然,在城市土地市场中存在大量操纵行为,而且食利者的职业既受到青睐又享有声望(更不用说收入丰厚和工作稳定了)。

　　总之,中世纪城市的空间结构反映了等级社会的典型标准。建成形式反映了等级社会中的位高权重者必须利用空间和建筑形式来表征权力或宇宙意象,以继续呼吁对其给予道德支持。构建城市结构的鲜明特征是为了反映时代的特有价值观——这种价值观是占主导地位的生产方式的意识形态表达,是其经济社会一体化特色模式的反映,有时也是全新生产方式出现的预兆。

(3) 当代资本主义世界的市场交换过程与大都市化

马克思将现代历史的特征描述为"乡村城市化"是简单但真实的。在《共产党宣言》中，马克思和恩格斯也写道：

> 资产阶级使乡村屈服于城市的统治。它创立了巨大的城市，使城市人口比乡村人口大大增加起来，因而使很大一部分居民脱离了乡村生活的愚昧状态。正像它使乡村从属于城市一样，它使未开化和半开化的国家从属于文明的国家，使农民的民族从属于资产阶级的民族，使东方从属于西方。资产阶级日甚一日地消灭生产资料、财产和人口的分散状态。它使人口密集起来，使生产资料集中起来，使财产聚集在少数人的手里。① （《共产党宣言》）

自我调节的市场交换经济渗透到社会活动的各个方面，特别是渗透进生产领域，使资本主义形式摆脱了城市的限度，开始在国家范围内进行，继而在国际范围内进行经济一体化。市场活动由等级社会的道德标准主宰的现象最后终止。整个社会现在基本上由自我调节的市场来管制和塑造。从技术和经济上看，这使得货物生产可以经过无数阶段、各个行业之间和之内的联系激增、生产最终产品需要的交易数量极大增加、劳动分工潜力也大幅增加。此时，按普遍交换价值形式指定的剩余，可以通过各种新方式来创造和占有。结果，流通中的产品总量以及剩余价值大幅增

---

① 马克思, 恩格斯. 马克思恩格斯文集（第2卷），北京：人民出版社，2009，第36页。

加，城市中心及其容纳的人口也大幅增加。

发达资本主义国家过去与当代的城市化表现形式之间存在重要的差别。"当代大都市化"融入非常复杂的全球经济中。这种经济等级森严，地方中心主宰内陆地区，更重要的大都市中心主宰较小的中心，所有共产主义国家之外的中心都最终从属于北美和西欧的核心大都市地区。勒施在自己的著作中对这种经济结构在理论和经验上的阐述最为深刻，他认为，这种经济结构必须从剩余占有和提取的角度来解释（Lösch, 1954）。弗兰克对拉美历史的假设和记录中关于空间组织的解释与勒施分析中所作的阐述相似，但他是按照当代资本主义**运作方式**来理解的。这种解释依赖于：

> 一种剥削关系，这种剥削关系以连锁方式将资本主义世界与各国大都市之间的资本主义联系扩展到区域中心（它们可以利用其部分剩余），并且从区域中心再扩展到地方中心，以此类推扩展到大地主或商人，有时甚至从这些人扩展到被他们所剥削的无地劳动者。其中，大地主或商人从农民或佃户征收剩余，而无地劳动者则被其剥削。在此过程的每一步上，相对少数的资本家对下面多数人行使垄断权，使用其部分或所有经济剩余，这些资本家的所得不再受更上层资本家的占用，而是将其据为己有。因此，在每一个阶段，国际、国内和地方资本主义制度都带来了少数人的经济发展和多数人的经济不发达。（Frank, 1969：31—32）

富国愈富、穷国愈穷的趋势一直是详细考究的主题

(Myrdal, 1957)。在与这种倾向相关的剩余流通的整体结构中，城乡对立的涵义在发生变化。例如，法农①认为，殖民地世界中的城乡关系由殖民国家在剥削链中的特殊地位重构，对此弗兰克说：

> 殖民地情况的独特性是，经济事实、不平等和生活方式的巨大差异从未掩盖人的事实（human realities）。如果近距离细察殖民地情况，很明显，把世界分成不同部分是始于对人种或物种的区分。在殖民地，经济基础同时就是上层建筑，原因同时就是结果。你富有，因为你是白人；你是白人，因为你富有。这就是每次我们在面对殖民地问题时，马克思主义的分析总是略需扩展的原因。(Frank, 1967: 31—32)

由此产生的城市结构存在很大差异：

> 殖民者的城市构造坚固，都由石头钢筋建成。那里灯火通明，街道铺满沥青，垃圾桶吞掉所有看不见的、不知道的、没人想到的残渣……殖民者的城市里人人吃饱喝足、态度平易随和；这里人的肚子里都是美味佳肴。殖民者的城市住的是白人、住的是外国人。被殖民的城镇……是臭名昭著的地方，住的是声名狼藉的人。他们出生在那里，至于生在哪里或者如何出生无关紧要；他们死在那里，至于死在哪里

---

① 弗朗茨·法农（Frantz Omar Fanon, 1925—1961），法属西印度人，精神病学家和政治哲学家。他的作品关注殖民化的精神病理学以及非殖民化对人类、社会和文化的影响。在后殖民研究、批判理论和马克思主义领域具有影响力。

第六章 城市化与城市：深度阐释

或者如何死的无关紧要。这是一个空间狭小的世界；人们挤在一起居住，他们的小屋上下相连。当地的城镇充满饥饿，缺乏面包、鞋子、肉类、煤炭和电。当地的城镇是蜷缩的村庄、跪倒的城镇、在泥潭里挣扎的城镇，是黑人和肮脏的阿拉伯人居住的城镇。（Frank，1967）

这里的城乡对立已经被"排除在殖民主义优势之外的当地人与设法利用殖民剥削的对手之间的对立"所取代（Frank，1967：89）。中国、阿尔及利亚和越南的城乡之间的历史斗争必须用这些术语来解释，我们的城市化观念必须相应地进行修改。

虽然剩余的主要使用流向是从欠发达国家向发达资本主义国家，但是发达资本主义国家的诸多大都市中心由于当代大都市"交易最大化系统"对剩余价值的占有过程而内部分异。无论是经济的哪个门类，第一产业、第二产业（制造业），第三产业（分配和服务业）还是被称为第四产业（金融和货币操纵活动）的部门，剩余价值可以在每个交易阶段被提取。在这些交易中，不容易区别生产性活动和非生产性活动。但是，随着大都市地区的规模和重要性增加，通过社会不必要和非生产性交易提取的剩余价值的比例也增加了。因此，当代大都市似乎很脆弱，因为如果剩余价值配置到中心的速度（如果要维持利润水平）超过社会产品创造的速度，那么金融和经济崩溃就不可避免。金融投机不是生产性活动（虽然有些人认为它有助于协调生产活动），而货币的价值只在于它能购买到的东西。所有的活动必须最终通过将自然存在的物质简单地转化为对人类有用的物品来得到支持——拨款必须与生产社会所需要的商品与服务相关，否则利润率必然下降。

发达资本主义国家这种当代大都市的脆弱性源于以下事实,即社会所需要的商品和服务的生产(使用价值的生产)在很大程度上是在世界其他地区完成的——只有在工业制造和提供马克思认为"非生产性但社会必要"的服务中,当代大都市才能为创造财富作出巨大贡献。这种脆弱性可以依靠价格机制的有效性来缓和,通过自我调节市场的协调活动,"看不见的手"确保剩余流入都市中心。然而,西方经济思想分析中设想的完全竞争是一种破坏力。事实上,社会的所有方面都受到市场交换体系潜在破坏力的威胁。波兰尼这样说:

> 使市场机制成为人类命运及其自然环境的唯一主宰,甚至是购买力的数量和使用的唯一主宰,将导致社会的瓦解。这是因为,对于所谓的商品而言,"劳动力"安排、无差别使用或者不使用必然会影响到正好是这种特殊商品持有者的人类个体。在处理人的劳动力时,系统会顺便处理依附在该标签上的身体、心理和道德实体的"人"。失去文化制度这一保护层,人类将因社会暴露的影响而灭亡;人将因不道德行为、心理扭曲、犯罪和饥饿而死,成为剧烈社会动乱的受害者。自然界将被破坏,邻里和景观被玷污、河流被污染、军事安全受到威胁、生产粮食和原材料的能力被摧毁。最后,购买力的市场管理部门将定期清算商业企业,因为货币短缺或者过剩对商业都是灾难性的,就像洪水和干旱对原始社会是灾难一样。(Polanyi, 1944)

第六章　城市化与城市：深度阐释

自19世纪初以来，自我调节市场经济的破坏性趋势在资本主义历史中非常明显，其影响在当代大都市和在早期工业城市一样明显。因此，资本主义社会及其所产生的大都市中心的存续取决于通过自我调节市场的运行所表现出来的一些抗衡力量。在某种程度上，这些抗衡力量在于重建互惠和再分配，以发挥对市场交换破坏力的遏制作用。但在某种程度上，市场交换体系也是很有组织的，其中包含某些抑制因素，这些抑制因素本身能够用于避免（至少在一段时间）其最具破坏性的方面。其中两个最重要的特征是各种形式的垄断控制（垄断、寡头垄断、卡特尔协议、非正式非竞争协议等）和快速的技术创新。

垄断形式和技术创新以一种非常重要的方式相互联系。垄断最终必然导致自我调节市场的挫败，从而导致资本主义经济制度的崩溃。创新活动开辟了新的活动种类和新的生产类型（可以进行竞争性组织），从而使自我调节市场可以产生新的活动，并最终取代旧的（通常是垄断的）活动。创新、竞争性增长、垄断和取代似乎是资本主义历史上相当标准的顺序。技术创新也可以帮助延续寡头垄断，因为企业可以通过创新开展竞争而不是通过价格竞争。

经济组织的垄断形式和技术创新对于理解当代大都市城市化具有重要意义，特别是当它们相互关联时。大都市为技术创新的运用提供领域，也为大型公司的运营提供场所。同时，大都市的组织结构反映了垄断组织形式在某些活动领域日益增长的力量。

垄断的生长本身是一个需要面对的问题。一方面，资本主义理论家们认为，垄断是对传统秩序和价格垄断市场的持久化能力的威胁。一些马克思主义理论家认为（Baran and Sweezy, 1968），垄断是长久以来避免资本主义崩溃的原因。事实的真相是，垄断产生着竞争，竞争产生着垄断①（《哲学的贫困》）。对于资本主义制度而言，垄断一直至关重要，财产关系保证了对生产资料的有限获取，从而保证个体垄断至少对一部分社会生产资源的控制。竞争从来都不是开放和自由的，而是以许多地方垄断的竞争形式出现，经过一段时间，可以巩固发展成更大的垄断。历史上，城市中心一直是垄断权力的中心，甚至在资本主义下，这种城市重商主义也没有消失。凡勃伦认为，19世纪美国的乡镇基本上是批发、零售和农产品运输的垄断控制中心（Veblen, 1923）。万斯同样提供了在资本主义市场交换条件下的垄断权和城市角色的案例（Vance, 1970）。因此，城市中心和垄断权之间的联系似乎相当普遍。当然，过去50年中真正变化的是垄断企业的**规模**；而毫无疑问，这种规模的变化在当代大都市化的社会形态中产生了某些质的变化。自我调节市场一直在法律和制度的约束下运作，但它现在经常给人的感觉是似乎市场价格是由几个强大的既得利益集团决定和控制的，它们使用自身的权力，就像以前的威尼斯贵族通过市场交换活动表达他们的道德和社会规范一样。

不过，当代的垄断形式差别很大。大公司对市场的控制作用大多是虚幻的。在自我调节的市场经济中，剩余价值必须回到流

---

① 马克思，恩格斯．马克思恩格斯文集（第1卷），北京：人民出版社，2009，第637页。

通中以创造更多的剩余价值。现在剩余价值的流通速度很快，财富按照流通速度来衡量而不是用存储产品的绝对量来衡量。财富不再是有形的东西，而是由对未来流动的票据权利或过去流动的债务和未清偿债务支持的当前流动速率表（在未来一段时间内资本化）构成的。作为交易最大化系统的大都市在许多方面反映了这一点，其中最明显的莫过于其所包含结构的不断增加的物理不稳定性，因为经济需要更快速的剩余价值流通以维持利润率。无论大公司是否喜欢，都会陷入这一过程：它的目标必须是保护并提高其流通剩余价值的速度，除此以外别无选择。这个目标是可以实现的，在特定的生产线上有可能扩大剩余价值的流通（汽车工业已经成功这样做了 50 年）。但是，一旦扩张的前景下降，利润水平就会下降，财富（用资本化的流通速度衡量）就会被侵蚀。大公司可能看起来规模庞大，实力雄厚，但只有达到自我调节市场所规定的标准，它才能如此。宾夕法尼亚中央铁路公司破产不是因为它缺乏资产，而是因为可流通剩余价值的速度低于生存水平，并且因为其固定资产的票面价值不能被证明达到未来的预期收益。劳斯莱斯也曾有同样的问题。

为解决提高剩余价值流通率的问题而采取的最新制度性手段是组建金融企业集团。较小的企业集团通常起着"资产剥离器"的作用，但大型集团是特别大而灵活的金融机构，它们将资产从一条生产线转到另一条生产线——它们在许多国家灵活地在各种运营中"浮动"，接管有利可图的投资行业而脱离无利可图的企业（《关于企业集团的报告》，1971）。金融企业集团不认同任何一种活动，任何一个地方，甚至任何一个国家（它们是无地方的国际机构)。它们是对扩大剩余价值流通量和提高流通率的一种必要制度适应,是对利润率下降趋势的必然要求。

这些新的制度和法律形式以及自我调节市场所采取的特殊形式对当代大都市经济结构产生了深刻影响。城市化规模以类似的方式扩大到企业的扩张中。城市空间经济中的交易复杂性随着分工的增加而增加。如果没有大型公司和国家政府等大型机构的剩余价值的巨大集中,那么发达资本主义国家的大都市中心的人口和生产活动的地理集中就不可能。如果没有一个保护全球空间经济等级结构的复杂组织,来确保维护从内陆到城市中心、从较小中心到较大中心和从所有区域中心到资本主义活动中心的流动,这种集中就不可能实现。

垄断资本主义规模的不断扩大对城市结构的非常具体的影响也应该予以考虑。齐尼茨详细地介绍了其中的一些(Chinitz,1958)。他认为寡头垄断组织的大都市经济,如匹兹堡,不太可能培养企业家技能,也不容易接受资本主义企业家的迁入。可以断定,这样的城市不太可能孕育新产业,而倾向于只鼓励和应用那些能够有助于不懈地减少成本、提高效率和区分现存活动中的产品的创新。简·雅各布斯的悲叹无疑是正确的(Jacobs,1969),大型高效的企业(和政府活动)创造了城市环境,也抑制了蓬勃发展的、可以产生新的工作和技术创新的城市化。最富饶的环境是在那些聚集着工作机会、人才、创业和金融技能的环境,为资本主义创造和发明提供孵化温床。匹兹堡的历史与纽约的历史形成鲜明对比;伯明翰(英格兰)和曼彻斯特的历史也如此。只要垄断控制权抑制了特定区域的创新活动,便可以预见随之而来的新旧更替将涉及增长活动中心地理位置的变化和剩余流通地理模式的变化。

大型工业企业也旨在并通常"通过内部产生资金实现财务独立":结果是,"有多个分公司的大型企业内部积累的剩余资本在企业内的区际流动比在企业外的区内更强"(Chinitz, 1958: 285—286)。此外,银行和其他金融机构扩大了企业规模以使它们更容易与大型工业企业联系,导致它们发现:与大型工业企业联系比与小企业联系更容易,因为如果要开辟新的活动领域,小企业通常需要少量的高风险资本作为种子基金。这种集中的性质本身对于在大都市地区内的各种企业和活动中的剩余价值的流通非常重要。例如,1968年赖特·帕特曼的《关于美国信托银行业的报告》表明,机构投资者持有的1万亿美元资产中,信托银行持有四分之一。在调查的221个城市地区中,有210个地区75%左右的信托资产由三家银行或不到三家银行持有。例如,在巴尔的摩,可以得出以下结论:

> 巴尔的摩银行业、金融业以及大部分工商业都受到商业保险信托公司及与其密切关联公司运营的很大影响,甚至可能是主导和控制。(《关于美国信托银行业的报告》,第545页)

少数几家银行控制着特定大都市地区可用的大量投资资本。从大型金融机构到大型工业企业的剩余价值流通和再流通(通常在一个较为封闭的经济权力结构内通过互兼董事来表示)意味着,资金相对受限地流入新的生产形式或由于技术原因无法大规模组织的经济部门。微型或小规模组织的部门通常通过某种中介机构（如房地产公司、抵押机构、大型房东运营机构和小型企业贷款公司等）提供服务。以住房为例，大型金融机构和政府机构对房地产市场中的各种中介机构的政策，对新建、修复、维护、购房以及建设和购买的时间范围都有重大影响。大都市的物理结构在很大程度上是这些政策的具体结果。

垄断形式的影响远远超出了投资、生产和分配组织的直接后果。大公司得到保护避免了直接的对抗性竞争，同时拥有大量可支配的剩余价值，但面临一个迫在眉睫的问题，即找到一个吸收扩大产出的市场，以帮助提高剩余价值流通率。因此，公司必须创造、维持并扩大其产品的有效需求。可以采用不同方法。也许最成功的办法是创造一种需要，同时消除通过替代产品来满足这种需要的可能性。通过对城市建成形式的整体重组，已经创造和扩大了对私家车（以及石油产品、公路建设和郊区建设等）的有效需求，使得不买私家车就几乎不可能过一种"正常"的社会生活（除了交通过于拥堵使得私家车通行成本昂贵又困难的地区）。需要产生于对奢侈的追求。对汽车的有效需求（当代资本主义经济体的关键）应当保持和扩大，这一点非常必要。否则整个经济体内就会出现严重的经济动荡和金融动荡。例如，公共交通系统只能在不削减（或有效扩大）对交通设备的有效需求的情况下建立。如果公交系统突然完全覆盖美国，底特律就会出现大规模的失业，就会出现比20世纪30年代更为严重的经济衰退。当代大都市化的作用显然有两方面作用：一来可以处置剩余产品，同时可以操控有效需求。剩余产品经常被大量地用于城市的建成形式（以纪念性建筑等形式出现）。但是，如果要维持资本主义经济，现有城市化**必须**创造不断扩大的消费。资本主义社会的国民生产总值的大部分增加实际上与整个郊区化过程密切关联。

计划报废是维持有效需求的另一种手段，在扩大剩余价值流通率方面尤其重要。在再分配城市中，建筑物的实际使用年限很重要，而许多建筑物是永久性建筑。然而，在当代资本主义城市中，经济使用年限很重要，这种经济使用年限正在缩短，因为有必要提高剩余价值的流通率。好端端的建筑被推倒为新建筑让路，而这些新建筑可能经济寿命更短。导致大都市经济中拆除和建设的不单单是对新事物的文化热情（在美国尤其明显）。这更是一种经济必要性。缩短产品的经济使用年限是加速所有经济部门的剩余价值流通的典型策略之一。这在房地产市场运行中最为复杂，因为在郊区土地和建筑上的投机性投资以及在土地利用转型过程中为了实现盈利，刺激了某些地区对住房和商业地产的需求，同时切断了资金流入其他部门的渠道（参见第五章）。

有效需求最终取决于消费。如果我们不承认这种观点，即人类对消费品具有天生的、无法满足的欲望（不同于文化上灌输的商品拜物教），那么我们就不得不考虑有效需求的起源。在全球经济中有一个明显的答案：真正的需要和未实现的需求显然到处都有。在大都市经济的内部，贫困人口未满足的需要也存在巨大的潜在有效需求。在美国，这一人口是巨大的：1968年有500万左右的家庭被官方定义为生活在贫困之中，其中一半居住在大都市地区（接近贫困线、在贫困线上和贫困线下的数字甚至更大)。这种贫困人口具有双重功能:他们可以被视为一支产业后备军(用马克思的话说),既可以在工资纠纷中作为对有组织劳工的威胁,也可以在扩张时成为可以利用、在收缩时可以放弃的剩余劳动力。马克思提供了一种分析资本主义积累和相对过剩人口生产相联系的机制①(《资本论》第三卷,第23章)。生产的产业后备军由三部分组成。前两个部分,马克思称之为流动的形式和潜在的形式,是那些没有充分就业或可以在必要时被纳入劳动力的群体(如妇女)。但是,发达大都市经济体中的大部分贫困发生在不能加入劳动力的人群中,如老人、女性户主等。这些部分,马克思在产业后备军中称为停滞的群体,他们通常依赖福利来生存,因此可以被看作通过政府政策操纵有效需求的工具。

因此,贫困人口在资本主义经济体内起着稳定器的作用;这种稳定器建立在人类的苦难和损害之上。贫困人口可以被视为劳动力商品化下创造稀缺的体制的产物,其中有些人被顾及,有些人被抛弃。似乎不可避免的是,在资本主义制度内消除贫困的努力会通过自我调节市场的调整被自动抵消。资本主义社会的收入分配在某种限度内由结构决定。由于自我调节市场导致不同的收入群体占据不同的位置,我们可以把城市住宅结构中的地理模式视为资本主义经济结构条件的有形地理表达。因此,当代大都市中的居住隔离与典型的再分配城市中的居住隔离根本不同,后者主要是象征性的。

---

① 马克思,恩格斯. 马克思恩格斯全集(第44卷),北京:人民出版社,2001,第738—742页。

第六章 城市化与城市：深度阐释

资本主义企业规模不断扩大以及由此产生的产品数量的不断增加；大规模而非地方性的垄断的形成；为确保对产品的有效需求而产生的新需要；为提高剩余价值流通率而进行的计划报废；为确保维持结构性稀缺而精心设计的机制——这些只不过是资本主义为解决自身产生的困难而采取的一些调整手段。然而，这些调整手段并未改变其基本特征。自我调节市场在新的制度环境中运行，但其发挥功能的方式基本相同。这种经济一体化运作模式的后果在当代大都市化中都是显而易见的，无论是在贫困国家的边缘地区还是在资本主义大都市的贫民区。这些后果不能通过回归到某种理想化的个体主义资本主义体系来抵消，因为这种体系从来都不存在：资本主义一直充斥着垄断。此外，这样的体系无法被创造，因为要这样做的话等于释放一种不可控制的破坏力；正如波兰尼简明指出的，这样做将破坏城市化社会的基本构造。正如简·雅各布斯和杰斐逊民主派人士似乎都在做的那样，倡导一种更开放、更个体主义的资本主义，不仅是提出一种与资本主义真正内涵的历史证据相矛盾的体系，更是提出一种（一旦被创造出）几乎肯定会毁灭所有文明社会的体系。

发生在社会组织内的围绕自我调节市场经济所致问题的内部调整，一直伴随着其他许多调整手段，特别是重建互惠和再分配，作为制衡力量来应对对抗性市场交换中的潜在破坏力。

（4）当代大都市制衡市场交换力量的再分配与互惠

无论何时何地，只要自我调节的市场对城市空间经济的组织施加影响，政府都会调整其功能以支持和遏制这种影响。例如，阿萨·布里格斯描述了城市政府在英国第一次工业化浪潮期间如何发挥再分配功能（Briggs, 1963），提供那些私人企业家认为无利可图的公共物品和服务（如下水道和卫生设施），以及在一定程度上减轻工资制度对社会最贫困群体造成的最严重影响（通过调整工作条件和住房条件等）。这些政府干预起初无足轻重，但随着时间推移却变得越来越重要。公共物品（有时是私人物品）的公共供给，连同"为了公共利益"而对城市社区进行的私人和公共规划，现在对于塑造当代城市地理具有重大意义。公共或准公共项目，如城市更新计划和新城镇建设，也有助于把早期工业城市的个人主义乱象，以及如沃纳所说的美国城市"私有化"（Warner, 1968），改造成城市多元主义，其中公共部门充当潜在破坏性市场交换的抗衡力量，同时为资本主义形式的生存提供必需的结构条件。政治和官僚体系在自我调节的市场经济中一定程度上发挥了再分配代理人的作用（参见第二章）。

需要对这种再分配活动的间接影响作一些解释。资本主义国家政府干预有两个主要目标：其一是保持市场交易正常运行，其二是改善源自自我调节市场带来的破坏性后果。第一个领域的各项政策包括旨在维护制度化稀缺的强制性手段（国外军事力量和国内警察力量）的建立，到直接对金融机构的支持，再到建立各种机制保持市场功能自我调节系统运行。在后一个方面，政府可以进行干预，要么是为了在一个越来越依赖长期大规模投资的经济中吸收风险，以保持其结构，要么是为了防止（在某些情况下鼓励）特定经济部门中垄断的出现。这些政策会产生各种各样的影响；实际上，其目的是根据具体情况实现不同的目标。国家在城市化社会中发挥的作用越来越大，这一点必须在资本积累日益增长、生产力不断扩大、市场交换日益渗透和全球范围"乡村城市化"的背景下加以理解。国家与超国家组织（我们可以把国家联盟也包含在内）一起，必须在各种危机发生地进行干预，其中大多数危机是由资本主义内部力量产生的。国家干预发生在国际层面，对资本、劳动力、资源、货物和服务的流动设置人为障碍，国际货币体系内的技术操纵主要通过一种不平等交换的强制模式（Emmanuel，1972），来维持弗兰克所称的"剥削链"（Frank，1969）。20 世纪国家干预的力量和重要性不断增强，这一点必须视为对资本主义"永久革命力量"的回应。

在国家内部，国家政策对当代大都市的建成形式产生相当大的影响。例如，美国联邦住房管理局成立于 20 世纪 30 年代，为住房抵押融资提供服务，但其主要作用是支持那些受到大萧条影响而深受困扰的金融机构。然而，其后果是刺激了郊区化，因为美国联邦住房管理局贷款主要用于为购买新住房而不是二手房提供融资（Douglas Commission，1968）。这一政策还导致住房部门的经济折旧速度加快，从而增加了剩余价值流通速度提升的可能性。这种政府干预似乎越来越必要，而且现在扩展到创造工作岗位和就业机会，以及生产和配置经济资源给"国家利益"领域（这通常意味着国防，但有可能且也确实扩展到健康、污染控制和教育等方面）。

为设法减轻市场交换带来的最坏影响，政府政策也可以使城市结构产生实质性的变化。人们已经认识到，竞争的最终结果是社会收入分配非常不平衡，这对生产资料占有者不利，因为它减少了有效需求，同时降低了劳动力的质量。因此，需要持续对收入和财富进行某种再分配。可以通过允许劳工组织起来促进这种再分配。否则，必须对流通的剩余价值进行部分征税。由于这部分剩余价值由社会的一部分人持有，并直接针对另一部分人使用，因此税收制度是累进还是累退，取决于向哪个群体征税和向哪个群体提供税收。征税和货物、服务和财政资源的公共提供非常复杂，而且资金是双向流动的。总体看来，社会再分配比实际情况更渐进有序，因为有许多隐性资金流和征税计划（特别是购置税和销售税）分布在其他方向。然而，这些领域的政府政策已经改变了失业、不充分就业（在许多美国城市中估计高达30%以上的劳动力就业不足）和无力工作的涵义。资本主义与福利国家政策的结合已经使大都市形式发生了重大转变。

当代城市化的出现反映了社会各群体可支配收入分配的不断变化。这种影响在英国和斯堪的纳维亚国家中最为明显，这些国家持续奉行福利国家政策。在这些国家，社会形成了一种二元结构，私营部门与公共部门有很大区别。这种二元性体现在实体设计之中。在英国城镇，公共住房与私人住房明显不同，整个公共部门提供的物品和服务也同样区别于卫生和教育等领域的私人行动。英国和斯堪的纳维亚国家的城市二元性在城市景观中非常明显，给那里的城市化带来了与美国的城市化不同的特殊性质。在美国，除非涉及到为社会最富有者的供应品，二元性在很大程度上被对私有主义的意识形态承诺所避免。面向富人的社会主义似乎是美国政府干预的组织方式，创造了一种不同于面向穷人的社会福利的城市结构。

第六章 城市化与城市：深度阐释

然而，福利政策如果推行过火，会对资本主义市场交换构成威胁。产业后备军必须存在于某个地方，原始积累也要在某个地方出现。瑞典通常被视为福利国家社会的榜样，它的例子在这里很有教益。瑞典消除了物质匮乏的最坏方面，但仍保持着资本主义的经济基础。在这方面取得成功，是因为瑞典利用南欧的产业后备军，并通过其与全球资本主义经济（例如与美国和英国的贸易）的联系间接实现了原始积累。瑞典实际上是全球资本主义经济的一个富裕郊区（甚至表现出许多典型郊区经济的社会和心理压力）。这个例子的寓意是，一块特定领域只要将其与资本主义市场交换相关的主要问题转移至其边界之外，就能够超越某一限度，在其福利政策方面获得成功。在一国领域之内，对福利国家政策的有效性没有限度，但是在整个资本主义的全球经济中，渐进式再分配有整体限度。

比起那些盲目地在宗教上相信社会主义可以无需根本改变资本主义生产而通过再分配政策得以实现的社会主义者，德·儒弗内尔[1]这样的评论家在这方面更具有洞察力（Jouvenal，1951）。再分配的限度是当它达到严重损害自我调节市场运行和剩余价值流通的程度。在像美国这样的大规模经济体中，难以将其所有负担转移至其他地方，而且再分配也不可能到达斯堪的纳维亚国家那样的程度。在像英国这样中等规模的经济体中，再分配的尝试可能会因为自我调节市场的自然调整而受挫。蒂特马斯和其他人

---

[1] 贝特朗·德·儒弗内尔（Bertrand de Jouvenel，1903—1987），法国哲学家、政治经济学家和未来学家。

已经表明事实确实如此（Titmuss，1962），英国再分配收入和财富的大量努力导致经济中收入分配结构的很小变化。政府可以且经常奉行各种政策，但是起支配作用的自我调节市场机制的补偿效应总是倾向于在市场交换和再分配活动之间实现某种"自然"平衡。这种平衡大概是维持资本主义社会经济基础所必需的。

这对比较城市研究产生影响。例如，瑞典、英国和美国的城市化之间那些表面上令人印象深刻的差异，在这种分析面前也基本消失了。瑞典的城市化可以被视为在大规模资本主义经济体系中的小型管辖区内可以实现的东西，因此必须与康涅狄格州（美国）或萨塞克斯郡（英国）的城市化进行比较。在所有这些地方，资本主义经济的许多特征性问题已经转移到其他地方。值得注意的不是城市化差别那么大，而是城市化在世界所有大都市中心如此相似，尽管在社会政策、文化传统、行政和政治安排、制度和法律等方面存在重大差异。在所有经济发达的资本主义国家，资本主义社会的经济基础条件及其相关技术给城市化的本质属性烙上了一个明确的印记。

虽然再分配活动通常等同于政府行为，但忽略某些其他方面是错误的，在这些其他方面中，等级社会的社会特征在当代资本主义背景下已被重组。市场交换将每个人都沦为商品。很少有人认为这是衡量他们自身价值的合适尺度或者确立自我认同的适当标准。许多人也没有觉得将自我完全定位在商品拜物教中是完全令人满意的，这种商品拜物教宣称"我就是我能买到的"（I am what I can buy）或"我就是我拥有的"（I am what I possess）。因此，其他价值尺度非常重要。在这里，旧的等级社会中固有的道德价值标准提供了一种明显的解决手段以反击市场没有人情味的、非人性的标准。相比于通过市场的商品关系提供的手段，地位、等级、声望和特权提供了更有吸引力的自我认同方式。因此，机构是分层组织的，政府和企业的官僚机构在内部是有序的，专业团体展示官方或非官方的声望排序，社会分工中的每个劳动部门都被组织成一个微型等级社会，而某些职业被不同的民族、种族和宗教团体认定为"高地位"。

等级社会的这些表现对于人们如何看待自己以及他们如何意识到冲突并解决冲突具有重要意义。源于社会经济基础的问题常常转化成用等级社会语言阐述的政治和意识形态问题。例如，失业问题可能会转化为就业市场中的种族或民族歧视问题。一般说来，城市政治和政府都渗透着这样的转化，但只要行动针对的是问题的转化而不是基础经济问题，我们就可以预料冲突解决的方式会是，在不触及其基础结构的情况下转移问题（有时是在地理上）；我们很容易设想，这就是当代资本主义国家政治的主要内容。

即使是用市场交换术语来解释问题，也存在一种根深蒂固的阻力，因为这样做就等于承认市场交换是社会价值的最终决定因素，人的存在条件使我们理所当然地反对这种观念。然而，只有当我们认识到我们的存在条件是什么，才有可能直面它们。马克思主义的异化理论正是针对这个方面的分析（参见 Meszároš，1970）。把市场交换问题说成是地位和声望问题只能让我们无法采取行动，从而有助于维持**现状**。不幸的是，正如艾略特①在《四个四重奏》中所说，"人类无法承受太多的真实。"② 或者换句话说，大多数人在大多数时间是错误意识的受害者。

对等级社会表象陷阱的普遍关注确实很真实，而且在城市空间经济中产生了具体结果。居于支配地位的组织和机构从层级和象征性上利用空间。创造出神圣的空间和世俗的空间，强调焦点，操纵空间来反映地位和声望。因此，当代城市展现了许多与再分配城市类似的特征，惠特利将其解释为反映等级社会道德的象征性结构（Wheatley，1969，1971）。例如，人们通常认为西方城市在其中心展示了一种活动焦点，因为所有市场活动到这里的可达性最大。但是在当代城市，这几乎不再存在（城市中心最为拥挤）。不过，各个公司在竞标时都想着声望和地位，中心仍然是很重要的场所。公司竞标的是声望、地位，甚至是位于资本主义城市**世界之轴**（axis mundi）上的神性，这按冯·杜能—阿隆索—穆斯无情冷酷的模型分析来看似乎有点奇怪，但比起它们为相对区位优势竞标的论点，这种说法可能更接近真相。

当代大都市的塑造会自觉主动地去迎合浅薄的等级社会外表。美国城市更新具有明显的象征意义和经济功能。其设计的目的一直是创造对资本主义社会主导体制的信任，并在实施过程中

---

① 托马斯·斯特尔那斯·艾略特（Thomas Stearns Eliot，1888—1965），美裔英国诗人、剧作家和文学批评家，诗歌现代派运动领袖。代表作品有《荒原》《四个四重奏》等。

② 本句出自艾略特《四个四重奏》的第一部《燃毁的诺顿》，在本诗中艾略特探讨了时间的意义。

自觉地使用了一种古老的技术,将"宇宙秩序的意象投射到人类经验层面上,在那里它们可以提供行动的框架"(Wheatley,1971:478)。考虑一下巴尔的摩的查尔斯中心城市更新项目,其中心是霍普金斯广场,仅供午餐时散步者以及偶尔举行的仪式聚会使用(城市博览会、年度反战游行)。广场南面比邻建筑物的一块纪念牌,联邦政府办公机构坐落于此;北边,略高、更优雅的建筑是商业保险信托公司(巴尔的摩的主要商业机构)。广场西边是一家生意不好的餐厅(谁会愿意在教堂里大吃大喝呢?),广场东边是一家精心设计的小剧场。正中心是给人印象深刻的喷泉。市政厅藏在广场之东四个街区外。大型商业建筑和一些高档公寓楼云集在中心的周围。这一切与惠特利对中国古代城市的描述真的不同吗?

> 最神圣的中央区域,即**世界之轴**,通常留作举行典礼仪式的场所。这个区域的建筑被限制为众神和精英的居所。在按照宇宙等级秩序构成的社会中,这些精英要么被认为是占据靠近神圣的位置,要么是举行典礼仪式技艺的专家。

虽然当代大都市住宅结构的基本轮廓是由竞标实力决定的,但其许多细微差别只能解释为个人利用等级社会的标准在均质化市场交换过程面前区分自己的结果。邓肯·蒂姆斯在《城市马赛克》中所描述的必须解释为叠加在市场交换和分层上的再分配与等级(Timms,1971)。人们试图通过各种方式来区分市场实际上带来的均质化。因此,城市空间经济充满了各种各样的伪等级空间秩序,以反映住宅区位的声望和地位。这些秩序对人的自尊非常重要，但与社会的基本经济结构并不相干。

按照再分配和等级社会在资本主义社会中重构的同样方式，互惠也以新的形式出现，作为一种制衡非人性化市场进程的力量。互惠最接近于在邻里和地方社区起到其传统作用。例如，在工业革命早期，它变得特别重要，当时的工人阶级社区形成了一种睦邻友好的互惠关系，这在很大程度上缓解了不合理的工资制度所产生的破坏。从此，社区意识作为工业城市中的一种保护手段一直很重要。在工业城市化的早期阶段，互惠通常基于延伸出来的亲缘关系、族群认同或宗教认同，或者在某种威胁之下的特定人口群体的集聚（例如，矿区的社区意识非常强烈）。流动性的增加和社会结构的快速变化已经大大削弱了这些联系。前者也意味着对任何一个特定场所依附的减少。空间上的邻近性、地理上的非流动性和社区中的互惠无疑相互关联。

城市社区的这种传统互惠形式的衰落（简·雅各布斯等作家对此深感遗憾）改变了城市社区的功能。在美国城市，种族纽带和紧密的社区结构在过去做了大量的工作来帮助抵制市场交换关系渗透到日常生活领域进而渗入社区内的人际关系。互惠的结果通常被认为在社区内部是有益的：比起基于一己私利的某种集体行为逻辑而产生的结果，基于互惠经济一体化模式的行为能为公共物品和服务的供给提供更为可靠的机制（参见 Olson，1965）。因此，基于社区中个人之间的相互尊重和相互支持的互惠可以有力抵制市场交换体系中隐含的人类商品关系。但随着这种传统互惠经济一体化模式的衰落，市场交换已经进一步渗透人际关系。

不过互惠并没有像许多观察人士认为的那样衰败。互惠已经演变出了若干新形式。社区里的"邻里行为"已经得到重新界定（Keller, 1969）；作为一种行为模式，互惠变得特别重要，在受到威胁的社区中由群体使之复活。当所有人都清楚地看到，基于个人利益的自我行为自动预示着失败时，互惠就出现了。城市社区针对公路清洁的威胁、附近有害设施的威胁、贪婪的房地产投机行为的加剧等所作出的政治反应都可以解释为互惠的出现。

在数不胜数的地方机构中互惠也可以蓬勃发展。地方政治俱乐部、商会、工会等组织内都有互惠行为的表现。这种行为可能是心照不宣的，将"投桃报李"的哲学理念付诸实践。无需共谋，无需明确的游戏规则，因为在因意识形态和务实原因而平等看待彼此的人或组织当中可能会产生不成文的行为准则。这一准则适用于政治和商业领域以及社会行动领域。大多数议会都有一定的"俱乐部"氛围，而商人们可以彼此关照，尽管他们可能名义上还是竞争对手。在这种情况下，互惠成为社会经济基础中的一种经济一体化模式。它在有限但非常重要的条件下运作，即每当竞争各方明显感到对抗性竞争对相关各方都会造成毁灭性打击时。巴兰和斯威齐注意到（Baran and Sweezy, 1968: 50），美国三大汽车公司是如何在互惠的基础上尊重彼此的，因为每一家公司都认识到另两方都有巨大的报复能力。因此，这是经过深思熟虑而制定的策略，旨在避免敌对性对抗和挑衅，取而代之的是互惠默契行为。类似的关系存在于超大型法人之间，特别是国际企业集团（如美国国际电话电报公司）和国家政府之间。每当竞争行为危及资本主义经济制度的生存时，行为的互惠便可能作为经济一体化替代模式出现。

互惠和再分配都是久经考验的经济一体化模式。这些古老的经济一体化模式和与之相关联的社会形态,不但没有因市场交换渗透到生活的各个方面而遭到抛弃,反而适应并承担起非常重要的新角色。我们不能彼此孤立地理解各种经济一体化模式。每一种模式都是根据其相对于其他模式所发挥的作用来定义的。城市化作为一种生活方式包括经济一体化的所有三种模式以及与之相关的社会形态。阶级和等级分化以及相互尊重和支持的模式,在当代大都市的生活中精细交织。同样,城市的物理结构反映了三者之间的独特组合。强调声望和地位象征的市中心、时尚的邻里、公共住宅区、盛行互惠且结构紧密的工人阶级或少数族裔居住区、因投机者和商业经营者将交换价值作为使用标准而破败的住宅和商业区,这些都是当代社会中存在的各种经济和社会一体化模式的具体表现。其中的细微差别很多,相互作用也很复杂。即使当代大都市的复杂性显而易见,但当我们谋求构建城市化理论,使其实际上既包括剩余价值集中和流通的必要性也包括构建经济一体化的各种模式可以有效运行的空间经济的必要性时,这些解释手段似乎也能很好地服务于我们。

第三部分

综 论

第七章 结论与反思

本书前六章的特征是分析,最后部分综论则力求提炼出一些结论。如果我们在方法重构、正确谈论城市化"理论"的意义重构以及在历史地理背景中重估城市化本质等问题上做足准备,这也就不是一个令人望而生畏的任务。但这些都是大问题。不过,由于书中各章都是按照思想和经验的演变路径而编排,所以力求得出一些可以作为前文内容镜鉴的结论似乎也合适。这些结论并非随意得出,它们必须出现在已经呈现的材料中,尽管是以掩饰和潜藏的形式。结论部分不宜引入新材料,但可重构已有的东西。

一、方法与理论

贯穿本书的恒久主题是寻求适当的方法和理论概念以便有效地研究类似城市化这种极其复杂的现象。因此,厘清方法和理论相关的结论似乎适合作为开始。

我确实认为,从马克思的著作中学到的最重要的东西是他的方法论。按照这种方法论,理论如水到渠成一样自然而然。马克思的方法论中包含了他的前辈学者著作中的某些特点:莱布尼茨和斯宾诺莎的普遍联系思维模式和世界统一性学说（马克思全盘接受了），黑格尔的辩证法，康德提出的无数有待解决的二元论，英国政治经济学家提出的考察社会物质生产活动的实践方法。马克思把这些以及其他分散的所有要素整合起来，建构了一种方法：将抽象理论和具体实践相融合，创造了一种理论指导下的实践活动，由此人能塑造历史，而不是被历史塑造。马克思看到了前人未看到的、困扰西方思想界的无数二元论（如人与自然、物质与价值、主体与客体、自由与必然、思维与身体、思想与行动），它只有通过研究甚至有必要创造人类实践才能解决。不幸的是，许多所谓的"马克思主义者"并没有理解这种方法论，因而错失了研究马克思的作品所获得的最宝贵的工具。幸运的是，马克思的著作就是检验这种方法的鲜活标准，而狭隘的教条主义不可能长期遮蔽它的内在力量。同样幸运的是，学术演变使一些"非马克思主义者"重新发现了这一方法论，或许皮亚杰是当代最杰出的代表。在其集成之作《发生认识论原理》、哲学著作《结构主义》与《哲学的机制与错觉》中，皮亚杰的方法论其实非常接近马克思所践行的方法论，他坚称，"问题的关键是融合而非影响"（Piaget, 1972b: 204），而这种融合正是本书各章所持观念，因而也必须解释它。

马克思的方法论包括哪些内容又如何展现？这些问题很难抽象化回答，因为方法问题只能通过其实践才能完全理解。但是，若愿意的话，我们可以建立一些标杆对其略加阐释。奥尔曼曾试图并已经为我们创立指南（Ollman, 1971, 1972），我相信他做得非常完美。所以，沿着奥尔曼的路线图，我将分两步考察每个阶段马克思的本体论和认识论,以探讨马克思的方法论如何影响了本书的分析。

1. 本体论

本体论是关于存在的理论。因此,若说某事物具有本体论的特征等于说它存在着。马克思在其著作中推演出一些关于现实世界结构化和组织化的基本假定。在奥尔曼看来,"马克思的本体论有两大支柱,一是部分内在关联构成整体的现实概念,二是通过充分拓展都可代表整体的部分概念"(Ollman,1972:8)。让我们审视这一论断。许多学者认为要理解社会必须把它视为整体,但我们对"整体"的看法不尽相同。第一种情况是我们把"整体"看作各要素的总和,或仅是各部分的总和,它并非由"整体"中预先存在的某种结构所造就;如果整体中出现某种结构(如阶级结构),那它会被解释为只是要素碰巧以某种方式结合在一起而已。第二种情况是,整体被视为独立于其所含部分而存在的"涌现"之物,但它又同时决定了部分的特点。在第二种情况下,解释必须聚焦于约束整体的行为法则,而无需参照各部分的情况。除上述两种情况外,还应考虑另一种情况:

> 除了原子式关联以及涌现式整体这两种图式,还有第三种图式,即运算结构主义(operational structuralism)。该理论从最初就采取了一种关系视角。根据这一视角,人的认知方式既非决定于诸要素也非决定于整体,而是决定于要素之间的关系。换言之,形成整体的逻辑步骤或自然过程是主要的,而非整体本身,因为这一整体只是结构或诸要素的系统

法则的必然结果。(Piaget, 1970: 9)

马克思可能会惊讶地发现他自己被描绘成一个"运算结构主义者",但他的整体观恰与奥尔曼所指出的第三种情况一致(Ollman, 1971)。这种整体观与莱布尼茨的并无二致,引导我们探寻整体如何构建及结构如何变化的问题。为了应对变化的问题,皮亚杰引入了**结构转型**的概念,认为"脱离了转型的思想,结构就坍塌为静态形式,失去任何解释力"(Piaget, 1970: 12)。因此,结构中要素间的关系被视为表达某种转型规则,通过它整体本身也逐渐转型。换言之,整体处于其内部各种关系的精心建构过程之中。

整体的最后一层意义与前两种差异很大,却是马克思和皮亚杰的共同之处。奥尔曼指出了这种观念如何影响了我们考量要素之间、要素和整体之间关系的方式(Ollman, 1972)。整体力图塑造部分,使每一部分运行以维护整体的存在和整体结构。例如,作为一种持续的再生产系统,资本主义制度力图塑造其内部诸要素和诸关系。因此,我们可以根据整体内部诸关系运行以保持和再生产整体的方式阐明这些关系。进而言之,因为每种要素(颇似莱布尼茨提出的单子)都是整体内部关系集合的基点,所以它们自身都能反映整体的所有特征。例如,劳动力和剩余价值这样的概念必须看作特定生产方式中出现的所有社会关系的反映。但是,这些关系不一定彼此融洽,它们时常会存在矛盾而产生冲突。转型发生在解决冲突的过程中,每一次转型意味着整体被重构,整体重构又改变了其中要素和关系的定义、意义和功能。新的冲突和矛盾不断涌现并取代了旧的。

第七章 结论与反思

按照马克思的本体论，研究必须导向揭示社会持续重构的转型法则，而非依循原子式关联的前提发现单独的"原因"，或是识别不受部分制约的整体变化的"阶段"或"描述性法则"。因此，马克思将我们的注意力引向社会内部转型的过程。他并没有咬文嚼字般地探讨原因，也没有像一些人认为的那样提出一种历史主义演变模式。例如，封建主义向资本主义过渡，并非马克思凭空设想和随意确定的演变模式中的某个阶段，而被视作封建社会为克服各种矛盾冲突和紧张局势而进行的**必要**转型。同样，辩证唯物主义并不是为了阐释现象而强加于它们之上的某种教条，而是一种力图识别社会重构的转型规则的**方法**。正如阿尔都塞和戈德利尔所指出（Althusser, 1969; Godelier, 1972），马克思的辩证法与黑格尔的辩证法的根本区别在于，后者不具有完全的整体观，所以不能将辩证法转化为用途广泛的工具，而仅是一种武断且无用的工具。

目前为止，我们将整体和结构大致视为同义词，并未考虑如何定义它们。如果简单地认为整体就是一切存在的事物，那未免过于轻率。仔细研究马克思的著作，就会发现他实际上从未持此观点。相反，他暗示我们，整体内部存在着各不相同的独立结构。结构并不是"事物"或者"行为"，因而我们并不能通过观察确定其是否存在。从关系角度定义要素，就是以一种从外部直接观察的方式阐释它们。确定某个可观察的行为（如伐木）的意义就是发现它与它所在的更广泛的结构的关系。随着我们观察视角的变化（例如资本主义或社会主义，或某种完全不同的像生态系统这样的结构），我们对它的理解也不同。因此，结构必须定义为一种由内部各种关系构成的、以自身转型规则运行且处于建构过程之中的系统。因而，要定义结构就必须理解塑造它的转型规则。由此，我们能得出两种截然不同的结构相互关联的方式。

通过转型，低阶结构可跃升为高阶结构。在这种情况下，内部分化过程使多层级结构涌现。因此，高阶结构可能和低阶结构并存。这似乎是一种恰当的解决关系问题的方法，比如牛顿力学和相对论，地方政府体系和国家行政体系的并存。但是，这种层级观似乎不足以解释生产方式和生态结构之间的关系，我们不能通过某种转型从这种结构中衍生出另一种。这表明了一条规则：当不存在衍生的转型时，结构可以视作彼此独立且可区分的实体。当然，分辨不出是否存在转型并不代表它不存在。事实上，思想史中这样的例子比比皆是，正是将看似不相关的结构整合起来才实现了转型（数学方面的案例尤其多）。但一般而言，在识别出转型之前，认为结构间彼此独立是明智之举。

运用这条规则的结果之一是，我们应该将结构**内部**的矛盾和结构**之间**的矛盾区分开来。例如，毛泽东区分了人民内部矛盾（如脑力劳动和体力劳动）与敌我矛盾（如不同所有制）（Mao, 1966）。两种不同类型的矛盾表现为完全不同的问题，需要不同的解决方法。近来，戈德利尔通过仔细考察马克思关于矛盾的著作，详细阐述了这一点（Godelier, 1972）。他认为马克思所揭示的矛盾多为内部矛盾，但部分根本性矛盾则属于结构之间的矛盾。例如，生产力与生产关系的结构矛盾被表述为资本主义生产日益增长的社会化与资本主义控制和消费长期不变的私有

第七章 结论与反思

化。同样,马克思经常强调,必须将上层建筑视作由一些独立的结构(政治、意识形态和法律等)组成,但它们不能相互衍生,也不能通过转型从整个社会的经济基础所在的结构中衍生出来。但是,结构可区分并不意味着它们是毫无关联的自行演变。因此,上层建筑内部结构各自演变是矛盾的根源,但经济基础与上层建筑内部各结构之间往往也存在根本性的矛盾。在强调经济基础的首要地位时,马克思提出了两个观点。其一,他认为结构之间的关系是它们自身在整体中以某种方式建构起来的。当社会的经济基础演变和上层建筑诸要素冲突时,上层建筑诸要素必须让位、被淘汰以适应社会经济基础。因此,整体中的一些结构比另一些更基本,所有结构可按重要性排序。显然,马克思认为物质生活的生产和再生产条件是最基本的,他坚决捍卫自己的观点。这也引出了他的第二个主要观点:当我们试图把社会看作一个整体时,最终一切事物必定与其经济基础内各种结构相关。换言之,物质存在的生产和再生产构成了我们探究整体中结构间关系的起止点。从这一有利的角度看,就有可能确定转型规则并理解看似独立的结构促成整个社会构建和重构的过程。

显而易见,马克思将整体与其所包含的结构区分开来。当然,把经济基础看作一切分析的基础是有争议的。现代环保主义者将生态系统置于首位。由此,对资本主义消亡的理解就如同戈德利尔对恐龙绝迹的"肤浅"理解:恐龙灭亡并不是因为"自身矛盾的自发性,而是因为其内部生理结构与外部生存条件结构之间的矛盾"(Godelier,1972:362)。马克思关注社会的经济基础时,并没有否定这类论断,也没有必然地假设经济基础高于其他一切可能与之冲突的结构。马克思特别指出，资本主义的生产方式会系统地削弱自身的资源基础，从而破坏资本主义赖以存续的基本条件。因此，社会整体的演变必须理解为结构内以及结构间矛盾的产物。这一主题贯穿马克思的著作，由其基本的本体论自然延伸出来。

这些本体论问题抽象地提出来都很难应对，但它们都是理解本书中许多问题的重要基础。我们是否应将城市化看作从社会的经济基础（或上层建筑要素）衍生而来的一种结构？或者，我们是否应将城市化看作与其他结构存在相互作用的独立结构？我暂时将这些问题放一放，因为它们是这一结论的第二部分的基础。现在，我将仅关注马克思的整体、结构、相互关联性和转型概念如何与本书汇集的材料关联。

例如，马克思主义者与非马克思主义者在城市起源上的争论，特别是关于剩余的争论，都可以追溯到本体论上的差异。根据马克思的理论，解决城市起源问题的唯一办法是探寻前城市社会存在的内外矛盾，并展现它们如何通过社会组织的城市形态转型而得以解决。这种转型要重构前城市社会盛行的诸要素和关系以构建新格局。而新要素和新关系又形成于新格局中。因此，剩余的本质和概念随着劳动、价值、自然、社会等现实的转型而变。这种变化引发新的、最终必须要解决的矛盾和张力（尤其是城乡对立）。因此，马克思分析的重点是结构内和结构间的矛盾以及随之而起的整体变化。这一概念与非马克思主义学者及一些"马克思主义者"编造的观点大为不同，他们通常在原子式关联的假定下工作，因而经常罗列城市社会起源的显著因素

(包括有些"马克思主义者"倡导的经济因素);抑或诉诸新兴的整体论思想(如涂尔干提出并被惠特利等学者重视的机械团结论和有机团结论)。因此,城市起源的争论主要是方法和尤其明显的本体论假定之争。一旦解决了方法的根本问题,大多数证据之争也烟消云散。

这种对比同样存在于本书第一部分与第二部分所用的方法上。有一个绝佳的例子说明这一点。第二章的主题是城市系统中实际收入的再分配,紧接着聚焦于"收入"的定义和涵义。虽然设计了实现收入再分配的政策,但它们可能会被社会定义和涵义层面的收入变化抵消,从而使分配回到原位。这就是整体塑造内部结构关系以保持整体结构的一个例证。要解决这个问题,我们需要扩展收入的定义。第二章中的定义"控制社会稀缺资源"还可进一步扩展,正如米勒和罗比最近在《不平等的未来》一书中所做的那样(Miller and Roby, 1970)。然而,所有的此类扩展都会遭遇相同困境。"资源"和"稀缺"都被社会界定,而"社会文化价值异质性对简单化的收入再分配理论是一场劫难"(参见上文,第81页)。拓展收入的定义并不能解决问题,只是转移了问题。此外,概念延伸的可能性并没有限制。概念意义的延伸和变化偶尔会有启发。例如,第二章赋予收入概念的社会文化条件并非随意确定,它们本身就是其他一些条件的产物,且以某种方式构建起来的。然而,因为我们未找到合适的方法,所以尚不能完全理解这种情况的全部涵义。在第一部分,社会被视为包含相互作用的部分的整体,但各部分以偶然的形式在一个聚合体之中相互作用。结果是,想要摆脱无形的相对主义并赋予收入概念更深刻涵义的努力从未成功。

　　第二部分的方法是不同的，因为此处适当的方法论是根据所处理的各种问题而定。社会渐渐被视为处于持续转型过程中的一系列结构。第六章中生产方式的概念包含相互冲突的多种结构，它是理解分配问题的关键。在一种生产方式中，意识形态不是以任意形式或瞬间产生，而是通过转型和压力而生，通过改变根深蒂固的思维方式，使重塑的意识形态能广泛支持社会现存的生产结构。因此，附属于互惠和再分配经济一体化模式的意识形态转型以满足基于市场交换的社会的需要。收入的定义随着意识的转型而转变。因此，收入的内涵和定义可看作特定生产方式的某种产物，它表征某一特定历史阶段存在的社会关系。重新定义收入概念时，蒂特马斯、米勒和罗比只是简单地寻求跟上社会中社会关系变化的步伐。而且，生产和分配相分离已不复存在。对于这一点，马克思说得最好：

> 生产、分配、交换、消费……构成一个总体的各个环节、一个统一体内部的差别。生产既支配着与其他要素相对而言的生产自身，也支配着其他要素。过程总是从生产重新开始。交换和消费不能是起支配作用的东西，这是不言而喻的。分配，作为产品的分配，也是这样。而作为生产要素的分配，它本身就是生产的一个要素。因此，一定的生产决定一定的消费、分配、交换和这些不同要素相互间的一定关系。当然，生产就其单方面形式来说也决定于其他要素。例如，当市场扩大，即交换范围扩大时，生产的规模也就增大，生产也就分得更细。随着分配的变动，例如，随着资本

的积聚，随着城乡人口的不同的分配等等，生产也就发生变动。最后，消费的需要决定着生产。不同要素之间存在着相互作用。每一个有机整体都是这样。① （《政治经济学批判》）

正是通过这种逻辑，第二章中无形的、不可避免的相对主义被挪开，而且不需运用像恩格斯所说的"永恒的道德和正义"那样的抽象原则。这一逻辑浸透第二章的大部分内容，也是第三章直接研究的主题，而最终在第四章中连同事实—价值之分一起被拒斥。因此，第二章所确认的不同进程将按照第二部分出现的不同方法论立场重新阐释。

作为一个按照内部转型规则内在各部分相互关联的整体，社会的概念不是高于事物的**先验**概念。马克思诉诸历史来证明和确定其本体论，并力求通过本体论所定义的方法实践来说明其优越性。这种实践运用了与众不同的认识论，所以我们必须沿着这条道路继续前进，以理解马克思的方法。

2. 认识论

认识论旨在揭示获取认识的条件和步骤。在马克思的著作中，本体论和认识论相互关联。知识是人类经验的一部分并产生于人类实践，它是整个社会的一种内在关系。意识和知识都是社会环境的产物，但获取知识是一种生产活动，因而它也是更一般

---

① 马克思，恩格斯. 马克思恩格斯全集（第30卷），北京：人民出版社，1995，第40—41页。

的社会转型过程的一部分。马克思认为:

> 因为思维过程本身是在一定的条件中生长起来的,它本身是一个自然过程,所以真正能理解的思维只能是一样的,而且只是随着发展的成熟程度(其中也包括思维器官发展的成熟程度)逐渐地表现出区别。① (转引自 Schmidt, 1970: 31)

在《政治经济学批判》中,马克思进一步阐释了他对知识产生的认识:

> 因此,对意识而言,范畴的运动表现为实际的生产行为……而世界是这种生产行为的结果;这——不过又是一个同义反复——只有在下面这个限度内才是正确的:具体总体作为思想总体、作为思想具体,事实上是思维的、理解的产物;但是,决不是处于直观和表象之外或驾于其上而思维着的、自我产生着的概念的产物。②

由此建立的概念和观点可以成为生产的物质力量。然而,为此需将仅以抽象形式存在的概念转化为人类实践。许多概念止步于此,但许多概念并不是为了"劳动过程结束时得到的结果,在这个过程开始时就已经在劳动者的表象中存在着,即已经观念

---

① 马克思,恩格斯. 马克思恩格斯全集(第32卷),北京:人民出版社,1974,第541页。

② 马克思,恩格斯. 马克思恩格斯全集(第30卷),北京:人民出版社,1995,第42页(根据哈维引文译者有删改)。

地存在着。"① (《资本论》第一卷)

构成马克思认识论基础的是主体和客体关系观,它是对我们探讨过的那些本体论概念的特定表述。主体和客体不被看作实体,而被视为一种相互关系。这一概念事实上与传统的经验主义所提出的概念截然不同。传统经验主义认为,"所有认知信息都来自客体,因为主体受教于自身之外的事物。"通常,很多**先验主义论**和天赋论者都认为主体"一开始就有影响客体的内生结构"(Piaget, 1972a: 19)。马克思和皮亚杰都拒斥以上两派的观点,而认同皮亚杰的以下这种"建构主义立场":

> 尽管其他动物并不能通过改变自己的物种来改变自身,但是人类可以通过改变世界来改变自身,而且能够建造结构来建构自身;这些结构就是人类本身,因为他们并非完全由内在或外在先天而决定的。(Piaget, 1970: 118—119)

因此,主体既建构客体又被客体建构,正如马克思在《资本论》中所指出:"(人)通过这种运动作用于他身外的自然并改变自然时,也就同时改变他自身的自然。"②(《资本论》第一卷)

我们可以从马克思的基本本体论和认识论总结出许多基本原则。这些原则能帮助我们形成非常明确的概念,比如,何为理

---

① 马克思,恩格斯. 马克思恩格斯全集(第44卷),北京:人民出版社,2001,第208页。
② 马克思,恩格斯. 马克思恩格斯全集(第44卷),北京:人民出版社,2001,第208页。

论？如何构建理论？马克思提到的"把直观和表象加工成概念"是通过观察主体后的反省和抽象进行。要理解这一过程的结果必须借助马克思的本体论。正如不存在亘古不变、放之四海而皆准的抽象真理一样，概念和范畴不能视作一种独立的存在。诚然，知识结构能按照其自身内在的转型法则而转变（包括第四章考量的科学内在的社会压力等）。但是，这个过程的结果必须由作为部分在整体内部所代表的关系来解释。概念在特定条件下被"生产"（包括已有的一套概念），但同时也必须被看作特定社会环境下的"生产主体"。概念、范畴和关系"真假"与否无关紧要。相反，我们必须要问的是，什么生产了它们？它们又用以生产什么？因此，第四章偶然发现了三种有区别的理论：一是引发变革的革命理论；二是产生于现状并有助于维系现状的现状理论；三是只会引起混乱、困惑以及挫折的反革命理论。而且，也出现了这样一种观点：这些理论反过来不能抽象地运用于现实情境，而必须通过研究理论如何影响社会行为从而变为社会"物质力量"的方式加以运用。

马克思清醒地认识到概念和范畴在社会中的作用，并试图运用概念和范畴，而不是被其所用。他批判英国政治经济学家们的范畴，认为他们是"被传承的范畴所禁锢的囚徒"。马克思力图构建新的范畴，比如通过剩余价值这个范畴，我们能够重构我们对社会的理解。在此过程中，他所用的一种基本技巧，也就是皮亚杰指出的已经成为逻辑和数学标准方法的技巧（Piaget，1970：124），即通过否定进行建构。因此，马克思在问题与方案的相互切换上做了精心准备。这一策略也构成了本书第四章所做研究

第七章 结论与反思

的基础。

既然"真正的概念性思维只会逐步细化",那么重要的是理解每一阶段的范畴在不断传承的知识体系中的关联方式。因此,《资本论》是对资本主义社会的研究,同时也是对其范畴的刻画和分析。这种看待事物的观念为我们解读社会史和思想史提供了一些洞见。理论的发展是逐渐细化和知识重构的过程,并涌现出以特定方式相互联系的概念层级。正如皮亚杰指出,

> 不同层级的两个结构之间,不可能是单向缩减,而是相互吸收;较低层级的结构可通过转型的方式衍生出较高层级的结构,而较高层级的结构通过融合较低层级而丰富自身。(Piaget,1972a:93)

当然,马克思在《资本论》和《剩余价值理论》中寻求并部分实现的正是这种转型。这种形式的转型在整个科学史中随处可见,库恩对此阐述颇佳(Kuhn,1962)。

正如知识重构发生在整个社会中一样,其转型过程也反映了社会转型的过程。因此,知识可被看作顺应其内在转型法则而建构的一种信息体系。内在的矛盾(异常)会成为新理论的基础。只要知识成为一种物质力量,那么概念层面的重构会扩展至整个社会,最终被纳入经济基础。同样,经济基础的运动也会成为概念层面的一部分,但最终,要理解后者就必须将其与前者联系起来。

马克思的认识论立场逐渐影响了本书中的分析。概念和范畴要根据它们所处和所反映的现实的关系进行批判性审视。例如,

第五章批判地考察了城市土地利用理论中固有的基本概念。地租在该理论中有举足轻重的地位，在新古典主义模型中，它也有确定的涵义且是普遍适用的范畴。不过，回归马克思的分析，我们就会发现地租并非是一个普遍适用的范畴，而是一个在特定社会情境中具有特殊涵义的概念。地租并不超出特定生产关系之外，它以不同的形式出现取决于这些关系如何被结构化。从这个立场出发，可以对当代城市土地利用理论进行批判。在探讨地租概念过程中，也简要提及资本的定义及衡量标准的争议。这种争议在区位论以及其他所有经济分析中都有根本意义。当然，这源于这样的事实，资本不具有独立于社会结构的意义，它仅是社会结构的一部分，在其中具有特定功能。同样，第一章中的空间概念是一个艰深的哲学难题（退化为无形的相对主义），第五章则如此化解了它：哲学问题只有通过对人类实践的研究和创造才能得到解决。社会正义的概念也必须看作既是社会环境的产物，又是社会环境的生产者。第三章中对社会正义的抽象分析在第六章中潜移默化成在平等、等级和阶层社会，以社会正义为基础的价值观如何产生，以及这些概念在转化为主流意识形态时如何支持和维护生产方式中的社会关系。

在第六章中，新引入的认识论立场非常契合马克思的认识论。互惠、再分配和市场交换的概念以相互关联的方式得到运用。随着社会关系变化，概念的涵义也随之调整。这个技巧的基本观点是，范畴和概念之间彼此关联（或至少是能被联系在一起），反映了社会本身的状况。我最好还是再次引用马克思的原话：

因为资产阶级社会本身只是发展的一种对立的形式,所以,那些早期形式的各种关系,在它里面常常只以十分萎缩的或者完全歪曲的形式出现。公社所有制就是个例子。因此,如果说资产阶级经济的范畴适用于一切其他社会形式这种说法是对的,那么,这也只能**在一定意义**上来理解。这些范畴可以在发展了的、萎缩了的、漫画式的种种形式上,但总是在有本质区别的形式上,包含着这些社会形式。①(《政治经济学批判大纲》)

在市场交换的主导下,再分配(尤其是以国家的形式)是对原有形式的发展,互惠只是沦为拙劣的模仿。由此,经过适当变化的概念就如同镜子一样,可以反映社会中发生的转型。

随着对马克思的方法及其衍生理论概念的深入了解,自然可得出一些基本结论。我之前说过,本书第一部分和第二部分的方法有根本的变化。但这不是否定第一部分中的模式,而是通过吸收进高阶概念使其丰富。这种方法转型与马克思所持的本体论和认识论立场趋同。这种趋同既非出于移民美国的英国人经常表现出的道德义愤,也不是来自不断变化的政治环境的结果,尽管这种政治环境变化使涉足马克思主义成为可能(在一些圈子甚至很时髦)。这些因素都是偶然的,它们只是在促成一些更基础的事情。根本的解释是,如果要解决第一部分中的两难困境,转型和随后的趋同是**必要**的。这些难题当然不是空穴来风,而是产生于某种社会环境,其中无数人的思想和智慧致力于解决公认的迫

---

① 马克思,恩格斯. 马克思恩格斯全集(第30卷),北京:人民出版社,1995,第47页。

切且严肃的问题。主导20世纪60年代后期的问题是城市化、环境和经济发展。它们不能简单地分隔开来，如果想有效解决每个问题，看来得用"跨学科"的方法。

皮亚杰在其著作《结构主义》中总结道，"寻找结构最终必然导向学科间的调合"（Piaget, 1970: 137）。就本书撰写的经验而言，我想颠覆这个结论。任何针对诸如城市化等现象所创建的跨学科理论，必定采取马克思所践行的、奥尔曼和皮亚杰所描述的运算结构主义方法。换言之，令很多人感到不快的结论是：能整合各学科解决诸如城市化、经济发展和环境等问题的唯一方法是合理构成的辩证唯物主义，而它在马克思设想的结构化整体中运行。

二、城市化的本质

从一系列有关城市问题的研究中，我们得出了一个关于方法的基本结论。该结论的合理性在于，这种方法应具有深刻洞察城市问题的能力。如果方法不能产生如此的洞见，那么显然结论也失效。因此，我们必须解决这一问题：通过使用马克思的方法研究城市问题，我们获得了什么洞见和启示？

我在本书第六章中曾初步尝试回答这一问题。我想强调一下"初步"一词，因为我并不准备在此阶段打住，将该文的实质停留在与方法相关的结论的有效性上。我可以想起的其他论著仅是亨利·列斐伏尔的。遗憾的是，我在完成此书中所有论文的撰写

第七章 结论与反思

工作之前,没有机会拜读列斐伏尔的《马克思主义思想与城市》和《城市革命》两部大作。在前一部作品中,列斐伏尔考察了马克思的著作对城市化的研究;而在后一部作品中,列斐伏尔试图运用马克思的方法研究当代城市化。他与我的关注点并行不悖,且内容上有相似之处(这令我感到欣慰),但在阐释和重点上有差异(这具有挑战性)。列斐伏尔的作品比我的更全面,但在某些重要方面也不完整。然而,我更有信心通过对列斐伏尔的作品和本书收集材料的运用,试图对城市化本质问题得出一些普遍性结论。

当我们试图研究城市化时,研究的对象或实体是什么?我们不能将城市化视为一种普遍意义上的"事物"。的确,作为一种建成形式,城市可视为根据某种空间模式而排列的一组物体。不过,极少有人认为城市仅此而已。大多数研究者似乎都认为,城市是一个功能性的整体,其中一切事物都彼此关联。人们提出各种策略去解决这一整体性问题。大多数策略可分为原子式关联和涌现式演变两大类,但我们都已明确否定了。前者的一个例子是威尔逊的熵模型(Wilson, 1970),道萨迪亚斯名噪一时的神秘主义设计理论当然是后者的绝佳例证(Doxiadis, 1968)。系统建模试图追踪整体中的相互联系和相互作用,但由于必须定义固定范畴和活动,模型难以灵活处理现实中存在的各种不断变化的社会关系结构。系统建模可以处理某些局部问题(例如某一交通运输系统的优化设计),却无法推至全局,"城市优化"便成为毫无意义的说辞。正如杰伊·福雷斯特①的作品所示，系统建模试图变得更具普遍意义时，会迅速退化成"黑箱神秘主义"（black-box mysticism）。面对这些困难，将城市作为一个整体考察的想法往往附带一种理想破灭的感觉。因此就存在一种退回局部分析的倾向，这种分析通常建立在某种学科内部的安全框架之内。在象征性地承认城市是个整体概念而非仅是各种事物和活动的统计数据的集合之后，许多研究者迅速将自己所研究的问题（以能力有限或容易操作为托词）缩小到对城市中事物和活动的分析上。然而，从这些研究中获得的洞见不容忽视，它们实际上都是形成城市化概念的珍贵原材料。但是，正如本书第一章所指出，我们从中学会了处理"城市中的问题而非城市的问题"。

必须把城市化视为一系列社会关系，它反映了通过社会整体所建立的所有关系。而且，这些关系必须阐明城市现象组织、调节和建构的法则。然后，我们必须思考，城市化本身是一种独立的结构，具有内在的转型和建构法则，还是嵌入某种更宏观结构（例如社会生产关系）的一套关系表征。如果是前者，那我们就必须确定城市化的内在转型法则、半自主过程以及在整体内它与其他结构之间的关系。如果是后者，那我们必须确定城市化从其他结构中产生的过程。

这些问题可以通过研究历史和解剖当代世界城市化而解决。第一次城市革命中出现了一种独立自主的、我们可称之为城市的

---

① 杰伊·福雷斯特（Jay Wright Forrester, 1918—2016），美国计算机工程师和系统科学家的先驱。

第七章 结论与反思

结构,它由一套相同的社会关系组织而成。从互惠到再分配的转型(本书第六章探讨过)过程中,也创建了一套有层级且自我持续的社会关系。马克思认为这是城乡二元对立形式中第一次伟大的阶级斗争的结果。毫无疑问,一种新的、前所未有的结构产生了。它的内部转型和自我调节能力有限。以此来看,城市必须被视为一种与其他结构相联系的独立实体。但是,城市到底是何种实体?它又如何运行呢?城市是社会生产关系和生产力之间矛盾的产物。城市最初的作用是维系社会生产关系(特别是财产权)中一种特定模式的政治、意识形态和军事力量。城市与生产本身没关系或者说关系不大。此阶段城市的许多功能必须归为上层建筑。马克斯·韦伯定义了西方城市的特征:防御工程、市场、独立的法院和部分独立的法律、明显的联合与(部分)自主形式,揭示了早期城市化的上层建筑特点。说城市化的功能是产生支持某种特定社会生产关系模式的上层建筑,并不意味着城市化只是社会经济基础中各种力量作用的产物。如果我们按戈德利尔的论证方式,认为上层建筑包含某种独立和部分自主的结构,那么,我认为在此历史阶段我们得出了合理的城市化概念。

列斐伏尔比较了城市化的第一阶段(政治城市)与后两个阶段(商业城市和工业城市)。从政治城市到商业城市的转型可解释为城市化本身的内在转型。城市仍然发挥着政治、意识形态和军事的作用,但一定程度上由于城市人口需求不断扩大,城市也不得不扩展贸易功能。因此,随着实际空间的逐渐扩展,城市转型为调节不同地区供需的中间人。这一功能一直存在,但在重商主义时代,它拓展到支配其他功能。随着工业革命发生的城市转型不能看作城市内部的转型。新的城市化形式一般出现在老城之外，随后逐渐吸收传统的政治城市和商业城市的功能。这种形式的城市化的基础是生产力重组，以充分利用生产的机械化、技术变革和规模经济。城市化对生产力的组织而言非常重要，就如它对以前的社会生产关系一样。

正是通过当代城市化的诠释，列斐伏尔寻求开辟新天地。他指出，马克思考察的对象是工业社会及其组织模式和展现的社会关系。马克思根据过去的关系诠释历史，这是工业资本主义产生的基础。随着马克思越来越聚焦于他的研究对象（可比较早期著作《德意志意识形态》和后期的《资本论》），作为研究焦点之一的城市化的重要性逐渐降低，并被看作为工业资本主义铺路。列斐伏尔运用了传统马克思主义的否定和转化的建构方法，力图把工业社会解释为"城市革命"的前身：

> 当我们使用"城市革命"一词时，指的是当代社会阶段的整体转型，从经济增长和工业化问题占主导地位的时期到城市问题成为决定性因素的时期的转型，因而对城市社会的解决方法和适合形态的探索将处于优先地位……城市问题的影响已经扩大到整个世界。无论是资本主义还是社会主义，能否将城市化的现实定义为经济基础之上的上层建筑？或者，作为经济增长和生产力日益增长的力量的简单结果，能否将其定义为一种各种社会生产关系的适度边缘发展？不。城市化的现实虽然对生产关系有所调整，但还不足以令生产关系转型。城市化颇似科学，可以成为生产中一种助力。空间和空间政治组织表达了各种社会关系，但也反作用

于这些社会关系。(Lefebvre,1970:13,25)

列斐伏尔继而推演出他的主要论点。工业社会本身不是城市化的终结,而是城市化的一个准备阶段。他认为只能通过城市化实现工业化,现在城市化已经主导了工业生产和组织。工业化曾造就了城市化,而今却被城市化造就。工业社会从属于城市社会将产生更多变革,它们反过来也孕育着更多冲突。列斐伏尔认为,因为整个世界迈向城市化,所以城市化进程内部产生了一种反向运动,通过营造独特的地方环境导致内部差异进一步扩大(Lefebvre,1935,1970)。正是地方尺度上涌现出的城市化新特质,抵消了全球尺度的同质性。

本书汇集的材料对列斐伏尔的论点既有支持,也有反驳。当然,我们存在某些共同的立足点。我们接受同样的内在关联的整体概念。我们也接受城市化是自我维持的、表达和构建与整体中其他结构的关系的实体,它也并非简单地从其他结构衍生出来。列斐伏尔还试图在分析中引入适当的空间概念。他注意到社会进程的辩证法与空间形式的静态几何学之间的冲突,并且对社会-进程-空间-形式这个主题进行概念化,它与本书在分析中所强调的并无二致。就城市化自身的转型法则而言,至少部分源于空间组织的基本原则。空间在生产组织和塑造社会关系中的独特作用,通过城市结构表达出来。不过,城市化不是**仅**由空间逻辑形成的结构。城市化产生不同的意识形态(如城乡意象不同),因此,城市化在塑造人们的生活方式上具有某种自主性。城市结构一旦创建,就会影响社会关系的未来发展和生产组织。因此,我喜欢列斐伏尔对城市化和科学知识的类比。两者都是具有各自内在动力的独特结构，有时都能从根本上改变经济基础。然而，它们都受到经济基础所产生的各种力量的左右和制约，要理解它们，最终必须与物质存在的生产和再生产联系起来。

因为作为一种建成形式的城市和作为一种生活方式的城市化在现实中已经分离，所以它们也必须分开考虑。这两个曾经同义的概念已不再相同。我们可通过以往一些时代窥见这种分离的端倪，但只有在工业化和市场交换渗透到所有部门和地域之后，城乡二元对立才最终得以消除。城市、郊区和乡村地区如今都被卷入了城市化的进程之中。当然，乡村的城市化还不彻底，所以，我们响应列斐伏尔的论题部分取决于我们是否将哥伦比亚、中国、法国、美国或其他地方考虑在内。但是，随着旧的城乡二元对立大幅减退，新的对立在城市化进程的中心涌现。在全球尺度，世界各大城市中心和欠发达国家之间存在对立（参见第六章）。在地方尺度，我们看到乡村问题转向城市：美国乡村黑人和阿巴拉契亚山脉地区的白人迁移到了内城区，多数第三世界国家大城市边缘地带的棚户区常汇集着大量乡村地区人口，形成了一支不稳定的"流氓无产阶级"（lumpenproletariat）（法农语）大军。在大多数情况下，城市贫困是在城市系统内重新形成的乡村贫困。正是从这种意义上，我们必须接受列斐伏尔的观点，即乡村的城市化附带涉及了城市的乡村化。

随着城市组织的规模和人口密度的变化，新的对立也随之出现。公有和私有的区别越来越难以维持，特别是在外部性的作用之下（第二章详细讨论过）。传统的产权概念已经不合时宜，必须通过政治空间组织创立集体产权来修补。内城区和郊区的对立

第七章 结论与反思

成为美国政治的重大主题(仍见第二章)。区分公有和私有(产生于城市的空间组织形式)成为一大难题,这确立了政府广泛参与的必要性。一种古老的经济一体化-再分配模式被重塑以应对一系列新情况。只要政府可能容易受到民主的操控,制约生产和分配的社会关系就要从根本上进行重组(如福利国家社会)。只要这些新的关系与生产组织化要求有矛盾,古老的对立就会强化。所有这些对立(以及更多的对立)都通过城市化进程而部分建构。

这也意味着城市化的同质性趋于衰减。各种结构在城市化进程中增长和扩散。交换价值已将一切都降到一个共同标准(参见第五章),不过也出现了其他更微妙的形成城市差异的标准。这就是列斐伏尔所说的工业社会同质化和城市社会差异化(Lefebvre, 1970: 169)。第二章详细分析了城市系统中朝向文化异质性和地域差异性的强大作用力,此章也明确否定了生活在"无地方性的城市领域"(urban non-place realm)(梅尔文·韦伯语)的"单向度的人"(马尔库塞的概念),而在这一点上,我与列斐伏尔完全一致。

在这个分异过程之中的一个重要因素是,**创造的空间**作为地理组织的首要原则取代了**有效的空间**。在前工业化社会,资源的可获得性和不同的自然环境形成了地理差异的基础。通过引导商品和服务从供给地区向需求地区流动并使城市地区剩余得到积累,生态差异产生了有效的空间。区域和地方生活方式蓬勃发展,社会活动和有机自然界之间精妙的共生关系塑造了景观。工业化创造了改变所有这一切的力量。乡村的城市化意味着世界市场的力量消除了地区生活方式。可供消费和使用的产品和物品变得更标准化、数量更多，却很少与当地有关。曾充满活力、别具一格的地理区域生活方式及其塑造的独特景观，被改造成保存的旧物供游人观瞻。在这一维度上，我们看到城市的同质性在增加。然而，我们应当按第二章的方式将城市系统视为具有经济、社会、心理和象征意义的人造资源巨系统，它的发展涉及通过固定资本投资分配实现空间结构化和差异化。这创造出一种新的空间结构，一些往日的区域分化界线被恢复并凸显了结构（最近一个例子是为应对城市增长和变化等问题的美国城市种族政治复兴）。随着固定资本投资对生活过程变得越来越重要，空间结构也变得越来越重要。用马克思的话来说，资本有机构成不断变化的结果是创造的空间逐渐主导了有效的空间。

然而，空间是按照谁的意象创造的？我们已经承认空间组织可以反映和影响社会关系。但是，创造的空间涵义更加深远。在古代城市中，空间组织是一个应然且具有象征意味的宇宙秩序的再创造。它有某种意识形态的目的。在现代城市中，创造的空间具有相同的意识形态目的。它部分地反映了社会中统治制度和统治集团的主流意识形态。也部分地受到不尽如人意、事与愿违的市场动力的影响（参见第五章）。仅从非常有限的意义而言，创造的空间是一种"族群领地"（参见第一章）。然而，创造的空间是复杂的符号过程中不可或缺的一个组成部分，给城市文化中的日常生活赋予方向和意义。我们周遭城市环境的标志、符号和信号对我们影响巨大（尤其在年轻人之间）。基于很大程度上后天创造的地理环境，我们形成了我们的感性，提升我们的欲望和

第七章　结论与反思

需要，定位我们的愿景。作为"族群领地"，我们的文化很可能不仅成功地创造了空间，而且源于创造的空间。城市文化中经常表达的异化以及对城市意象的反感部分源于更深的异化。空间创造活动或创造空间的最终产物似乎都不在我们的个体或集体控制之中，而是由我们感到陌生的各种力量所塑造。我们几乎不知道如何在现实或头脑中与创造的空间的各种影响进行角力。例如，我们仍然倾向于分析城市现象，好像有效的空间（大致理解为运动的效率）是唯一适当的概念一般。

到目前为止，本文开始阐述的一切几乎都与列斐伏尔的论点相当吻合。那么，我们的观点区别在哪里呢？列斐伏尔认为现今的城市化主导着工业社会。他通过否定的建构（construction by negation）得出这一观点。运用这样一种辩证法提供了一种假设，但不构成证明；而我深信这一假说在当下不能得到证实。

城市化具有独立的结构，即它可以被看作自身有动力的独立实体。但是，这种动力通过和其他结构互动与矛盾而稳定下来。如果说现在城市化主导工业社会，这就意味着城市化作为社会转型过程中的一种结构和旧工业社会内动力的矛盾的解决方法通常有利于前者。我认为这一说法不切实际。在某些至关重要的方面，工业社会及构成它的各种结构继续主导城市化。这一情况可以从以下三个方面说明：

（1）不断变化的资本有机构成及其带来的固定资本投资的日益增长是工业资本主义内动力的产物，这不能解释为对城市化进程的响应。通过调动固定资本投资产生了创造的空间。为我们创造空间的是工业资本主义，因此我们对于创造的空间常有明显的异化感。不错，城市化进程会对工业资本主义施加某些压力，因为一系列投资需要另外一些来补充。但是，这一动力过程受到支配工业资本主义的各种过程的制约，而非支配城市化演变为单一结构的那些过程的制约。

（2）创造需要和维持有效需求通过支配工业资本主义演变的进程而实现。城市化为工业资本提供了处置其所创造的各种产品的机会。在这一意义上，城市化进程仍然被工业资本主义需求所推动。城市化创造新欲望、新需求、新情感和新愿景，只要这些能自然增长，城市化就会给工业资本主义带来压力。但是响应的限度和演变的速率都取决于和工业资本主义相关而非和城市化相关的条件。

（3）剩余价值的生产、占有和流通并不从属于城市化的内动力，而是继续受工业社会的条件所规制。第六章探讨了城市化与剩余价值流通之间的关系。在这里，城市化被看作剩余价值流通的产物。这个问题重要且关键，也许是我和列斐伏尔之间分歧的最重要来源。我认为剩余价值流通渠道是大动脉，而所有界定社会整体的各种关系和相互作用都要藉此渠道。理解剩余价值的流通其实就是理解社会运转的方式。不幸的是，我们对这种流通结构缺乏洞察，以致不能明确阐释它。以此来看，第六章的缺陷颇多，模式也不成熟。至少需要像马克思《资本论》一样的鸿篇巨著才能揭开这些复杂问题的谜团。列斐伏尔简明有效地区分了剩余价值流通的两个回路。第一回路源自工业活动，涉及将天然存在的材料和各种力转化为对人类有用的物品和强大力量。第二回路涉及从各种产权投机和从固定资本投资支付所获回报中创造

第七章 结论与反思

和提取的剩余价值。列斐伏尔认为,"尽管工业中形成和实现的剩余价值总量比例有所下降,但投机、建设和房地产开发中实现的比例却增加。第二回路将逐渐取代第一回路"(Lefebvre, 1970: 212)。这个观点需要考量一番。第二回路有些复杂。正如马克思所说,资本有机构成变化而致的、日益增长的固定资本投资是"死劳动"。为了激活它,需要"活劳动"使其运转,也需要为其所生产的产品或服务找到(现在的或未来的)使用价值。很难确保达到后一种要求。因此,困扰工业社会的资本估值越来越成为难题。投机活动源于资本估值,并以此为生。投机活动随着固定资本投资增长而成比例增长,而且由于城市化部分是后者的产物,因此城市化和投机资本的回路密切相关就不足为奇了。相关论点在本书第二章和第五章中有所阐述。然而,认为第二回路已取代第一回路则为时过早。两种回路相辅相成,但基于工业资本主义的回路仍占主导地位。来自第二回路的压力威胁着第一回路的稳定性,因为尽管两回路间的矛盾始终是一种紧张局势的根源,但现在看来第二回路比第一回路更易出现危机。

　　社会的剩余价值流通是一个复杂主题,如果它有助于我们处理城市化的动力问题,那就要更深入了解它。它同样是社会主义社会研究的主题,因为正如第六章所指出,剩余概念并未消失,它只是改变了存在形式。

　　因此,列斐伏尔的论题对我们来说有何意义呢?说它在当下历史阶段不成立并不等于说它在过程中不成立或它将来不成立。证据表明,城市化的各种力量表现强劲且正在占据世界历史的舞台中心。城市化已蔓延全球。乡村城市化进程正在加快。创造的空间正在取代有效的空间。城市化进程中的内部分化显而易见，相应的空间变化的政治组织也是如此。在所有这些方面，列斐伏尔都描述了一些主流趋势。也可以认为列斐伏尔提出了一种关于当前存在的可能性的假设。在城市发展史中，产生了许多充满希望和乌托邦式的著作。只要我们能抓住当下的各种可能，我们就有机会活着实现它们。我们有机会创造空间，创造性地利用造就城市差异的各种力量。但是，为了抓住这些机会，我们必须应对将城市塑造为异化环境以及将城市化推向与我们个体或集体目标方向不同的种种力量。

要应对这些力量，我们首先要了解它们。工业资本主义的旧结构曾是社会革命性变革的力量，如今似乎已成绊脚石。固定资本投资的日益集中，新需要和有效需求的创造，以及依赖于占有和剥削的剩余价值流通模式都源于工业资本主义的内动力。剩余价值流通的模式正在改变，但并没有改变以下事实：城市，作为"文明的工场"，建立于少数人对多数人剥削的基础之上。基于剥削的城市化是历史的遗产。真正人性化的城市化尚未形成。仍待革命的理论绘制路线图，实现从基于剥削的城市化转变为适合整个人类的城市化。要实现这种转型，还得靠革命实践。

城市权 (2008)[①]

我们生活在一个人权理想逐渐变成政治和伦理中心的时代。

[①] The Right to the City 简要版本最早发表在 2003 年的 *International Journal of Urban and Regional Research* 杂志上,本书辑录的是 2008 年发表在 *New Left Review* 杂志的版本。在 2012 年出版的 *Rebel Cities: From the Right to the City to the Urban Revolution* 中对此文进行了修订,中译版本参见叶齐茂、倪晓辉译《叛逆的城市:从城市权利到城市革命》。"Right to the City"这一术语在国内翻译有"进入都市的权利"(李春译《空间与政治》)、"进入城市的权利"(杨宇振《居住作为进入城市的权利 兼谈〈不只是居住〉》)、"接近城市的权利"(黄孙权译《列斐伏尔〈接近城市的权利〉出版 50 年 | 城市为谁而建?》)、"通往城市的权利"(傅适野《巴黎、波哥大与孟买:通往城市的权利》)、"城市的权利"(朱文健《"城市的权利":一种城市空间重塑的策略》)、"城市权利"(叶齐茂、倪晓辉译《叛逆的城市:从城市权利到城市革命》,陈忠《城市权利:全球视野与中国问题——基于城市哲学与城市批评史的研究视角》)、"城市权"(强乃社译《城市权:社会正义和为公共空间而战斗》,刘怀玉等译《空间的生产》附录二)等 7 种译法。按照概念提出者列斐伏尔的原著 *Le droit à la ville*,"ville"与"urbaine"不同,可译为"城市"。"à la"强调趋向性。列斐伏尔提倡此概念的时代背景是法国"五月风暴"时期,强调边缘人口不被排除在构成性中心之外的权利,和不被排除这种构成性中心的形成运动外的权利,通往、接近、进入的译法遵从这个意涵。哈维 2008 年重新使用这一术语时,将其理解为"按照我们(更多强调边缘人群)的期望改变和改造城市的集体权利",凡是涉及到城市的人权都可以纳入这一概念,城市的权利、城市权利、城市权遵从这个意涵。根据 *Black's Law Dictionary* 第 9 版和《元照英美法词典》,"right to a thing"的意思是"对一物的权利"或指向某物的权利,拉丁语为 *jus ad rem*,可解释为对物权,指根据契约或债务而产生的对特定财产的权利,通常权利人不占有该财产,其权利的实施依赖于特定人的义务的履行;或解释为限制物权,指依据法令或制度而取得的对物的权利。"Right to the City"应译为"对城市的权利",简译为"城市权",涵盖(主体)进入/离开/参与/发展……城市的权利。对核心概念的跨学科认识和译法统一将为深入研究和立法提供依据。

我们殚精竭虑以提升它对建设更好世界的重要意义。但大多数情况下，这些流传的概念并未从根本上挑战霸权自由主义和新自由主义的市场逻辑，也没有撼动新自由主义的合法性和国家行动的主导模式。毕竟，我们生活在私有产权和利润率压倒所有其他权利概念的世界里。我在这里想探讨另一种类型的人权，即城市权。

过去一百多年里，速度和规模惊人的城市化增进人类的福祉了吗？用城市社会学家罗伯特·帕克的话来说：

> 城市是人类按照自己心愿重塑世界最成功的一次尝试，它甚至超出人类的预期。如果城市是人类所创造的世界，那么这也是人类今后注定要生活的世界。因此，即便没有清楚意识到自己承担任务的本质，人类在造就城市的同时，也间接地重新塑造了自己。①

要回答我们想要什么样的城市这一问题，就不能脱离我们想要什么样的社会关系以及城市与自然、生活方式、技术和美学价值的关系。城市权远不止个体获得城市资源的自由，它是一种通过改变城市来改变自我的权利。而且，因为变化不可避免地取决于发挥集体的力量重塑城市化的过程，所以城市权是一种共同的而不是个体的权利。我想表明的是，塑造和重塑我们的城市及我们自己的自由是最珍贵却也最被忽视的人权之一。

城市从一开始产生于剩余产品的地域集中和社会集中。因

---

① Robert Park, *On Social Control and Collective Behavior* (Chicago, 1967), 3.——原注

此，城市化是一种阶级现象，因为剩余是从某些地方和某些人身上榨取的，而对剩余的支配通常集中在少数人手中。当然，这种状况在资本主义下一直存在，但由于城市化取决于剩余产品的调动，资本主义发展和城市化就密切关联起来。资本家必须生产剩余产品以生产剩余价值；反过来，剩余价值也必须再投资以产生更多剩余价值。持续再投资的结果是剩余产品以复合增长率扩张；因此，种种增长曲线（货币、产出和人口）与资本积累历史密切相关，与资本主义下城市化的增长路径并行不悖。

资本剩余的生产和吸收需要永远为其寻到有利可图的领域，而这种需要会塑造资本主义的政治，也给资本家持续畅通无阻的扩张造成许多障碍。如果劳动力匮乏而工资高，要么必须对现有劳动力进行规训（采用新技术引发失业或对有组织的工人阶级力量进行打击是两种基本方法），要么必须通过移民、资本输出或对人口中的独立人群进行无产阶级化以找到新的劳动力。资本家还必须找到新的一般生产方式，特别是自然资源，而这对自然环境带来越来越大的压力，使其不得不提供必要的原料和吸收不可避免的废物。他们必须为获取原材料开辟新领域，而这往往是帝国主义和新殖民主义努力的目标。

强制性的竞争法则也迫使资本家不断采用新技术以及新的组织形式，因为这些方法能使资本家战胜那些采用落后方法的资本家。创新活动定义了各种新需求，缩短了资本流通时间，减少了距离引起的消耗，消除了限制资本家扩大劳动力供给、原材料等的地理障碍。如果市场上没有足够的购买力，那么必须通过扩大对外贸易，推出新产品和新的生活方式，创造新的信贷工具，以及为国家和私人支出筹资来找到各种新市场。最后，如果利润率太低，那么国家会通过监管"恶性竞争"、垄断（兼并和收购）和资本输出来提供出路。

如果不能规避任何上述障碍，资本家就无法盈利，无法再投资自己的剩余产品。资本积累受阻，使资本家面临一场危机。在这场危机中，资本会贬值，在某些情况下甚至完全消失。剩余商品可能会失去价值或遭到销毁，产能和资产估值会下降且被空置；货币本身会因通货膨胀而贬值，而劳动力则会因大规模失业而贬值。那么，资本主义的城市化能避免这些障碍并扩展获利空间吗？我认为，城市化和军事开支等现象在吸收资本家为寻求利润而不断生产的剩余产品方面扮演了特别积极的角色。

城市革命

我们先来看法兰西第二帝国的案例。1848年，欧洲第一次出现了资本过剩和劳动力过剩的危机。这场危机对巴黎的打击尤为严重，并导致了失业工人和资产阶级中的乌托邦主义者发动了一场革命，虽然这场革命以失败告终，但他们将社会共和国作为解决七月王朝贪婪和不平等的药方。资产阶级共和派猛烈镇压革命者，但未能解决危机。结果，路易·拿破仑·波拿巴攫取了权力，他在1851年发动政变，并于次年称帝。为了在政治上生存下来，路易·波拿巴采取全面高压手段，镇压此起彼伏的政治异己。他通过在国内外开展大规模的基础设施投资计划来应对国内经济现状。在国外，这意味着建设贯穿整个欧洲以及连接东方的铁路系统，以及支持诸如开凿苏伊士运河等大型工程。在国内，这意味着巩固国家铁路网络，建设港口以及对沼泽地进行排水。最重要的是，这需要重新配置巴黎的城市基础设施。1853 年，路易·波拿巴任命乔治-欧仁·豪斯曼负责巴黎城市的公共建设工程。

豪斯曼很清楚，自己的使命是通过城市化来帮助解决资本过剩和失业问题。根据当时的标准，重建巴黎吸收了大量资本和劳动力，再加上对巴黎工人运动的压制，成为社会稳定的主要手段。豪斯曼重建巴黎时利用的乌托邦规划，傅立叶派和圣西门派曾于 19 世纪 40 年代争论过，但是，豪斯曼的计划与二者有一个很大的区别：豪斯曼改变了以往城市进程设想的尺度。当建筑师雅克·伊格纳斯·希托夫向豪斯曼展示自己为一条新的林荫大道准备的规划时，豪斯曼驳回了这些规划，说道："宽度不够……你的规划是 40 米宽，而我想要 120 米宽。"他兼并了郊区，对列阿莱等区全部重新进行了设计。为了做到这一点，豪斯曼根据圣西门派的方法，建立了自己所需要的新的金融体系和债务手段，动产信贷公司和不动产信贷公司。事实上，他通过建立一个原始的凯恩斯主义体系，通过债务融资改善城市基础设施，帮助解决了剩余资本的配置问题。

在此后大约十五年间，这一系统运行良好，不仅改造了城市基础设施，而且构建了一种新的生活方式和城市形象。巴黎成了"光明之城"，大型的购物、旅游和娱乐中心、咖啡馆、百货公司、时装业和盛大的博览会都改变了巴黎的城市生活，使其能够通过消费主义吸收庞大的剩余。不过，过度的扩张和投机的金融体系和信贷结构于 1868 年崩溃。豪斯曼被解除了职务；绝望中的拿破仑三世与俾斯麦领导下的德国开战,结果战败。在随后的真空期,诞生了巴黎公社,这是资本主义城市史上最伟大的革命事件之一,巴黎公社出现的部分原因是对被豪斯曼摧毁的世界的怀旧,以及因其建筑工程而失去家园的人收回城市的愿望①。

快进到20世纪40年代的美国。战争时期的大规模动员,暂时解决了资本剩余问题以及随之而来的失业问题,而这一问题在20世纪30年代似乎非常棘手。但是,大家都担心战后发生的情况。在政治上,情况非常危险:联邦政府实际上在运行着一种国有化经济,并且与共产主义国家苏联结盟,而强大的具有社会主义倾向的各种社会运动在20世纪30年代纷纷出现。正如拿破仑时代一样,一次大剂量的政治镇压药方显然是应当时统治阶级的需要而生;随后历史上便出现了麦卡锡主义和冷战政治,这些在20世纪40年代初已经有许多迹象,我们都再熟悉不过了。在经济上,依然存在如何吸收剩余资本的问题。

1942年,《建筑论坛》对豪斯曼的做法作了一次长篇评论。这篇评论详述豪斯曼的所作所为,试图分析其错误,但也想恢复他作为有史以来最伟大的城市规划家之一的声誉。这篇文章的作者不是别人,正是罗伯特·摩西。而在第二次世界大战之后,正如豪斯曼对巴黎②的建设一样,罗伯特·摩西对纽约也进行了同样的建设。换而言之,摩西也改变了思考城市进程的尺度。他通过一系列高速公路和基础设施改造、郊区化以及不仅城市而且是

---

① David Harvey, *Paris, Capital of Modernity* (New York, 2003).——原注
② Robert Moses, "What Happened to Haussmann?" *Architectural Forum* 77 (July 1942): 57—66.——原注

整个大都市的重组，帮助解决了吸收剩余资本的难题。为了做到这一点，他利用新的金融体系和税收安排，为债务融资促进城市扩张而释放信贷。当这些措施推广到全美范围内所有主要大都市实施之时（另一次尺度转换），这一进程在1945年以后在稳定全球资本主义方面起了关键作用，因为在1945年后的一段时期，美国可以通过贸易赤字为全球非共产主义经济提供动力。

美国的郊区化不仅是新的基础设施问题。与法兰西第二帝国的巴黎一样，郊区化导致了生活方式的彻底改变，带来了新产品，包括住宅、冰箱、空调、车道上停的两辆车子和巨额增长的石油消耗。郊区化也改变了政治格局，因为中产阶级的补贴购房改变了社区活动的重点，向保护财产价值和个性化身份发展，把郊区的选票转投给保守的共和主义。因为有人认为，负债的购房者不太可能去罢工。这个计划成功地吸收了剩余，确保了社会稳定，但代价是内城空心化，聚集在城市中的人口（主要是非裔美国人）被剥夺了共享社会繁荣的权利，引致城市骚乱。

到了20世纪60年代底，一种不同的危机开始出现：像豪斯曼一样，摩西失宠，他的解决方案被认为是不合适和不可接受的。传统主义者聚集在简·雅各布斯周围，试图用本土化的邻里美学抵消摩西项目的野蛮现代主义。但是，郊区已经建成，郊区化导致的生活方式的彻底改变已经造成了许多后果，比如，女性主义者宣布郊区是她们不满的根源所在。如果豪斯曼化在"巴黎公社"的发展中起到了作用，那么没有灵魂的郊区生活也在美国1968年的戏剧性事件中起到了关键作用。心怀不满的中产阶级白人学生走向反抗，与主张公民权利的边缘群体结盟，共同反对美帝国主义，发起了一场建立包括不同城市体验的新世界的运动。

在巴黎，阻止塞纳河左岸高速公路和入侵的"高楼大厦"（如意大利广场和蒙帕纳斯大厦）破坏传统社区的运动有助于给1968年"五月风暴"注入更大的动力。正是在这种背景之下，亨利·列斐伏尔写下了《城市革命》，该书不仅预测城市化是资本主义生死存亡的核心，因此势必成为政治和阶级斗争的关键点，而且也预测城市化通过在全国范围（如果不超过这个范围的话①）内生产一体化的空间逐步消除城乡差别。城市权必须意味着指挥整个城市进程的权利，即通过农业企业、第二家园和乡村旅游等现象来持续主导乡村地区的发展。

伴随着1968年的风暴，信贷体系内也发生了一场金融危机。在过去几十年里，信贷机构通过债务融资掀起了房地产热。这场危机在20世纪60年代末愈演愈烈，直到1973年全球房地产市场泡沫破裂，随后是1975年纽约市财政破产，整个资本主义制度崩溃。正如威廉·塔布所说，对危机的回应有效开创了新自由主义的解决道路，解答了长期存在的阶级权力问题以及资本主义为了存续下去怎样恢复吸收剩余能力的问题②。

---

① Henri Lefebvre, *The Urban Revolution* (Minneapolis, 2003); and *idem*, *Writings on Cities* (Oxford, 1996). ——原注

② William Tabb, *The Long Default: New York City and the Urban Fiscal Crisis* (New York, 1982). ——原注

环绕全球

让我们回过头来看看我们当下的局势。全球资本主义一直过山车般遭受着区域性经济危机：1997—1998 年的东亚和东南亚经济危机、1998 年的俄罗斯经济危机、2001 年的阿根廷经济危机。长期以来，资本主义没有能力处理资本剩余问题，但最近它又避免了一次全球经济崩溃。城市化在稳定经济形势中起着什么作用呢？在美国，人们普遍认为房地产行业在世界经济中举足轻重，尽管 20 世纪 90 年代前期房地产业在扩张过程中依然十分活跃，但这种认知在 90 年代后期高科技崩溃（the high-tech crash）之后更为强烈。通过建设城市中心、郊区住宅以及办公场所，房地产市场直接吸收了大量剩余资本。与此同时，创历史新低的利率带动一波疯狂的抵押贷款再融资（mortgage refinancing）促使房地产资产价格膨胀，进而促进了美国国内消费品和服务业市场的发展。美国城市的扩张对全球经济稳定起到了一定的作用，因为美国与世界其他国家之间存在着巨额贸易逆差，每天要从外借款约 20 亿美元来为其贪得无厌的消费主义以及在阿富汗和伊拉克的战争提供资金。

但是，城市化进程还经历了尺度的变化。简而言之，城市化走向了全球。英国和西班牙以及其他许多国家的房地产繁荣对资本主义的发展推波助澜，其方式与美国的情况大致相同。近 20 年来，中国的城市化呈现不同的风格，中国极其注重基础设施的发展，但中国的城市化甚至比美国的城市化更为重要。经历 1997 年短暂的经济衰退之后，中国的城市化步伐迅速加快。

2000年以来,中国的水泥消耗接近全球供给的一半。在此期间,中国有一百多个城市的人口数超过了100万,而深圳这样原来只是小村子的地区一跃成为一个拥有600万—1000万人口的大都市。依靠债务融资的大型基础设施项目,如水坝和高速公路,不断改变着城市的面貌。这对全球经济和剩余资本的吸收产生了巨大影响:由于铜价走高,智利和澳大利亚繁荣了起来,甚至巴西和阿根廷的经济也因中国对原材料的强烈需求而部分恢复。

那么,中国的城市化是全球资本主义的主要稳定器吗?答案并非完全肯定,因为中国只是城市化进程的中心之一,而这种过程如今已经真正全球化的部分原因是金融市场的惊人整合,它通过债务融资推动全球的城市发展。例如:中国央行在美国次级抵押贷款市场一直十分活跃,美国的高盛投资公司在印度孟买市场注入大量资金,而中国香港资本则在美国的巴尔的摩拥有大量投资。随着大量贫困移民涌入,约翰内斯堡、台北、莫斯科这些城市以及资本主义核心国家的城市如伦敦和洛杉矶的建设蓬勃发展。中东的迪拜和阿布扎比等地也出现惊人的甚至十分荒谬的大型城市化项目,它们用最明显、对社会最不公、对环境最浪费的方式清除了石油财富产生的过剩资本。

如今全球尺度的城市化让人很难理解,但本质上与豪斯曼当年改造巴黎是类似的。因为全球城市化繁荣和以前一样,都取决于构建新的金融体系和维持其所需的信用组织安排。20世纪80年代启动的金融创新起到了关键作用:它为全球范围的投资者提供证券和一揽子地方贷款,发明新手段持有担保债务凭证(collateralized debt obligations)。这些担保债务凭证的益处很多:风险分散，容许剩余储蓄资本更容易进入剩余住宅需求领域，还降低了总利率，同时为创造奇迹的金融中介机构带来巨额财富。但是，分散风险并不等于完全消除风险。此外，销售很快刺激了更为激进的冒险行为，因为责任可以转移到其他地方。由于缺乏适当的风评控制，这次经济金融化（financialization）浪潮现在蜕变为所谓的次级抵押贷款和房地产资产价值危机（subprime mortgage and housing asset-value crisis）。首当其冲的是美国的城市及其周边地区，尤其是低收入者、内城的非洲裔美国人和单身女性家庭。这次危机同样影响着那些无法负担城市中心飞涨房价的人群，尤其是在美国西南部，人们被迫搬到大城市的"半边缘地带"（the semi-periphery）；他们到这里后曾用较低的利率购买投机性住宅，但是石油价格上扬使他们面临快速上涨的通勤成本，而随着市场利率开始起作用，按揭付款也在飙升。

当前的危机不仅对地方尺度的城市生活和设施产生不利影响，而且还威胁到全球金融体系的整体结构，并可能触发严重的经济衰退。这与20世纪70年代极其相似，也一样可怕，包括美联储在2007—2008年立即采取的货币宽松政策，几乎必然会在不远的将来引发一波无法控制的通货膨胀（如果不是滞涨的话）。然而，现在的情形远比原来更复杂，中国能否弥补美国的严重危机还是一个悬而未决的问题；即使在中国，城市化似乎也在放慢脚步。金融体系结合得比以前更紧密①。计算机驱动

---

① Richard Bookstaber, *A Demon of Our Own Design：Markets, Hedge Funds and the Perils of Financial Innovation*（Hoboken, N. J., 2007）.——原注

下的瞬间交易总是有可能给市场带来更大的分化，这已经在股市造成难以置信的波动，并将引起一场大规模的危机。因此，需要全面反思金融资本和货币市场的运作方式，包括其与城市化的关系。

产权与和解

与之前的所有阶段一样，最近城市进程的迅速扩张给生活方式带来不可思议的变化。在一个消费主义、旅游、文化和知识产业已经成为城市政治经济重要方面的世界里，城市生活质量和城市本身已经成为一种商品。后现代主义倾向于鼓励在消费习惯和文化形式两方面形成市场商机，这种倾向给当代城市体验带来自由选择的氛围，但前提是只要你有钱。随着快餐和手工市场数量的激增，购物中心、多厅影院和大型连锁商店的数量也迅速增加。正如社会学家莎朗·祖金①所言，"被卡布奇诺（代表咖啡）抚慰"。甚至在许多地区继续主导的不连续、无特色、很枯燥的郊区开发，如今也在"新城市主义"运动中找到了发展的"药方"，因为"新城市主义"运动兜售社区和精致生活方式来实现城市梦想。在这个世界里，"强烈的占有式个人主义"的新自由主义伦理及其同源词退出集体行动形式的政治行为成为人类社会

---

① 莎朗·祖金（Sharon L. Zukin，1946—），美国城市社会学家，代表作有《阁楼生活：城市变迁中的文化与资本》《裸城：纯正都市地方的生与死》。

化的样板①。于是,捍卫财产价值便成了最大的政治利益,正如迈克·戴维斯②指出的,加利福尼亚州业主协会若不是零散的社区法西斯主义(neighborhood fascism)的堡垒③,便是政治反应的堡垒。

我们日益生活在分裂和冲突频发的城市地区。过去30年里,新自由主义转向已经恢复了富裕精英阶层的权力。此后,墨西哥出现了14位亿万富豪;2006年,墨西哥以拥有世界首富卡洛斯·斯利姆而感到自豪。然而,当时穷人的收入要么停滞不前,要么有所缩减。这些结果不可磨灭地铭刻在城市的空间形式上,而这些城市越来越多地由强化的碎片区、封闭的社区和受到持续监视的私有化公共空间组成。特别是在发展中国家,城市"正分裂成不同的彼此分隔的区域,明显形成了许多'微型城邦'(microstates)。富人小区提供了各种各样的服务,诸如贵族学校、高尔夫球场、网球场和全天候给小区巡逻的私人警察;但富人小区又与非法定居点交织在一起,这些定居点只有公共喷头供水,没有卫生系统,电力被少数特权人士占用,天一下雨,道路就泥泞不堪,房屋共享在这里习以为常。每一个小区似乎都自主

---

① Hilde Nafstad *et al.*, "Ideology and Power: The Influence of Current Neoliberalism in Society," *Journal of Community and Applied Social Psychology* 17, no. 4 (July 2007): 313—327.——原注

② 迈克·戴维斯(Mike Davis, 1946—2022),美国马克思主义者、城市理论家,代表作有《石英之城》《布满贫民窟的星球》《恐惧生态学》和《我们家门口的怪物:禽流感的全球威胁》。——译者注

③ Mike Davis, *City of Quartz: Excavating the Future in Los Angeles* (London and New York, 1990).——原注

生存和独立运行,在日常的生存斗争中牢牢抓住一切能够抓住的东西"。①

在这种情境下,城市身份、城市公民权和城市归属感理念都已经受到了正在蔓延的新自由主义伦理顽疾的威胁,这些理念变得更难以维持。通过犯罪活动进行私有化再分配在各方面都威胁到个人安全,促使民众要求警方干预制止。甚至那些认为城市可能作为一个集体政治机构和进步社会运动发源地的想法也似乎不可信了。然而,一些城市社会运动则致力于克服孤立,寻求重塑城市,使其不同于金融、企业资本和日益企业化的地方国家机构支持的开发商所构想的形式。

财产剥夺

通过城市改造吸收剩余有更为不利的一面。这种"创造性破坏"(creative destruction)导致城市反复重构,且几乎总有阶级问题,因为首当其冲的总是贫困群体、弱势群体和政治权力中的边缘化人群。要在旧世界的废墟上建立新的城市世界就需要暴力。豪斯曼以城市修葺和改造的名义征用土地,拆掉了巴黎所有的贫民窟。他处心积虑要把工人阶级和其他不守规矩的人从城市中心赶出去,因为这些人对公共秩序和政权构成威胁。他创造了一种坚信只要有足够的监控和军事管制就很容易制止革命运动的城市形态(1871年的事实证明这是错误的)。然而,正如恩格斯

---

① Marcello Balbo, "Urban Planning and the Fragmented City of Developing Countries," *Third World Planning Review* 15, no, I (1993): 23—35. ——原注

于 1872 年所指出：

> 实际上资产阶级以他们的方式解决住宅问题只有一个办法，这就是以产生新问题的方式来解决问题。这种左支右绌就叫做"豪斯曼计划"。……不论起因如何不同，结果总是到处一样：最不成样子的小街小巷没有了，资产阶级就因为这种巨大成功而大肆自我吹嘘，但是，这种小街小巷立刻又在别处，并且往往就在紧邻的地方出现。……同一个经济必然性在一个地方产生了这些东西，在另一个地方也会再产生它们。①

巴黎中心的资产阶级化（embourgeoisement）花了 100 余年时间，但是近年来我们却在这些与其他地方隔开的郊区经常看到暴动和骚乱，从中我们便看到资产阶级化带来的后果：陷在这里的都是边缘化的移民、失业工人和年轻人。当然，令人难过的是，恩格斯所描绘的情境在整个人类历史上不断重现。罗伯特·摩西在其作品中有句臭名昭著的话，"（为了住宅建设）拿起剁肉的斧头砍向布朗克斯"②，这种做法给社会群体和运动带来了持续的伤痛。在巴黎和纽约两个案例中，一旦国家土地征用权力成功受到抵制和遏制，根据"最有效使用"的回报率，通过市政财政规训、房地产投机和土地利用用途分类，一个更险恶、更不可救药的发展模式渐渐站稳了脚跟。恩格斯对

---

① Friedrich Engels, *The Housing Question* (New York, 1935), 74—77.——原注
② 布朗克斯区是纽约五个区中最北面的一个，拥有最多公园用地，也曾经是臭名昭著、治安极差的一个地方，犯罪率在全美国数一数二。——译者注

此十分清楚：

> 现代大城市的扩展，使城内某些地区特别是市中心的地皮价值人为地、往往是大幅度地提高起来。原先建筑在这些地皮上的房屋，不但没有增值，反而降低了价值，因为这种房屋与改变了的环境已不相称；它们被拆除，改建成别的房屋。市中心的工人住宅首先就遇到这种情形，因为这些住宅的房租，甚至在住户挤得极满的时候，也决不能超出或者最多也只能极缓慢地超出一定的最高额。这些住宅被拆除，在原地兴建商店、货栈或公共建筑物。①

虽然这一描述写于 1872 年，但它恰好适用于当代城市的开发，包括德里、首尔和孟买等大部分亚洲城市的开发和纽约的绅士化（gentrification）。我所说的"剥夺式积累"（accumulation by dispossession）和重新安置过程是资本主义城市化的核心②。这是通过城市重建吸收资本的镜像，因为它要夺走低收入人群常年生活的、有价值的土地而引致无数冲突。

让我们来看看 20 世纪 90 年代首尔的情况：建筑公司和开发商聘请了一群相扑手之类的打手去霸占位于城市山坡上的居民区。他们不仅用大铁锤砸掉了居民的房屋还砸掉了居民 20 世纪 50 年代在膏腴之地重建家园累积的所有财物。如今，这里的山坡上大部分地方都是高楼，已经看不出当初的野蛮痕迹。同样，在印度孟买，官方认定 600 万贫民窟的居民对定居地没有合法所

---

① Engels, *The Housing Question*, 23. ——原注
② Harvey, *The New Imperialism*（Oxford, 2003）, Chapter 4. ——原注

有权；所有的城市地图都没有标出这些地方。为了实现把孟买变成一个能与上海媲美的国际金融中心的愿望，房地产开发热潮已经加快步伐，于是那些被占有的地块也变得越来越值钱。孟买最著名的贫民窟之一达拉维估值达 20 亿美元。由于环境和社会原因掩盖了土地掠夺的事实，拆迁贫民窟的压力与日俱增。国家支持下的财政权推动了贫民窟强拆，有些情况下甚至通过暴力夺取整整一代人居住的地段。由于土地几乎是无代价取得的，通过房地产行业积累的资本迅速暴涨。

那些流离失所的人能否得到赔偿呢？幸运者会得到一点。不过，尽管《印度宪法》规定，不论一个人的种姓或阶级如何，国家都有义务保护全体人民的生命和福祉，并且保障其住宅和居住权，最高法院却颁布了重修宪法规定的法令。由于贫民窟居民都是非法居民，很多人都无法明确证明自己的长期居住权，因此他们没有资格获得赔偿。印度最高法院声称：若给予贫民窟居民补偿无异于奖励扒手行为。因此，这些居民要么顽强抗争，要么带着自己为数不多的行李搬家，住到高速公路两边或者任何其他能够供自己栖身的蜗居①。上述剥夺情况美国也有，但是不及印度野蛮，美国更尊重法律：为更高端的土地使用用途，如建造集体公寓和大型连锁商店，政府一直滥用国家征用权赶走原有地块上的合法居民。当有人向美国最高法院申诉时，法官裁定是为了

---

① Usha Ramanathan, "Illegality and the Urban Poor," *Economic and Political Weekly* 22 July 2006; Rakesh Shukla, "Rights of the Poor: an Overview of Supreme Court," *Economic and Political Weekly*, 2 September 2006. ——原注

增加财产税基，地方政府这样执法符合宪法规定①。

中国大陆遭遇拆迁的通常是乡村边缘人口，这也印证了列斐伏尔在 20 世纪 60 年代就已阐明观点的重要意义和先见之明：在资本和国家的霸权控制下，以往明显存在的城乡差异正逐渐淡化为连片不平衡发展的地理空间。印度也是如此。现在，印度中央政府和各邦政府热衷于建立经济特区，表面上是为了工业发展，但大部分土地都指定用于城市化。这一政策导致对农业生产土地的剥夺，其中最严重的是 2007 年 3 月西孟加拉邦政府一手导演的南迪格兰屠杀案。政府一心想让三林集团（一家印度尼西亚大企业）开发土地，执政的印度共产党（马克思主义者）派遣武警遣散抗议村民；至少有 14 人被开枪打死，数十人受伤。可见在这种情况下，私有产权得不到任何保障。

赋予贫民窟居民私有财产权，给予他们有利条件让其离开自己的土地，这些看似进步的提案到底如何②？巴西有关方面现在就在讨论这一方案以解决里约贫民窟的问题。问题是，收入没保障、饱受金融危机困扰的穷人很容易被说服，用自己的土地去换取相对少量的现金。然而，通常不管给予何种补偿，富人都会拒绝放弃自己宝贵的资产，这就是为什么罗伯特·摩西敢于拿着剁肉的斧头到低收入的布朗克斯区而不敢拿到富裕的派克大街让当

---

① *Keb v. New London*, Conn., decided on 23 June 2005 in case 545 us 469 (2005). ——原注

② 这里的思考大多支持 Hernando de Soto 的观点，详见 *The Mystery of Capital : Why Capitalism Triumphs in the West and Fails Everywhere Else* (New York, 2000); 参见 Timothy Mitchell 的批判性思考, "The Work of Economics: How a Discipline Makes Its World," *Archives Européennes de Sociologie* 46, no. 2 (August 2005): 297—320. ——原注

地居民拆迁的缘由。通常，富人拒绝放弃他们的房产，不管可以拿到多少钱。玛格丽特·撒切尔将不列颠的"社会住宅"私有化，其影响极其深远，目的是在整个伦敦创造一种租金和价格结构，排除低收入甚至中产阶级人士入住城市中心附近的住宅。我打赌，如果现在的趋势延续，那么今天里约山上的贫民窟将在十五年内被眺望美丽海湾的、鳞次栉比的高楼大厦取代，而昔日的贫民窟居民将会被过滤到较为偏僻的边缘地区。

构建需求

我们也许可以得出这样的结论：城市化在吸收过剩资本方面发挥了至关重要的作用，其地理尺度不断扩大，但代价是迅速剥夺大众各种权利的"创造性破坏"过程。星球城市化与"布满贫民窟的星球"发生冲突[1]。于是招致周期性的反抗，如1871年的巴黎公社起义和1968年马丁·路德·金遭到暗杀之后的美国一样。如果财政困难不断累积，通过城市化吸收资本主义剩余资本而获得成功的新自由主义、后现代主义和消费主义阶段已经结束，随之而来的是一场范围更广的危机，那么问题来了：我们的1968在哪里？或者更戏剧性的，我们的巴黎公社在哪里？就我们的金融体系而言，答案肯定会更加复杂，因为城市化进程已经扩大到了全球范围。叛逆的迹象无处不在：非洲内战此起彼伏，拉美的问题正在发酵。任何反抗都可能蔓延到其他地方。然而与财政制度不同的是，城市和郊区的社会抗议声浪（这样的

---

[1] Mike Davis, *Planet of Slums* (London and New York, 2006).——原注

例子很多,世界各地都有)之间的联系并不密切。实际上,这些运动之间大多数彼此没有任何关联。如果他们要以某种方式联合起来,那应当有什么要求呢?

原则上,最后一个问题的答案很简单:更民主地管理剩余的生产和利用。既然城市化是剩余利用的一种主要渠道,建立对城市剩余配置的民主管理便构成了城市权。在整个资本主义历史上,政府一直对剩余价值征税;在社会民主各阶段,国家征税的比例大幅提高。过去 30 年,新自由主义体系一直致力于把这种控制权私有化。然而,经济合作与发展组织(OECD)的数据显示,自 20 世纪 70 年代以来,国家在总产值中的份额大体没变[1]。新自由主义反击的主要成就是防止公共部门像 20 世纪 60 年代那样扩张。新自由主义体系还创造了各种新政府管理制度,将国家利益和企业利益结合起来;通过运用金钱的力量,确保国家机器支付的剩余有利于企业资本和上层阶级塑造城市进程。只有国家本身回归民主管理,提高国家所占的剩余份额才会带来积极影响。

我们更频繁地看到城市权落入私人或半私人利益集团手中。例如,亿万富翁、纽约市长迈克尔·布隆伯格正按有利于开发商、华尔街和跨国资产阶级的思路重塑纽约市,并将纽约市提升为高价值企业最佳办公场所以及游客心目中的梦幻旅游目的地。实际上,他把曼哈顿变成了很大的富人封闭式住宅区。在墨西哥

---

[1] OECD *Factbook 2008*:*Economic,Environmental and Social Statistics*(Paris,2008),225.——原注

城，电信大亨卡洛斯·斯利姆把市中心商业街重新铺上鹅卵石以迎合游客品味。不仅富人可以直接行使权力，在极度缺乏城市再投资资源的纽黑文市，世界上最富有的大学之一耶鲁大学对该城市的整体布局进行了大幅的重新设计，以符合其需求。约翰·霍普金斯大学在巴尔的摩东部的所作所为也是如此，哥伦比亚大学计划在纽约一些地区也进行这项工作，约翰·霍普金斯大学和哥伦比亚大学的做法都招致附近居民区的抵制。就其形成过程而言，城市权已落入了极少数人手中，通常是小部分政治和经济精英，而他们越来越喜欢按照自己的喜好塑造城市。

每年1月，纽约州审计署会发布对华尔街过去一年奖金总额的估计。即便在发生金融市场灾难的2007年，华尔街发的奖金加起来仍然高达332亿美元，仅比前一年减少2%。2007年盛夏，美联储和欧洲央行便向金融体系投放数十亿美元短期信贷，以确保市场稳定。此后，每当道琼斯指数要跳水时，美联储便会大幅下调银行利息或注入大量流动资金。与此同时，大概有200万人因为丧失抵押品赎回权（foreclosures）已经或即将无家可归。由于金融机构掠夺性贷款行为的破坏作用，美国许多城市居民区，甚至整个城郊的社区都被围堵、破坏和拆除。这些人口没有保险红利。由于丧失抵押品赎回权意味着债务豁免，而后者在美国被认作是一种收入，许多被赶出门的人竟面临着不得不为自己从未拥有过的钱交巨额所得税的压力。这种不对称只能被解释为一种大规模的阶级对抗。"金融风暴"正在袭来，轻而易举把住在潜在价值很高的城市地段的低收入群体赶走，远比国家征用快速高效。

然而，在 21 世纪，我们还没有看到人们对如此城市开发的一致反对。当然，聚焦城市问题，从印度、巴西到中国、西班牙、阿根廷和美国，已经出现了许多不同的社会运动。2001 年，迫于各种社会运动的压力，巴西的宪法增加了一条城市法规，承认了集体的城市权①。在美国，有人呼吁将 7000 亿救助金融机构的资金中的大部分划拨给复兴银行，这将有助于防止丧失抵押品赎回权并有助于资助市政一级的社区振兴和基础设施更新。解决影响数百万人的城市危机将优先于考虑大投资者和金融家的需求。不幸的是，社会运动不够强大或没有充分动员起来，迫使相关部门通过这一解决办法。这些运动也没有团结到控制剩余利用的核心目标上，更不用说对生产环节的控制了。

在这一历史时刻，必定是一场全球斗争，主要是和金融资本作斗争，因为如今城市化的尺度已扩展到全球。可以肯定的是，组织抗争的政治任务即便不是非常艰巨，也绝非易事。然而，机遇也很多，因为正如上述简短的历史所表明：在全球和地方，围绕城市化的各种危机此起彼伏，且由于"剥夺式积累"降临最贫困的群体并力求为富裕群体寻找拓殖空间的动力，大都市现在成为大爆发点——我们敢称之为阶级斗争吗？

将这些斗争统一的关键是把城市权作为工作口号和政治理想，因为城市权聚焦谁支配城市化和剩余生产与利用之间联系的问题。如果被剥夺者要拿回他们长期被否决的支配权，并建立新

---

① Edesio Fernandes, "Constructing the 'Right to the City' in Brazil," *Social and Legal Studies* 16, no. 2 (June 2007): 201—219. ——原注

的城市化模式，权利的民主化和广泛社会运动的建设就势在必行。唯其如此，他们的意愿才能得到贯彻。列斐伏尔坚称，革命必须在最广泛的意义上是城市的，否则就什么也不是，这一点非常正确。

参 考 文 献

ADAMS, R. McC. 1966: *The Evolution of Urban Society* (Chicago).
ALKER, H. 1969: A typology of ecological fallacies. In Dogan, M. and Rokan, S., editors, *Quantitative Ecological Analysis in the Social Sciences* (Cambridge, Massachusetts).
ALONSO, W. 1964: *Location and Land Use* (Cambridge, Massachusetts).
ALONSO, W. 1967: A reformulation of classical location theory and its relation to rent theory. *Papers of the Regional Science Association* 19, 23-44.
ALTHUSSER, L. 1969: *For Marx* (London).
ALTHUSSER, L. and BALIBAR, E. 1970: *Reading Capital* (London).
ARISTOTLE: *Ethics* (Harmondsworth, Middlesex: Penguin Edition, 1955, translated by J. A. K. Thompson).
ARROW, K. 1963: *Social Choice and Individual Values* (New York).
BACHRACH, P. 1969: A power analysis: the shaping of antipoverty policy in Baltimore. *Public Policy* 18, 155-186.
BARAN, P. and SWEEZY, P. 1968: *Monopoly Capital* (New York).
BARBOUR, V. 1950: Studies in the development of capitalism in Amsterdam in the seventeenth century. *Johns Hopkins Studies in Historical and Political Science* 67.
BECKMANN, M. J. 1969: On the distribution of urban rent and residential density. *Journal of Economic Theory* I, 60-67.
BERGMANN, G. 1964: *Logic and Reality* (Madison, Wisconsin).
BERNAL, J. D. : *Science in History* (four volumes, Cambridge, Massachusetts, 1971 edition).
BERRY, B. J. L. 1967: *The Geography of Market Centres and Retail Distribution* (Englewood Cliffs, New Jersey).

BERRY, B. J. L. and HORTON, F. 1970: *Geographic Perspectives on Urban Systems* (Englewood Cliffs, New Jersey).
BLOCH, M. 1961: *Feudal Society* (translated by L. Manyon, London).
BORTS, G. H. and STEIN, J. L. 1964: *Economic Growth in a Free Market* (New York).
BOUDEVILLE, J. R. 1966: *Problems of Regional Economic Planning* (Edinburgh).
BRIGGS, A. 1963: *Victorian Cities* (London).
BUGHANAN, J. M. 1968a: *The Demand and Supply of Public Goods* (New York).
BUCHANAN, J. M. 1968b: What kind of redistribution do we want? *Economica* 35, 185-190.
BUCHANAN, J. M. and TULLOCK, G. 1965: *The Calculus of Consent* (Ann Arbor. Michigan).
BURGESS, E. W. 1926: *The Urban Community* (Chicago).
BUTTIMER, A. 1969: Social space in interdisciplinary perspective. *Geographical Review* 59, 417-426.
BYE, C. R. 1940: *Developments and Issues in the Theory of Rent* (New York).
CARNAP, R. 1958: *An Introduction to Symbolic Logic* (New York).
CASSIRER, E. 1944: *An Essay on Man* (New Haven, Connecticut).
CASSIRER, E. 1955-7: *The Philosophy of Symbolic Forms* (three volumes, New Haven, Connecticut).
CASTELLS, M. 1970: Structuressociales et processus d'urbanization. *Annals, Economies, Societies, Civilization* 25, 1155-1199.
CHAMBERLIN, E. H. 1933: *The Theory of Monopolistic Competition* (Cambridge, Massachusetts).
CHILDE, V. G. 1942: *What Happened in History* (Harmondsworth, Middlesex).
CHINITZ, B. 1958: Contrasts in agglomeration: New York and Pittsburgh. *American Economic Review* 51, 279-289.
CLAWSON, M. 1969: Open (uncovered) space as a new urban resource. In Perloff, H. , editor, *The Quality of Urban Environment* (Baltimore).

CLIFF, A. and ORD, K. 1969: The problem of autocorrelation. In Scott, A., editor, *Studies in Regional Science* (London).

COMMITTEE OF CONCERNED ASIAN SCHOLARS, 1972, *China! Inside the People's Republic* (New York).

COOMBS, C. H. 1946: *A Theory of Data* (New York).

DACEY, M. F. 1965: Some observations on a two-dimensional language. *Technical Report No. 7, ONR Task No. 389-142* (Department of Geography, North-Western University, Evanston, Illinois).

DART, F. E. and PRADHAN, L. 1967: Cross-cultural teaching of science. *Science* 155, 649-656.

DARWENT, D. 1969: Growth poles and growthcentres in regional planning—a review. Environment and Planning 1, 5-32.

DAVIES, B. 1968: *Social Needs and Resources in Local Services* (London).

DAVIS, O. A. and WHINSTON, A. 1962: Externalities, welfare, and the theory of games. *Journal of Political Economy* 70, 241-262.

DAVIS, O. A. and WHINSTON, A. 1964: The economics of complex systems: the case of municipal zoning. *Kyklos* 27, 419-446.

DENIKE, K. G. and PARR, J. B. 1970: Production in space, spatial competition, and restricted entry. *Journal of Regional Science* 10, 49-64.

DOBB, M. 1963: *Studies in the Development of Capitalism* (New York).

DOXIADIS, K. 1968: *Ekistics* (New York).

DOWNS, A. 1970: *Urban Problems and Prospects* (Chicago).

DUHL, L. J. 1963: The human measure: man and family in megalopolis. In Wingo, L., editor, *Cities and Space: the Future Use of Urban Land* (Baltimore).

EMMANUEL, A. 1972: *Unequal Exchange* (New York).

ENGELS, F.: *The Condition of the Working Class in England in 1844* (London, 1962 edition).

ENGELS, F.: *The Housing Question* (New York, 1935 edition).

FANON, F. 1967: *The Wretched of the Earth* (Harmondsworth, Middlesex).

FISHBURN, P. C. 1964: *Decision and Value Theory* (New York).

FISHER, F. J. 1935: The development of the London food market. *Economic His-*

tory Review 5, 46-64.
FRANK, A. G. 1969: *Capitalism and Underdevelopment in Latin America* (New York).
FRIED, M. 1967: *The Evolution of Political Society* (New York).
FRIEDMANN, J. 1966: *Regional Development Policy: A Case Study of Venezuela* (Cambridge, Massachusetts).
FRIEDMANN, J. 1969a: *A general theory of polarized development*. School of Architecture and Urban Planning, University College of Los Angeles. (Mimeo.)
FRIEDMANN, J. 1969b: The role of cities in national development. *American Behavioral Scientist* 22 (5), 13-21.
GAFFNEY, M. 1961: Land and rent in welfare economics. In Ackerman, J., Clawson, M. and Harris, M., editors, *Symposium on Land Economics Research* (Washington D. C.).
GAFFNEY, M. 1969: Land rent, taxation and public policy. *Papers of the Regional Science, Association* 23, 141-153.
GAFFNEY, M. forthcoming: Releasing land to serve demand via fiscal desegregation. In Clawson, M., editor, *Modernizing Urban Land Policy* (Washington D. C.).
GANS, H. J. 1969: Planning for people not buildings. *Environment and Planning* 1, 33-46.
GANS, H. J. 1970: *People and Plans* (New York).
GODELIER, M. 1972: Structure and contradictions in Capital. In Blackburn, R., editor, *Ideology in Social Science* (London).
GRAMSCI, A. 1971: *Selections from the Prison Notebooks* (London).
GRANGER, C. W. 1969: Spatial data and time-series analysis. In Scott, A., editor, *Ideology in Social Science* (London).
GRIGSBY, W. C., ROSENBERG, L., STEGMAN, M. and TAYLOR, J. 1971: *Housing and Poverty*. Philadelphia: Institute for Environmental Studies, University of Pennsylvania.
GUTKIND, E. A. 1956: Our world from the air: conflict and adaptation. In Thomas, W. L., editor, *Man's Role in Changing the Face of the Earth* (Chi-

cago).

HALL, E. T. 1966: *The Hidden Dimension* (Garden City, New York).

HALL, J. W. 1962: Feudalism in Japan. *Comparative Studies in Society and History* 5 (I), 1-30.

HALLOWELL, A. I. 1955: *Culture and Experience* (Philadelphia).

HARCOURT, G. C. 1972: *Some Cambridge Controversies in the Theory of Capital* (Cambridge).

HARCOURT, G. C. and LAING, N. F. 1971: *Capital and Growth* (Harmondsworth, Middlesex).

HARRIS, B. 1968: Quantitative models of urban development: their role in metropolitan policy making. In Perloff, H. and Wingo, L., editors, *Issues in Urban Economics* (Baltimore).

HARVEY, D. 1969: *Explanation in Geography* (London).

HAWLEY, A. 1950: *Human Ecology* (New York).

HEGEL, G. W. 1967 edition: *The Phenomenology of Mind* (New York).

HERBERT, J. and STEVENS, B. 1960: A model for the distribution of residential activities in urban areas. *Journal of Regional Science*, 221-236.

HICKS, J. R. 1940: The rehabilitation of consumers' surplus. *Review of Economic Studies* 8, 108-116.

HICKS, J. R. 1944: The four consumers' surpluses. *Review of Economic Studies* II, 31-41.

HOBBES, T. 1651: *Leviathan* (Harmondsworth, Middlesex, Penguin Edition, 1968).

HOCH, I. 1969: The three-dimensional city: contained urban space. In Perloff, H., editor, *The Quality of Urban Environment* (Baltimore).

HOOVER, E. M. 1968: The evolving form and organization of the metropolis. In Perloff, H. and Wingo, L., editors, *Issues in Urban Economics* (Baltimore).

HOSELITZ, B. F. 1960: *Sociological Aspects of Economic Growth* (New York).

HUBERMAN, L. and SWEEZY, P. 1969: *Socialism in Cuba* (New York).

HUNT, E. K. and SCHWARTZ, J. G. editors, 1972: *A Critique of Economic Theory* (Harmondsworth, Middlesex).

HURD, R. M. 1903: *Principles of City Land Values* (The Record and Guide; New York).

ISARD, W. 1956: *Location and Space Economy* (New York).

ISARD, W., SMITH, T. E. et al. 1969: *General Theory: Social, Political, Economic and Regional* (Cambridge, Massachusetts).

JACOBS, J. 1961: *The Death and Life of Great American Cities* (New York).

JACOBS, J. 1969: *The Economy of Cities* (New York).

JEVONS, W. S. 1871: *The Theory of Political Economy* (Penguin edition, Harmondsworth, Middlesex, 1970).

JOHNSON, E. A. J. 1970: *The Organization of Space in Developing Countries* (Cambridge, Massachusetts).

JOHNSON, H. G. 1971: The Keynesian revolution and monetarist counterrevolution. *American Economic Review* I6 (2), 1-14.

DE JOUVENAL, B. 1951: *The Ethics of Redistribution* (Cambridge).

KAIN, J. F. 1968: The distribution and movement of jobs and industry. In Wilson, J. Q., editor, *The Metropolitan Enigma* (Cambridge, Massachusetts). 337

KEENE, J. C. and STRONG, A. L. 1970: The Brandywine plan. *Journal of the American Institute of Planners* 36, 50-64.

KEIPER, J. S., KURNOW, E., CLARK, C. D. and SEGAL, H. H. 1961: *Theory and Measurement of Rent* (Philadelphia).

KELLER, S. 1969: *The Urban Neighborhood: a Sociological Perspective* (New York).

Kerner Commission, 1968: *Report of the National Advisory Commission on Civil Disorders* (Washington: Government Printing Office).

KEYES, L. C. 1969: *The Rehabilitation Planning Game* (Cambridge, Massachusetts).

KIRWAN, R. M. and MARTIN, D. B. 1971: Some notes on housing market models for urban planning. *Environment and Planning* 3, 243-252.

KLUCKHOHN, C. 1954: Culture and Behavior. In Lindzey, G. editor, *Handbook of Social Psychology* volume 2 (New York).

KOTLER, M. 1969: *Neighborhood Government: The Local Foundations of*

Political Life. (Indianapolis).
KUHN, T. S. 1962: *The Structure of Scientific Revolutions* (Chicago).
LANGER, S. 1942: *Philosophy in a New Key* (Cambridge, Massachusetts).
LANGER, S. 1953: *Feeling and Form: a Theory of Art* (New York).
LAVE, L. 1970: Congestion and urban location. *Papers of the Regional Science Association* 25, 133-152.
LEE, T. R. 1968: Urban neighbourhood as a socio-spatial schema. *Human Relations* 21, 241-267.
LEFEBVRE, H. 1970: *La Revolution Urbaine* (Paris).
LEFEBVRE, H. 1972: *La Pensée Marxiste et la Ville* (Paris).
LEIBNIZ, G. W. 1934 edition: *Philosophical Writings* (Dent: London).
LEVEN, C. 1968: Towards a theory of the city. In G. Hemmens, editor, *Urban Development Models* (National Academy of Sciences, Highway Research Board, *Special Report* 97, Washington D. C.).
LÉVI-STRAUSS, C. 1963: *Structural Anthropology* (New York).
LÉVI-STRAUSS, C. 1966: *The Savage Mind* (Chicago).
LEIBENSTEIN, H. 1966: Allocative efficiency versus x-efficiency. *American Economic Review* 61, 392-415.
LOPEZ, R. S. 1952: The trade of medieval Europe: the South. In Postan, M. and Rich, E. E., editors, *The Cambridge Economic History of Europe* Vol. 2 (Cambridge).
LORENZ, K. 1966: *On Aggression* (New York).
LÖSCH, A. 1954: *The Economics of Location* (New Haven, Connecticut).
LOWENTHAL, D. and PRINCE, H. 1964: The English landscape. *Geographical Review* 54, 304-346.
LOWRY, I. 1960: Filtering and housing standards. *Land Economics* 36, 362-370.
LOWRY, I. 1965: A short course in model design. *Journal of the American Institute of Planners* 31, 158-166.
LUCE, R. D. and RAIFFA, H. 1957: *Games and Decisions* (New York).
LUKACS, G. 1971: *Lenin* (London).
LUXEMBURG, R. 1951: *The Accumulation of Capital* (London).

LYNCH, K. 1960: *The Image of the City* (Cambridge, Massachusetts).
MCFARLANE SMITH, I. D. 1964: *Spatial Ability* (New York).
MAKIELSKI, S. J. 1966: *The Politics of Zoning* (New York).
MAO TSE-TUNG 1966: *Four Essays on Philosophy* (Peking).
MARGUSE, H. 1964: *One-Dimensional Man* (London).
MARGOLIS, J. 1965: *The Public Economy of Urban* Communities (Washington).
MARGOLIS, J. 1968: The demand for urban public services. In Perloff, H. and Wingo, L., editors, *Issues in Urban Economics* (Baltimore).
MARX, K.: *The Poverty of Philosophy* (New York: International Publishers Edition, 1963).
MARX, K.: *The Economic and Philosophic Manuscripts of 1844* (New York: International Publishers Edition, 1964).
MARX, K.: *A Contribution to the Critique of Political Economy* (New York: International Publishers Edition, 1970).
MARX, K.: *Critique of the Gotha Programme* (New York: International Publishers Edition, 1938).
MARX, K.: *Pre-Capitalist Economic Formations* (New York: International Publishers Edition, 1967).
MARX, K.: *Theories of Surplus Value* (Moscow: Progress Publishers Edition, Part I, 1967; Part 2, 1968; Part 3, 1972).
MARX, K.: *The Grundrisse* (London Macmillan Press, 1971, translated and edited by D. McLellan).
MARX, K. and ENGELS, F.: *Manifesto of the Communist Party* (Moscow: Progress Publishers Edition, 1952).
MARX, K. and ENGELS, F.: *The German Ideology* (New York: International Publishers Edition, 1970).
MARX, K. and ENGELS, F.: *Selected Correspondence* (Moscow: Progress Publishers Edition, 1955).
MATTICK, P. 1969: *Marx and Keynes* (London).
MÉSZÁROS, I. 1970: *Marx's Theory of Alienation* (London).
MEYER, J. R. 1968: Urban transportation. In Wilson, J. Q., editor, *The Met-

ropolitan Enigma (Cambridge, Massachusetts).

MILLER, S. M. and ROBY, P. 1970: *The Future of Inequality* (New York).

MILLS, C. W. 1959: *The Sociological Imagination* (New York).

MILLS, E. S. 1967: An aggregative model of resource allocation in a metropolitan area. *American Economic Review* 57, 197-210.

MILLS, E. S. 1969: The value of urban land. In Perloff, H., editor, *The Quality of Urban Environment* (Washington).

MILLS, E. S. 1972: *Studies in the Structure of the Urban Economy* (Baltimore).

MILNER-HOLLAND Report, 1965: *Report of the Committee on Housing in Greater London* (London: HMSO, Cmnd, 2605).

MINAS, J. S. and ACKOFF, R. L. 1964: Individual and collective value judgments. In Shelly, M. W. and Bryan, G. L., editors, *Human Judgments and Optimality* (New York).

MISHAN, E. J. 1967: *The Costs of Economic Growth* (New York).

MISHAN, E. J. 1968: What is producers' surplus? *American Economic Review* 58, 1268-1282.

MISHAN, E. J. 1969: *Welfare Economics: Ten Introductory Essays* (New York).

MISHAN, E. J. 1971: *Cost-Benefit Analysis* (London).

MUSIL, J. 1968: The development of Prague's ecological structure. In Pahl, R. E., editor, *Readings in Urban Sociology* (London).

MUTH, R. 1969: *Cities and Housing* (Chicago).

MYRDAL, G. 1957: *Economic Theory and Under-Developed Regions* (London).

NAGEL, E. 1961: *The Structure of Science* (New York).

NETZER, D. 1968: Federal, state and local finance in a metropolitan context. In Perloff, H. and Wingo, L., editors, *Issues in Urban Economics* (Baltimore).

NUNNALLY, J. C. 1967: *Psychometric Theory* (New York).

OLLMAN, B. 1971: *Alienation: Marx's Conception of Man in Capitalist Society* (Cambridge).

OLLMAN, B. 1972: *Marxism and Political Science: Prolegomenon to a Debate on Marx's Method* (Unpublished Ms., Department of Political Science, New York University, New York).

OLSON, M. 1965: *The Logic of Collective Action* (Cambridge, Massachusetts).
ORANS, M. 1966: Surplus. *Human Organization* 25, 24-32.
PAHL, R. 1965: *Urbs in Rure* (London: London School of Economics, Geographical Paper 2).
PARK, R. E., BURGESS, E. W. and MCKENZIE, R. D. 1925: *The City* (Chicago).
PEARSON, H. 1957: The economy has no surplus: a critique of a theory of development. In Polanyi, K., Arensberg, C. M. and Pearson, H. W., editors, *Trade and Market in Early Empires* (New York).
PIAGET, J. 1970: *Structuralism* (New York).
PIAGET, J. 1972a: *The Principles of Genetic Epistemology* (London).
PIAGET, J. 1972b: *Insights and Illusions of Philosophy* (London).
PLAGET, J. and INHELDER, B. 1956: *The Child's Conception of Space* (London).
PIRENNE, H. 1925: *Medieval Cities* (Princeton, New Jersey).
POLANYI, K. 1944: *The Great Transformation* (Boston).
POLANYI, K. 1968: *Primitive, Archaic and Modern Economies: Essays of Karl Polanyi* (edited by G. Dalton) (Boston).
POSTAN, M. 1952: The trade of medieval Europe: the North. In Postan, M. and Rich, E. E., editors, *The Cambridge Economic History of Europe* Vol. 2 (Cambridge).
PRED, A. 1966, *The Spatial Dynamics of US Urban-Industrial Growth* (Cambridge, Massachusetts).
PROSHANSKY, H. M., ITTLESON, W. H. and RIVLIN, L. G. 1970: *Environmental Psychology* (New York).
QUIRK, J. and SAPOSNIK, R. 1968, *Introduction to General Equilibrium Theory and Welfare Economics* (New York).
RATCLIFFE, R. U. 1949: *Urban Land Economics* (New york).
RAWLS, J. 1969: Distributive justice. In Laslett, P. and Runciman, W. G., editors, *Philosophy, Politics and Society* (Third Series) (Oxford).
RAWLS, J. 1971: *A Theory of Justice* (Cambridge, Massachusetts).
REICHENBACH, H. 1958: *The Philosophy of Space and Time* (New York).

REPORT ON CONGLOMERATES 1971: *House Judiciary Committee* (Staff Report) (Washington: Government Printing Office).
RESCHER, N. 1966: *Distributive Justice* (Indianapolis).
RICARDO, D. 1817: *Principles of Political Economy and Taxation* (Harmondsworth, Middlesex: Penguin Edition, 1971).
RIDKER, R. G. 1967: *Economic Costs of Air Pollution—Studies in Measurement* (New York).
RIESSMAN, F., COHEN, J. and PEARL, A. editors 1964: *The Mental Health of the Poor* (New York).
ROSE, H. and ROSE, S. 1969: *Science and Society* (Harmondsworth, Middlesex).
ROTHENBERG, J. 1967: *Economic Evaluation of Urban Renewal* (Washington).
RUNCIMAN, W. C. 1966: *Relative Deprivation and Social Justice* (London).
SCHMIDT, A. 1971: *The Concept of Nature in Marx* (London).
SCHNEIDER, J. B. 1967: Measuring the locational efficiency of the urban hospital. *Health Service Research* 2, 154-169.
SCHNEIDER, J. B. 1968: Measuring, evaluating, and redesigning hospital-physician-patient spatial relationships in metropolitan areas. *Inquiry* 5, 24-43.
SCHULTZ, G. P. 1969: Facility patterns for a regional health care system. *Regional Science Research Institute*, *Discussion Paper* 34, Philadelphia.
SEGALL, M. H., CAMPBELL, D. T. and HERSKOVITS, M. J. 1966: *The Influence of Culture on Visual Perception* (Indianapolis).
SEIDEL, M. R. 1969: The margins of spatial monopoly. *Journal of Regional Science* 9, 353-368.
SHEPARD, R. N. 1966: Metric structures in ordinal data. *Journal of Mathematical Psychology* 3, 287-315.
SHERRARD, T. D. editor 1968: *Social Welfare and Urban Problems* (New York).
SJOBERG, G. 1960: *The Preindustrial City* (New York).
SMITH, A., 1776: *An Inquiry into the Nature and Causes of the Wealth of Nations* (New York: Modern Library Edition, 1937).

SMITH, C. T. 1967: *An Historical Geography of Western Europe before 1800* (London).
SMITH, M. B., BRUNER, J. S. and WHITE, R. W. 1965: *Opinions and Personality* (New York).
SMITH, W. F. 1966: The income level of new housing demand. In *Essays in Urban Land Economics* (Los Angeles: Real Estate Research Program, University of California).
SMITH, W. F. 1970: *Housing: the Social and Economic Elements* (Berkeley).
SOMMER, R. 1969: *Personal Space: the Behavioral Basis of Design* (Englewood Cliffs, New Jersey).
SPOEHR, A. 1956: Cultural differences in the interpretation of natural resources. In Thomas, W. L., editor, *Man's Role in Changing the Face of the Earth* (Chicago).
STEINITZ, C. 1968: Meaning and congruence of urban form and activity. *Journal American Institute of Planners* 34, 233-248.
STERNLIEB, G. 1966: *The Tenement Landlord* (New Brunswick, New Jersey).
STEVENS, B. H. and RYDELL, C. P. 1966: Spatial demand theory and monopoly price policy. *Papers of the Regional Science Association* 17, 195-204.
SUTTLES, G. D. 1968: *The Social Order of the Slum* (Chicago).
TAWNEY, R. H. 1931: *Equality* (London).
TAWNEY, R. H. 1937: *Religion and the Rise of Capitalism* (Harmondsworth, Middlesex).
TAYLOR, P. J. 1969: The location variable in taxonomy. *Geographical Analysis* I, 181-195.
TEITZ, M. 1968: Toward a theory of urban public facility location. *Papers of the Regional Sciences Association* 21, 25-52.
THOMPSON, W. R. 1965: *A Preface to Urban Economics* (Baltimore).
THRUPP, S. 1948: *The Merchant Class of Medieval London, 1300-1500* (Chicago).
TIEBOUT, C. M. 1956: A pure theory of local expenditures. *Journal of Political Economy* 64, 416-424.
TIEBOUT, C. M. 1961: An economic theory of fiscal decentralization. In Uni-

versities National Bureau Committee for Economic Research, *Public Finances*; *Needs, Sources and Utilization* (Princeton).

TIMMS, D. 1971: *The Urban Mosaic* (Cambridge).

TINBERGEN, N. 1953: *Social Behaviour in Animals* (London).

TITMUSS, R. M. 1962: *Income Distribution and Social Change* (London).

TOBLER, W. 1963, Geographic area and map projection. *Geographical Review*, 53, 59-78.

TUAN, YI-FU 1966: *The Hydrological Cycle and the Wisdom of God* (University of Toronto Press: Department of Geography Research Publications).

VALDES, N. P. 1971: Health and revolution in Cuba. *Science and Society* 35, 311-335.

VANCE, J. E. 1970: *The Merchant's World: the Geography of Wholesaling* (Englewood Cliffs, New Jersey).

VEBLEN, T. 1923: *Absentee Ownership* (Beacon Press edition: Boston, 1967).

WARNER, S. B. 1968: *The Private City* (Philadelphia).

WEBBER, M. 1963: Order in diversity: community without propinquity. In Wingo, L., editor, *Cities and Space: the Future Use of Urban Land* (Baltimore).

WEBBER, M. 1964: Culture, territoriality and the elastic mile. *Papers of the Regional Science Association* II, 59-69.

WEBER, M. 1908: *The Protestant Ethic and the Spirit of Capitalism* (New York: Scribner's Edition, 1958).

WEBER, M. 1947: *The Theory of Economic and Social Organization* (New York: Oxford University Press Edition).

WEBER, M. 1958: *The City* (New York: Free Press Edition).

WEISBROD, B. A. 1965: Geographic spillover effects and the allocation of resources to education. In Margolis, J., editor, *The Public Economy of Urban Communities* (Washington).

WHEATLEY, P. 1969: *The City as Symbol* (London: Inaugural Lecture, University College of London).

WHEATLEY, P. 1971: *The Pivot of the Four Quarters* (Chicago).

WHITEMAN, M. 1967: *Philosophy of Space and Time* (London).

WILLIAMS, A. 1966: The optimal provision of public goods in a system of local government. *Journal of Political Economy* 74, 18-33.
WILSON, A. G. 1970: *Entropy in Urban and Regional Modelling* (London).
WILSON, C. 1941: *Anglo-Dutch Commerce and Finance in the Eighteenth Century* (Cambridge).
WILSON, C. 1965: *England's Apprenticeship* (London).
WILSON, N. L. 1955: Space, time and individuals. *Journal of Philosophy* 52, 589-598.
WIRTH, L. 1938: Urbanism as a way of life. *American Journal of Sociology* 44, 1-24.
WOLF, E. 1959: *Sons of the Shaking Earth* (Chicago).
WOOD, R. C. 1963: The contributions of political science to urban form. In Hirsch, W. Z., editor, *Urban Life and Form* (New York).
YOCUM, J. E. and MCCALDIN, R. O. 1968: Effects of air pollution on materials and economy. In Stern, A. C., editor, *Air Pollution* volume 2 (second edition) (New York).

人名索引

(数字为英文原书页码,在本书中为边码)

Abercrombie, P. 帕特里克·阿伯克龙比 25
Adams, R. McC. 罗伯特·麦考密克·亚当斯 220-222, 230, 232
Alker, H. 海沃德·阿尔克 99
Alonso, W. 威廉·阿隆索 55, 134, 138, 141, 161, 168-169, 171, 176, 183, 189, 192, 280
Althusser, L. 路易·阿尔都塞 125, 290
Aristotle 亚里士多德 98, 130
Arrow, K. 肯尼斯·阿罗 80

Bachrach, P. 彼得·巴克拉克 78
Balibar, E. 艾蒂安·巴里巴尔 125
Banfield, E. 爱德华·班菲尔德 131, 144
Baran, P. 保罗·巴兰 205, 266, 283
Beckmann, M. J. 马丁·贝克曼 161, 171
Bentham, J. 杰里米·边沁 98
Bergmann, G. 古斯塔夫·伯格曼 39
Bernal, J. D. 约翰·德斯蒙德·贝尔纳 121-122

Berry, B. J. L. 布莱恩·约翰·贝里 89, 131
Bloch, J. 约瑟夫·布洛赫 197, 200
Bloch, M. 马克·布洛赫 250
Böhm-Bawerk, E. 欧根·冯·庞巴维克 127
Borts, G. H. 乔治·博茨 112
Boudeville, J. R. 雅克·布代维尔 92
Briggs, A. 阿萨·布里格斯 274
Bruner, J. 杰罗姆·布鲁纳 83
Buchanan, J. M. 詹姆斯·麦基尔·布坎南 59, 66, 72-73, 76, 80, 108
Burgess, E. W. 欧内斯特·沃森·伯吉斯 131, 133-134
Buttimer, A. 安·布蒂默 25

Campbell, D. T. 唐纳德·托马斯·坎贝尔 208
Carnap, R. 鲁道夫·卡那普 38
Cassirer, E. 恩斯特·卡西尔 25, 28
Castells, M. 曼纽尔·卡斯特 232, 236
Chamberlin, E. H. 爱德华·哈斯

丁·张伯伦 179, 183
Childe, V. G. 维尔·戈登·柴尔德 208, 220, 222-223, 229-231
Chinitz, B. 本杰明·奇尼茨 269
Christaller, W. 瓦尔特·克里斯塔勒 209
Clawson, M. 马里恩·克劳森 69
Cliff, A. 安德鲁·克利夫 42
Coombs, C. H. 克莱德·汉密尔顿·库姆斯 80

Dacey, M. F. 迈克尔·达西 39
Dart, F. E. 弗朗西斯·达特 35
Darwent, D. 大卫·达文特 92
Davies, B. 布莱迪·戴维斯 101, 107
Davis, O. A. 奥托·戴维斯 59, 65-67, 74, 80, 93
Denike, K. G. 肯尼斯·德尼克 169
Dobb, M. 茅里斯·杜勃 253-254
Doxiadis, C. 康斯坦丁·道萨迪亚斯 25, 303
Duhl, L. J. 伦纳德·杜尔 83, 85

Emmanuel, A. 阿吉里·伊曼纽尔 182, 275
Engels, F. 弗里德里希·恩格斯 125-126, 132-135, 141-144, 147, 174, 187, 197-198, 200, 204, 216, 226, 235, 261, 296

Fanon, F. 弗朗茨·法农 263
Fishburn, P. C. 彼得·菲什伯恩 80

Fisher, F. J. 杰克·费希尔 258
Forrester, J. W. 杰·赖特·福雷斯特 303
Frank, A. G. 安德烈·冈德·弗兰克 232, 238, 262, 275
Fried, M. 莫顿·弗里德 196, 206-207, 209-210, 212, 215
Friedman, M. 米尔顿·弗里德曼 109
Friedmann, J. 约翰·弗里德曼 92, 238

Gaffney, M. 梅里尔·梅森·加夫尼 169, 177, 183, 186-187, 193
Gans, H. 赫伯特·甘斯 44, 46, 161
George, H. 亨利·乔治 185
Godelier, M. 莫里斯·戈德利尔 290-292, 305
Gramsci, A. 安东尼奥·葛兰西 149, 234
Granger, C. W. 克莱夫·格兰杰 42-43
Grigsby, W. 威廉·格里格斯比 112, 140
Gutkind, E. A. 欧文·安东·古德金 208

Hall, E. T. 爱德华·特威切尔·霍尔 24
Hall, J. W. 约翰·惠特尼·霍尔 205
Hallowell, A. I. 阿尔弗雷德·欧文·

哈洛韦尔 24
Harcourt, G. C. 杰弗里·科林·哈考特 191-192
Harris, B. 布里顿·哈里斯 38
Harvey, D. 戴维·哈维 25, 29
Haussmann, G. 乔治-欧仁·豪斯曼 143
Hawley, A. 阿莫斯·霍利 173-174, 176, 187
Hegel, G. W. 格奥尔格·威廉·黑格尔 157, 287, 290
Herbert, J. 约翰·赫伯特 161
Herskovits, M. 梅尔维尔·赫斯科维茨 208
Hicks, J. R. 约翰·理查德·希克斯 169
Hobbes, T. 托马斯·霍布斯 212
Hoch, I. 欧文·霍克 58
Hoover, E. M. 埃德加·马龙·胡佛 95
Horton, F. 弗兰克·霍顿 131
Hoselitz, B. 伯特·霍塞利茨 233
Howard, E. 埃比尼泽·霍华德 25-26
Huberman, L. 利奥·休伯曼 113
Hume, D. 大卫·休谟 98
Hunt, E. K. 埃默里·凯·亨特 185, 192
Hurd, R. M. 理查德·梅兰克森·赫德 166

Inhelder, B. 芭贝尔·英海尔德 25, 35

Isard, W. 沃尔特·艾萨德 48, 74-75, 81, 92

Jacobs, J. 简·雅各布斯 44, 233, 273, 282
Jefferson, T. 托马斯·杰斐逊 110
Jevons, W. S. 威廉姆·斯坦利·杰文斯 153-155, 157, 161
Johnson, E. A. J. 埃德加·奥古都·杰罗姆·约翰逊 209, 234, 249
Johnson, H. G. 哈利·约翰逊 122-124
Jouvenal, B. de 贝特朗·德·儒弗内尔 277

Kain, J. F. 约翰·卡因 61
Kant, E. 伊曼纽尔·康德 14, 154, 287
Keene, J. C. 约翰·基恩 77
Keiper, J. S. 约瑟夫·凯佩尔 177
Keller, S. 苏珊·凯勒 91
Kerner, O. 奥托·克纳 61, 71, 88, 134
Keyes, L. C. 兰利·卡尔顿·凯斯 77
Keynes, J. M. 约翰·梅纳德·凯恩斯 122, 124, 148, 244
Kirwan, R. M. 理查德·马丁·柯万 162
Kluckhohn, C. 克莱德·克拉克洪 83
Kotler, M. 米尔顿·科特勒 78, 92

人 名 索 引

Kuhn, T. S. 托马斯·塞缪尔·库恩 120-123, 126, 299

Laing, N. F. 尼尔·富勒顿·莱恩 192

Langer, S. 苏珊·朗格 25, 30-31, 214

Lave, L. 莱斯特·莱夫 135, 187

Lavoisier, A. 安托万-洛朗·拉瓦锡 126

Lee, T. R. 特伦斯·李 34

Lefebvre, H. 亨利·列斐伏尔 236, 302, 305-309, 311-313

Leibniz, G. W. 戈特弗里德·威廉·莱布尼茨 13, 184, 286, 289

Lenin, V. I. 弗拉基米尔·伊里奇·列宁 127

Leonardo da Vinci 列奥纳多·达·芬奇 214

Leven, C. 查尔斯·利文 22, 27

Lévi-Strauss, C. 克洛德·列维-斯特劳斯 32, 208

Leibenstein, H. 哈维·莱宾斯坦 92, 97

Lopez, R. S. 罗伯特·萨巴提诺·洛佩斯 255-256

Lorenz, K. 康拉德·劳伦兹 24

Lösch, A. 奥古斯特·勒施 48, 88-89, 148, 178-179, 183, 189, 209, 262

Lowenthal, D. 大卫·洛温塔尔 32

Lowry, I. 艾拉·劳里 58, 172

Luce, R. D. 罗伯特·邓肯·卢斯 80

Lukacs, G. 乔治·卢卡奇 202

Luther, M. 马丁·路德 212

Luxemburg, R. 罗莎·卢森堡 218, 220, 225, 227-228

Lynch, K. 凯文·林奇 25, 34

McFarlane Smith, I. D. 伊恩·麦克法兰·史密斯 36, 82

McKenzie, R. D. 罗德里克·邓肯·麦肯齐 131

Makielski, S. J. 斯坦尼斯拉夫·马基尔斯基 67

Mao, Tse-Tung 毛泽东 110, 236, 291

Marcuse, H. 赫伯特·马尔库塞 23, 84, 309

Margolis, J. 朱利叶斯·马戈利斯 58-59

Marshall, A. 阿尔弗雷德·马歇尔 181, 184

Marx, K. 卡尔·马克思 14-18, 108, 125-129, 141, 147, 153-156, 162, 168, 178-186, 190-192, 197-202, 204-206, 208, 211-212, 214, 216-230, 233, 235, 244-245, 250, 252-253, 257, 259, 261, 264, 266, 272, 286-306, 310, 312

Mattick, P. 保罗·马蒂克 244

Menger, K. 卡尔·门格尔 127

Mészáros, I. 伊斯特万·梅扎罗斯 279

Meyer, J. R. 约翰·罗伯特·迈

耶 62
Mill, J. S. 约翰·斯图尔特·穆勒 98
Miller, S. M. 西摩·迈克尔·米勒 99, 294-295
Mills, C. W. 查尔斯·赖特·米尔斯 23-24
Mills, E. S. 埃德温·史密斯·米尔斯 55, 161, 171, 176-177, 187, 189, 191-193
Milner-Holland 米尔纳-霍兰德 112
Minas, J. S. 詹姆斯·塞耶·米纳斯 80
Mishan, E. J. 埃兹拉·米尚（又名爱德华·米尚）58-59, 64, 95, 169-170
Musil, J. 吉日·穆西尔 236
Muth, R. 理查德·穆斯 61-64, 134, 136-138, 141, 161-162, 167-168, 171, 176, 178, 189, 191-192, 280
Myrdal, G. 贡纳尔·缪尔达尔 112, 263

Nager, E. 欧内斯特·内格尔 122
Netzer, D. 狄克·内茨尔 52, 78, 93
Newton, I. 艾萨克·牛顿 121, 214, 291
Nunnally, J. G. 朱马·农纳利 80

Ollman, B. 伯特尔·奥尔曼 154, 157, 185, 199, 223, 226, 287-289, 302

Olson, M. 曼瑟·奥尔森 75-77, 92-93
Orans, M. 马丁·奥兰斯 217, 224, 230

Pahl, R. E. 雷蒙德·爱德华·帕尔 83
Park, R. E. 罗伯特·埃兹拉·帕克 131, 133-134, 195
Parr, J. B. 约翰·帕尔 169
Pearson, H. 哈里·皮尔森 113, 139, 218, 220-222, 226, 229, 231
Petty, W. 威廉·配第 180
Piaget, J. 让·皮亚杰 25, 35, 287-289, 297, 299, 302
Pigou, A. 阿瑟·庇古 184
Pirenne, H. 亨利·皮朗 247, 253
Plato 柏拉图 23
Polanyi, K. 卡尔·波兰尼 206-207, 209, 212, 217-218, 221-222, 226, 251, 253, 265, 273
Postan, M. 迈克尔·波斯坦 253-254, 258
Pred, A. 艾伦·普雷德 232
Priestley, J. 约瑟夫·普利斯特列 126
Prince, H. 休·普林斯 32
Proshansky, H. 哈罗德·普罗夏斯基 33

Quirk, J. 詹姆斯·夸克 80

人 名 索 引

Raiffa, H. 霍华德·莱福 80
Ratcliffe, R. U. 理查德·拉特克里夫 186
Rawls, J. 约翰·罗尔斯 15, 98-99, 109, 111
Redcliffe-Maud 雷德克利夫-莫德 87, 94
Reichenbach, H. 汉斯·赖兴巴赫 30
Rescher, N. 尼古拉斯·雷舍尔 98-99
Ricardo, D. 大卫·李嘉图 122, 125, 141, 153-154, 157, 159, 179-181, 184, 188
Ridker, R. G. 罗纳德·里德克 71
Riessman, F. 弗兰克·里斯曼 85
Robinson, J. 琼·罗宾逊 157, 192
Roby, P. 帕梅拉·罗比 99, 294-295
Rose, H. 希拉里·罗斯 122
Rothenberg, J. 杰罗姆·罗滕伯格 58, 106
Rousseau, J. 让-雅克·卢梭 23, 98
Runciman, W. G. 沃尔特·加里森·朗西曼 98, 100, 103

Saposnik, R. 鲁宾·萨波斯尼克 80
Schmidt, A. 阿尔弗雷德·施米特 217, 297
Schmidt, C. 康拉德·施米特 198
Schneider, J. B. 杰瑞·施耐德 90
Schultz, G. P. 乔治·舒尔茨 90
Schwartz, J. G. 杰西·乔治·施瓦茨 185, 192

Segall, M. H. 马歇尔·西格尔 208
Seidel, M. R. 马奎斯·赛德尔 183
Shepard, R. N. 罗杰·谢泼德 80
Sherrard, T. D. 托马斯·谢拉德 79
Sjoberg, G. 吉迪恩·斯乔伯格 260
Smith, A. 亚当·斯密 122, 125, 153-154, 184, 186, 233, 238
Smith, C. T. 克利福德·索普·史密斯 234
Smith, M. B. 马伦·布鲁斯特·史密斯 83
Smith, W. F. 华莱士·史密斯 166-167, 173
Sommer, R. 罗伯特·萨默 24, 31, 45-46, 83, 86
Spoehr, A. 亚历山大·斯波尔 139
Sraffa, P. 皮埃罗·斯拉法 192
Steinitz, C. 卡尔·斯坦尼兹 34
Sternlieb, G. 乔治·斯特恩列波 140
Stevens, B. H. 本杰明·史蒂文斯 161
Suttles, G. D. 杰拉尔德·萨托斯 161
Sweezy, P. 保罗·斯威齐 113, 205, 266, 283

Tawney, R. H. 理查德·亨利·托尼 98, 212
Taylor, P. J. 彼得·詹姆斯·泰勒 39
Teitz, M. 迈克尔·泰茨 89-90
Thompson, W. R. 威尔伯·理查德·汤普森 52, 59, 68, 70, 78, 84, 89, 92   347

Thrupp, S. 茜尔维亚·思拉普 254
Thünen, J. H. von 约翰·海因里希·冯·杜能 134, 136-137, 141, 180, 187-189, 193-194, 280
Tiebout, C. M. 查尔斯·蒂博特 87, 90-91, 93
Timms, D. 邓肯·蒂姆斯 281
Tinbergen, N. 尼古拉斯·廷贝亨 24
Titmuss, R. M. 理查德·莫里尔·蒂特马斯 53-54, 98, 278, 295
Tobler, W. 沃尔多·托布勒 35
Tuan, Yi-Fu 段义孚 214
Tullock, G. 戈登·塔洛克 108

Valdès, N. P. 尼尔森·瓦尔德斯 137-138
Vance, J. 詹姆斯·万斯 267
Veblen, T. 索尔斯坦·凡勃伦 267

Warner, S. B. 萨姆·巴斯·沃纳 274
Webber, M. 梅尔文·韦伯 26-27, 32, 44-45, 83-84, 91, 309

Weber, M. 马克斯·韦伯 110, 203, 212, 305
Weisbrod, B. A. 伯顿·魏斯布罗德 93
Wheatley, P. 保罗·惠特利 205-206, 209, 213, 220-222, 224, 229, 231-232, 241, 280-281, 294
Whinston, A. 安德鲁·惠斯顿 59, 65-67, 74, 80, 93
Whiteman, M. 迈克尔·怀特曼 184, 214
Wicksell, K. 克努特·维克塞尔 184
Williams, A. 艾伦·威廉斯 93
Wilson, A. G. 艾伦·杰弗里·威尔逊 55, 161, 303
Wilson, C. 查尔斯·威尔逊 214, 259
Wilson, N. L. 尼尔·威尔逊 38
Wirth, L. 路易斯·沃思 195
Wolf, E. 埃里克·沃尔夫 234, 248
Wood, R. C. 罗伯特·伍德 73

Yocum, J. E. 约翰·约克姆 71

关键词索引

（数字为英文原书页码，在本书中为边码）

Accumulation 积累
　　of capital 资本积累 231-233, 244, 249, 255, 269, 272, 275, 309
　　of surplus 剩余积累 216-223, 227-223, 231-233, 238-240, 249, 309
　　of wealth 财富积累 53-54, 64-68, 109, 158, 163-164, 254-255
　　primitive 原始积累 227-228, 233-235, 243, 249, 255
Accessibility 可达性 56-57, 68-73, 86, 161, 169, 186, 239
Agriculture 农业 204, 236, 243, 258-259
　　surplus product from 农业剩余产品 216-223, 230-231, 262-264
Algeria 阿尔及利亚 264
Alienation 异化 156-157, 279, 311, 314
　　inlabour 异化劳动 220, 225-226, 230
Allocation of Resources *see* Investment 资源配置
Amsterdam 阿姆斯特丹 250, 258-260
Anomalies 异常现象 120-122, 128, 299
Antwerp 安特卫普 250, 258
Architecture 建筑学 31-312, 228, 261, 280-281, 283
Art 艺术 24, 197
Augsburg 奥格斯堡 247, 250
Automobile 汽车 45, 51, 56, 267, 270-271

Baltimore 巴尔的摩 9, 78, 112, 140, 270, 280-281
Banks *see* Institutions, financial 银行
Bargaining 议价 72, 74-76
Bavaria 巴伐利亚 247
Behaviour 行为
　　in space 空间行为 23-25, 27-36, 82-86
　　learning 学习行为 33-36, 83-86
Bid-Rent Function 竞租函数 134-136, 161-162, 176, I89, 280
Birmingham 伯明翰 260, 269
"Blow-out" "爆裂" 173-176, 187
Boston 波士顿 34
Brazil 巴西 84

Bristol 布里斯托尔 260
Britain 英国 54，87，94-95，110，112，130，276-278
Bureaucracy 官僚体制 110-111，210，221，234，236，274，279
Byzantium 拜占庭 247

Capital 资本 177，180，199，225，229
  accumulation of see Accumulation
  constant 资本积累 181，224
  fixed 固定资本 51，158，191-192，199，203，268，309-314（see also Investment, public）
  flow 流动资本 see Mobility, of capital; Circulation
  nature of 资本本质 154，191-192，300-301，313
  organic composition of 资本有机构成 310-313
  valuation of 资本估值 267-268，313
  variable 可变资本 224（see also Wages）
Capitalism 资本主义 108-116，126-128，139-144，146，168，170，174，178-191，199-200，202，204-206，211-215，224-225，228，231，238，242-245，249-252，255，261-284，289-290，292-293，299，306
  as a mode of production 资本主义生产方式 174，178-191，202，205-206，211-215，261-284
  origins of 资本主义起源 255-262

Categories 范畴，类别 12，120-128，145-146，150-151，198-199，297-303（see also Concepts）
Chicago 芝加哥 131-132，137，188
China 中国 110，115，205，209，235-237，246，264，308
Circulation of Surplus（Value）剩余价值流通 227，231，238-240，257，276，312-315
  circuits in 剩余价值流通回路 312-314
  geography of 剩余价值流通地理学 230-240，243-244，246-250，258-259，262-264，269，277
Cities 城市
  built-form of 城市建成形式 203-204，228，241，260-261，271-272，283-284，303，307
  generative 生产性城市 233，240，249-250，269
  nature of 城市本质 195-196，203-205，303-314
  parasitic 寄生性城市 233-234，248，260
  （see also Urbanism）
City Forms 城市形态
  ancient 古代城市形态 204，209，216，220-223，227，293-294，304-305
  capitalist 资本主义城市形态 213，232，245，261-262，264-265，269-273，276-277，280-284，305-304
  colonial 殖民地城市形态 232，262-

265, 308
feudal 封建城市形态 204, 247, 250-261
industrial 工业城市形态 204, 243, 274, 281, 305-314
merchant 商业城市形态 247, 252-261, 267, 305
redistributive 再分配城市形态 213, 227, 241, 241, 280-281
socialist 社会主义城市形态 235-237, 306, 319
welfare state 福利国家城市形态 276-278

Class 阶级 40, 70, 81, 103, 202, 204-206, 209-215, 219, 222, 228, 230, 239, 260, 281-283, 304
monopoly 垄断阶级 170-171, 179, 182, 191, 194
(see also Stratification)

Coalitions 联盟 65-66, 74-78
Coercion 胁迫 201, 208, 210, 215, 221, 223-226
Cognitive Map 认知地图 33-37
Cognitive Skills 认知能力 82-87
Collective Action 集体行动 72-79, 282
Collective Decisions 集体决策 78-79
Colombia 哥伦比亚 308
Colonialism 殖民主义 232, 263-264
Commodity 商品
　labour as 劳动力商品化 211-213, 243, 265, 278-279, 281
　land as 土地商品化 157-160, 162, 177, 182, 243
　nature of 商品本质 153-157, 211
Communist Societies see Socialism 共产主义社会
Community 社区 73, 75-78, 91-93, 209, 281-282
　control 社区控制 87, 92, 111
　(see also Neighbourhood)
Competition 竞争 109, 114-116, 134, 138-144, 156, 162, 164-165, 179, 194, 211, 242, 255-257, 266, 276
　monopolistic 垄断性竞争 168, 179, 267-274
　spatial 空间竞争 179, 183-184
Concepts 概念,观念 22, 120-128, 141, 145-146, 148, 150-151, 297-303
　for urban planning 城市规划概念 22-49
　(see also Categories)
Conflict 冲突,矛盾 73-75, 91, 94-95, 97, 197, 201-204, 289, 306
　(see also Contradiction)
Consumer Choice 消费者选择 80, 158
Consumer Sovereignty 消费者主权 160, 238, 272
Consumption 消费 53, 59, 207-208, 239, 271-272, 295-296
Contiguity 邻近性 38-44
Contradiction 矛盾 10, 26-27, 130, 202-204, 234, 236-237, 249, 289, 293, 299, 304-305

349

within structures 内部结构矛盾 291-292, 299

between structures 结构间矛盾 291-292, 304-305

Contribution to Common Good 共同利益贡献 105-106

Control 控制 121, 124-125, 148

Cooperation 合作 156, 208-210

Corporations 公司 209, 266-273, 279, 283

Credit 信用 202, 259 (*see also* Mortgages)

Crises 危机 122, 129, 201-202, 244-245, 248-249, 264-265, 271, 312

Cuba 古巴 115, 137-138, 235-236

Cultural Relativism 文化相对主义 28, 35-36, 80-86, 101-102, 217-231, 310

within the urban system 城市系统中的文化相对主义 45-46, 80-86, 309-310

Culture 文化 32-36, 81-86, 160, 217-220, 278, 309-310

evolution of 文化演变 45-46, 83-86, 217-231, 309-310

Demand 需求

and supply 需求与供给 61-62, 69, 88-90, 102-105, 166-167, 177-178, 185, 252

latent 潜在需求 103, 172

potential 潜在需求 103-104 (*see also* Effective Demand)

Deprivation 剥夺 68, 73, 79, 93, 115-116, 171-173, 221-225

relative 相对剥夺 103-104

(*see also* Exploitation)

Design 设计

environmental 环境设计 24-25, 44-47, 83-86

spatial 空间设计 26, 31-32, 44-47

Determinism 决定论

economic 经济决定论 197-203

spatial 空间决定论 44-45

Detroit 底特律 271

Dialectics 辩证法 129-130, 154-158, 287, 290, 302, 307, 311

Diffusion 扩散 40-41

Diminishing Returns 报酬递减 179-181

Disequilibrium 不均衡 48-49, 55-56, 63-64, 136

Distance 距离 28-30, 57, 135, 183, 189

(*see also* Space)

Distribution 分配, 分布 15, 97-99, 110, 114, 118, 177, 191-192, 217, 235-236, 239, 295-296

(*see also* Income, distribution of)

Distributive Justice 分配正义 15, 50-55, 86, 96-118, 146, 309 (*see also* Social Justice)

Division of Labour 分工 97, 199, 201-204, 233, 260-262, 268, 279 (*see also* Labour; Labour Power)

Ecological System 生态系统 290-292
Ecology 生态学
  factorial 因子生态学 131, 160-161, 260
  human 人类生态学 131-132
Economic Basis 经济基础 197-203, 215, 227, 229, 279, 291-292, 299-300, 307
Economic Development (state of) 经济发展（状态）252, 262-263, 302
Economic Growth 经济增长 106, 114-115, 138, 185-187, 201, 215, 235, 248, 250, 257, 266, 306
Economic Integration (mode of) 经济一体化（模式）139, 199, 206-215, 229-237 (*see also* Market Exchange; Reciprocity; Redistributive Integration)
Economies of Scale 规模经济 247, 305
Education 教育 70, 102, 105, 109, 276
Effective Demand 有效需求 15, 172, 228, 270-273, 311-312, 314 (*see also* Demand)
Efficiency 效率 15, 70, 96-98, 118, 190-191, 256, 310
  in location 区位效率 48-49, 88-89
  "x"-efficiency "x"效率 92-93, 97
Egalitarian Societies 平等社会 206-209, 212, 225, 283 (*see also* Reciprocity)
Elites 精英 209, 234, 281
Empiricism 经验主义 129, 144, 297-298
Employment Opportunities 就业机会 32, 54, 57, 60-64, 84, 86, 135-136, 170, 272, 276
England 英格兰 32, 54, 243, 251
Environment 环境
  problems of 环境问题 95, 106-107, 129, 265, 302
  quality of 环境质量 70
  urban 城市环境 70-72, 82-87, 310-312
Epistemology 认识论 287, 296-302
Equality 平等 52, 98, 100, 109, 146
Equilibrium 均衡 25, 48, 55-56, 61-64, 88, 161-162, 167, 177
Ethics 伦理，伦理学 9, 14-16, 50-52, 68, 96, 99-100, 118, 164, 178, 251, 260, 296
Ethnic Groups 族群 81, 91, 131, 279, 281-282, 308, 310
Europe 欧洲 234, 242, 246, 250-261, 277
Exchange 交换 155, 210, 217, 221, 251-253, 295-296 (*see also* Market Exchange; Values, in exchange)
Exploitation 开发 78, 114-115, 170-171, 230, 238, 262-263, 314
Externalities 外部性 57-60, 65-69,

71-72, 76-81, 86, 90-94, 169, 186-190, 308

Factors of Production 生产要素 140, 177, 180-181
Facts and values 事实与价值 14, 17, 120-128, 287, 296
Feudalism 封建主义 202-206, 210, 212, 250-261, 290
Filtering 过滤 172-173, 187
Financial Conglomerates 金融联合体 268-269, 283
Financial Institutions 金融体系，金融机构 see Institutions Financial
Flanders 佛兰德斯 257
Florence 佛罗伦萨 250, 257, 259
France 法国 247, 251, 308

Game Theory 博弈论 59, 74-79
Genoa 热那亚 252
Geographical Imagination 地理学想象力 24-27
Geographical Thought 地理思想 120-124, 128-130, 144-152
Geometry 几何学 28-30, 37, 48
    Eeuclidean 欧氏几何 29-30, 35, 87, 168
    projective 投影几何学 35-36
    topological 拓扑几何学 34-35
Germany 德国 247
Ghetto 贫民窟 35, 62-65, 88, 130-144, 273

Goods 财产，货物
    collective 集体财产 76, 78, 138
    impure public 半公共物品 60, 70, 74, 87-91
    private 私有物品 59-60, 138, 154
    public 公共物品 59-60, 70, 138, 244, 274, 276, 282
    (see also Commodity)
Government Intervention 政府干预 109-110, 215, 269, 274-278, 283, 308
    in housing 对住宅的政府干预 65, 112-113, 141-142, 166
    in income distribution 对收入分配的政府干预 (see Income redistribution)
    in provision of public goods 对公共物品提供的政府干预 (see Investment, public)
    (see also Political Organization; Political Power)
Groups 群体，团体，集团
    decision making in 群体决策 65, 72-79, 83, 91, 242
    large 大群体 75-77
    small 小群体 75-77
Growth Poles 增长极 106, 250

Health Care 医疗保健 85, 102-105, 142-143, 276
    mental 精神保健 85
Hierarchy 层级体系 31-32, 89-90, 206-207, 209, 212, 250, 279-281, 291

of regions 区域层级体系 92-94

of theories 理论层级体系 291, 299-300

urban 城市层级体系 209-210, 232, 262-264

History 历史

materialist interpretation of 唯物史观 197-206, 216, 229, 299, 304-314

Holland 荷兰 247, 252, 258-260

Housing 住宅, 房屋 84, 102, 105, 112, 132-149, 158-160, 162, 272

low-income 低收入住宅 61-64

market 房地产市场 55, 62-63, 73-75, 112, 134-135, 138-144, 165-166, 168-171, 272, 275-276, 281-283

opportunities 住宅机会 60-64, 84-86

public 公共住宅 63, 141, 166

social control over 住宅的社会控制 137-138

vacant 空置住宅 140

Ideal Types 理想型, 理念型 203, 206

Idealism (philosophical) 唯心主义（哲学）121, 129

Ideology 意识形态 16, 18, 195, 197-204, 212, 214-215, 217, 222-230, 234, 248, 250-251, 253, 277, 279, 283, 292, 300, 304-305, 307

and urban form 意识形态与城市形态 27, 31-32, 213, 260-261, 310-311

production of 意识形态生产 147-148, 200-201

religious 宗教意识形态 154, 210, 212, 248, 250-251

Imperialism 帝国主义 228, 238

Income 收入 15, 17, 51-95, 98-99

as command over resources 作为资源控制的收入 68-69, 79-86, 98-99, 294

definition of 收入定义 53-54, 68-69, 98-99, 294-296

distribution of 收入分配 51-118, 146, 171-173, 276-279, 294-296

real 实际收入 53-54, 69, 72-73, 79-86

redistribution of 收入再分配 51-95, 146, 171-173, 276-279, 294-296

Individuation 个性化 38

Inequality 不平等 52-56, 58, 75, 78-79, 92, 94-95, 136, 146

Industrial Reserve Army 产业后备军 272, 276-277

Industrial Revolution 工业革命 243, 281, 305

Industrialism 工业化 213, 231, 260-261, 274, 305-314

Industry 工业 234, 236, 243, 252, 259

Inference 推断 38, 130

statistical 统计推断 41-44

Institutions 体系, 机构 26, 97-98,

109-110, 139-142, 146, 168, 191, 207, 221-223, 227, 242, 244, 251, 254-256, 265, 268, 278, 282-283

financial 金融体系，金融机构 113, 140, 159, 165-166, 174-175, 214, 255-258, 268, 275, 280-281

legal 法律体系 140, 197, 204, 214-215, 278

political 政治体系，政府机构 26, 97-98, 110, 140, 200-205, 210, 214-215, 254-255

(see also Political Organization; Political Power)

religious 宗教体系 32, 204, 222, 234

Interdisciplinary Research 跨学科研究 16, 22, 50, 95, 302

Internal Relations see Relational Modes of Thought 内在联系

Interest on Capital 资本利息 182-183, 191-192, 224, 235 (see also Surplus, value)

Investment 投资 51, 56, 65, 101, 106-8, 110-113, 116-117, 158-159, 164-165, 182-183, 186-189, 235, 242, 256, 259, 268, 270, 310-311

public 公共投资 68-70, 73-74, 87-91, 93-94, 101, 166

return on 投资收益 112, 146, 182-183, 261

Italy 意大利 234, 254-257

Japan 日本 205

Justice see Social Justice 正义

Kinship 亲属关系 199, 281-282

Knowledge 知识

organization of 知识组织 127-128, 147-152

production of 知识生产 121-122, 147-148, 296-302

(see also Science)

Labour 劳动 97, 139, 141-143, 155-156, 177, 180, 199, 224-230, 235-236, 243-245, 252, 262, 293, 297

productive 生产性劳动 264-265

Labour Power 劳动力 155, 199, 224-230, 238-239, 265, 273, 289, 312

Land 土地 14, 55, 243

market 土地市场 65-68, 158-159, 166-167, 173-176, 261

value see Rent 土地价值

Land Use 土地利用 45, 77, 272

theory of 土地利用理论 55-56, 63, 65, 131-144, 157-194, 280, 300

change 土地利用变化 164-166, 172-176, 186-188

Landlords 房东 138, 140, 164, 170, 174, 185, 270

Language 语言 12, 154

social and spatial 社会和空间语言 38-41, 46-48

space-time 时空语言 38-40

substance 实质语言 38-40

Learning 学习 82-87

Leeds 利兹 260

Location 区位

efficiency in 区位效率 47-49, 88-89, 96-97, 118, 136, 260

games 区位博弈 74-77, 81

of facilities 设施区位 57-60, 69-73, 87-91, 158, 166

of industry 工业区位 61-63, 135-136

of retailing 零售业区位 88-89, 158

Location Theory 区位论 25, 48-49, 69-70, 80, 87, 96-97, 117, 146, 148, 169, 176-177, 179-180, 209

(see also Land Use, theory of)

London 伦敦 112, 133-134, 188, 250, 258-260

Los Angeles 洛杉矶 173

Man-Nature Relationship 人地关系 208, 213-214, 287, 293

Manchester 曼彻斯特 132-133, 260, 269

Manipulation 操纵 132-133, 260, 269

Manorial System 庄园制 225, 250-251, 257

Manufacturing 制造业 see Industry

Marginalism 边际主义 127, 134, 146, 153, 155, 161-162

Marginal Productivity of Land 土地边际生产力 177-178, 185, 188-189

Market Exchange (as a mode of economic integration) 市场交换（作为经济一体化模式）139, 206-207, 210-215, 224-225, 227-228, 239-245, 256, 258, 261, 265-284, 301, 307

definition of 市场交换的定义 210-215

(see also Stratified Societies)

Market Failure 市场失灵 88, 109, 244-245

and externalities 市场失灵和外部性 59, 64-68, 70, 88-89

Market Mechanism 市场机制 59, 64-65, 67-68, 113-116, 133-134, 139-144, 199, 214-216, 234, 274-275, 310

Mechanism 机制 12-13, 121-130, 197-203, 214-216, 229

Megalopolis 大都市带 237

Merchants 商人 250-262

Merchant Capitalism 商人资本主义 252-261

Methodology 方法论 9, 37-44, 128-130, 286-302

Metropolitan Government 大都市治理 87, 94, 111

Metropolitanism 大都市化 228, 231-232, 237, 245, 261-263, 308

Mexico 墨西哥 234, 246, 248
Military Power 军事权力 140, 234, 247, 251, 275 (see also Coercion)
Mobility 流动性 56, 72, 91, 135, 143, 181, 230, 275, 282-283
　of capital 资本流动性 112-113, 174-175, 181-182, 191-192, 249-260, 264-276
Models 模型 55, 96-97
Monopoly 垄断 70, 112, 158, 168, 178-179, 181, 194, 205, 242, 257-258, 262, 266-274
　and absolute space 垄断与绝对空间 14, 158, 167-168
　and urbanism 垄断与城市化 247, 266-274
　capitalism 垄断资本主义 112, 192, 266-274
Mortgages 抵押贷款 164-166, 270, 275-276
Multiplier Effects 乘数效应 105-106

Need 需要 100-105, 112, 114-117, 154-156, 176, 190, 199, 217-218, 224, 311-312
　created 创建需要 15, 140, 228, 270-271, 311-312, 314
Neighbourhood 邻里 34-35, 40, 66, 81, 91-93, 111, 209, 281-284 (see also Community)
New York 纽约 269
Non-Decision Making 非决策制订 78-79, 151
Nuremburg 纽伦堡 247, 250

Oligopoly 寡头垄断 70, 266, 269
Ontology 本体论 13, 287-296, 298, 301
Open Space 公共空间 69-72, 84
Owner-Occupiers 自住业主 158, 163

Paradigms 范式 120-125, 145
Pareto Comparability 帕累托可比性 80, 84
Pareto Optimality 帕累托效应 55, 65-68, 73, 80, 88-89, 96, 135, 146, 161, 167, 171-172
Phenomenology 现象学 129
Philosophy 哲学
　moral 道德哲学 9-10, 14-16, 96-118, 126, 298
　of science 科学哲学 9-10, 120-123
　of social science 社会科学哲学 122-128
　of space 空间哲学 13, 28-31
Pittsburgh 匹兹堡 269
Planned Obsolescence 计划报废 271-272
Planning 规划 9, 124, 199
　urban 城市规划 22-27, 44-49, 50-95, 192
Policy Formulation 政策模式 51-95, 123, 154, 190-191
Political Economy 政治经济学 122-

123, 125-127, 153-157

Political Organization 政治组织 109-111, 199, 204, 279, 283, 292

 and externalities 政治组织与外部性 60, 66-68, 73-79, 90-91, 186

 and urban structure 政治组织与城市结构 58, 73-79, 90-94, 306-308

 of space 空间政治组织 58, 60, 66-68, 73-79, 86, 90-94, 110-111, 117, 204, 306-308

Political Power 政治权力 67-68, 73-79, 86, 92-94, 97, 109-111, 117, 172-173, 215, 254-255, 261, 270, 275-279, 304-305

 and surplus extraction 政治权力与剩余提取 221-222, 225-228, 236-237, 247-249, 262-264, 275-279

Pollution 污染 57-60, 65, 71, 83-85, 90, 94, 106, 276

Population 人口 201, 230, 239, 261, 296

 relative surplus 相对过剩人口 272-273

Positivism 实证主义 129, 137, 145

Poverty 贫困 62-64, 135-137, 143-144, 272-273, 308

Practice 实践 12, 127, 146-152, 314

 human 人类实践 10-11, 13-15, 287, 296-297, 300

Preferences 偏好 79-86, 98, 102-103, 157, 162, 176, 272

Prestige 威望 208-209, 259-261, 279

(see also Status)

Prices 价格 81, 88, 179, 187, 191, 210-213, 244-245, 256, 267

 of access to resources 资源获取价格 53-54, 57, 68-69, 71, 86

 of housing 住宅价格 61-63, 65-67, 169-170

 monopoly 垄断价格 179, 181-183

 shadow 影子价格 194

Price-Fixing Markets 价格垄断市场 116, 139-140, 210-215, 237, 241-245, 256-259, 261-266, 274

(see also Market Exchange)

Price System 价格体系 58-60, 65-68, 88-89, 199, 207, 244-245, 256-274

Production 生产 15-16, 58-59, 68-69, 97-98, 108, 115, 126-127, 141-142, 179-182, 217-218, 239, 242, 252-259, 261-274, 291, 295-296, 305

 costs of 生产成本 15, 182, 188, 190-191, 252, 269

 means of 生产要素 114, 147, 156, 209-213, 224-225, 227, 230, 233, 239, 261, 266, 276

 mode of 生产方式 141, 174, 178-194, 196-206, 219, 22, 238, 252-253, 257-261, 289-293, 295, 300

 social relations in 生产中的社会关系 155-157, 192-193, 197-199, 229, 256, 289-292, 295, 300-301,

303-306, 308

Productive Forces 生产力 197-202, 291-292, 299-300, 304-306

Profits 利润 61, 112, 140, 164-165, 170, 183, 211, 224, 235, 255, 259, 272

 excess 超额利润 88, 120-121, 175, 180-182

 rate of 利润率 264, 267-268

 (*see also* Surplus, value)

Proletariat 无产阶级 109, 234, 259, 308

Property 财产，房地产，所有权 199, 201, 210, 261, 266, 312

 communal 公有财产 207-208, 301, 311

 landed 土地所有权 178-179, 182

 private 私有财产 14, 100, 138, 158, 168, 178, 181-182, 185, 192, 202, 260, 308, 312

 values 财产价值 53-54, 61, 64-68, 163, 173-176, 185-188

Proximity 邻近性 56-57, 69-73, 86

Public Action 公共行为 59, 70, 87-90, 166 (*see also* Government Intervention)

Public Finance 公共财政 89-91, 93-94

Race Relationships 种族关系 62-64, 143-144, 263, 279

Rank Societies 等级社会 206, 209-210, 212-213, 225, 243, 254, 259-261, 278-282, 300

 (*see also* Redistribution)

Real Estate Developers 房地产开发商 165-166, 312

Realtors 房地产经纪人 164-170

Reciprocity (as a mode of economic integration) 互惠（作为经济一体化模式）206-215, 225-229, 235-242, 245, 265, 274, 281-284, 295, 301, 304 (*see also* Egalitarian Societies)

Redistribution (as a mode of economic integration) 再分配（作为经济一体化模式）206-215, 224-229, 239-242, 245, 249-251, 255-256, 260-261, 265, 274-281, 283-284, 295, 301, 304, 308 (*see also* Rank Societies)

 of income 收入再分配 51-95, 276-277

 of wealth 财富再分配 276-277

Regional Science 区域科学 1, 25, 238

Regionalization 区域化 39-40, 43, 66-67, 110-111, 117

Relational Modes of Thought 关系思维模式 12-13, 16, 154-157, 198-199, 220-221, 226, 287-296, 301, 307

Rent 租 141, 146, 176-194, 224, 235, 300

 absolute 绝对地租 179, 181-185, 187-191, 193

contractual 合同租 137, 163-164, 170-171

differential 级差地租 179-185, 187-191, 193

location 区位租 142, 179-181, 183, 188

monopoly 垄断地租 179, 181-185, 187-191

quasi 准租金 181

(see also Surplus, value)

Renters 租客 137-138, 158, 163-164, 170-171

Resources 资源 232, 249, 258, 275

as technical and cultural appraisals 作为技术和文化评估的资源 69, 81-86, 114, 139, 214

command over 控制资源 17, 53-55, 68-73, 81-86, 209, 211-212

definition of 资源定义 68-69, 81-86, 114, 139, 211-212, 214

man-made 人造资源 69-69, 169, 309-310

natural 自然资源 68, 201, 214, 309

Roman Empire 罗马帝国 249-250

Russia 俄罗斯（俄国）110, 127, 235-237

St Louis 圣路易斯 83

Scandinavia 斯堪的纳维亚 111, 276-278

Scarcity 稀缺 113-116, 139-140, 185-186, 194, 211-212, 251, 265, 272-273

Science 科学 120-128, 213-214, 291, 297-300, 306-307

sociology of 科学社会学 123-124, 128-129, 298

Services 服务 57-60, 86-91, 94

Slavery 奴役 225, 230, 252

Slums 贫民窟 79, 134-144

Social Consciousness 社会意识 101-105, 197-201, 203, 208, 212-213, 215, 217, 278-279, 295, 297-300

(see also Ideology)

Social Contract 社会契约 97-98, 109

Social Integration 社会一体化（modes of）206-215

(see also Egalitarian; Rank Societies; Stratified Societies)

Social Justice 社会正义 9, 14-17, 50-55, 86, 96-118, 300 (see also Distributive Justice)

Social Pathology 社会病理学，社会病症 71, 107, 142, 172, 265

Social Processes and Spatial Forms 社会进程与空间形式 10-11, 14, 23-27, 36-37, 44-49, 50, 86-87, 94-95, 155, 306-310

Social Welfare Function 社会福利功能 51, 79-81, 154

Socialism 社会主义 108, 110, 115, 137-138, 143, 196-199, 234-237, 277, 306, 313

primitive 原始社会主义 209, 220
Sociological Imagination 社会学想象力 23-27, 36
Space 空间 9-11, 13-14, 17, 23-49, 177-178, 300, 306-311
  absolute 绝对空间 13-14, 158, 167-169, 171-172, 178, 184-185, 193
  created 创造的空间 31-32, 196, 280-281, 309-314
  effective 有效的空间 238, 249, 258, 305, 309-310, 313
  physical 实体空间 28-30, 158, 168
  relational 关系空间 13-14, 168-169, 178, 184-187
  relative 相对空间 13-14, 39, 168-169, 171, 178, 181, 184-185
  social 社会空间 27-36
  symbolic 象征空间 28, 31-32, 36, 213, 280-281
Space-Economy 空间经济 211, 231-239, 243-262, 268, 275, 281, 306-311
  (see also Urbanism, spatial structure of)
Spain 西班牙 247
Spatial Data 空间数据 38-44
Speculation 投机 138, 173-174, 186-187, 259, 264, 272, 282, 312-313
Status 地位, 状态 81, 199, 259, 279-281
Stratified Societies 阶层社会 206, 209-215, 230, 239, 281, 300 (see also Market Exchange; Class)
Structuralism 结构主义 287-310
Subject-Object Relation 主客体关系 213-214, 287, 297-299
Subsistence 存在 216-217
Suburban Growth 郊区增长 61-62, 113, 136, 165, 173, 175, 270-275, 308
Superstructure 上层建筑 197-204, 210-211, 217, 222, 229, 292-293, 290-300, 305-306
Supply 供给 (see Demand, and supply)
Surplus 剩余
  absolute 绝对剩余 216-223
  alienated form of 剩余的异化形式 220-226
  consumers' 消费者剩余 154, 169-171, 173-174, 186, 193
  labour 劳动力剩余 218, 225-227, 230-232, 234-235, 237-240, 250-251
  producers' 生产者剩余 154, 170-171, 174, 193 (see also Rent)
  relative 相对剩余 216-223
  social 社会剩余 114-115, 216-224, 227, 229-231, 239-240, 246-248, 250-251, 257, 262-264, 289, 293
  value 剩余价值 125-126, 141-142, 181, 185, 224-227, 231-240, 243, 245-246, 249, 258-259, 262, 264,

267-273, 276-277, 312-314 (*see also* Interest; Profit; Rent)
Sweden 瑞典 277-278
Symbolism 符号象征, 象征主义 213, 215, 241, 260-261, 280-281, 309-310

Taxation 税收 54, 109, 113, 272
Technology 技术 199, 201, 203, 211, 233, 239, 249, 266, 305
Territorial Justice 领域正义 97, 99-111, 116-118
Territorial Organization 领域组织 66-68, 81-86, 90-94, 110-111, 254
(*see also* Political Organization, of space)
Territoriality 领域意识 24, 28, 35, 83
Theocracy 神权政治 210, 215, 234, 248
Theory 理论 9, 11-13, 17, 120-128, 136-137, 139, 145-146, 150-152, 195-196, 198
 counter-revolutionary 反革命理论 12, 124-128, 145-152, 193-194, 298
 land-use *see* Land Use, theory of revolutionary 土地利用的革命理论 12, 120-128, 130, 136-137, 144-152, 193, 236, 246, 298, 314
 status quo 现状理论 12, 147-152, 193-194, 298
 urban 城市理论 17, 22-27, 44, 284, 286-288, 298, 302-314
(*see also* Location Theory)
Time 时间 38, 43, 178, 184, 186
Totality 整体 200, 288-303, 307
Town-Country Relation 城乡关系 204-205, 232-237, 248, 253, 261-264, 293-294, 296, 304, 308
Trade 贸易 231-234, 238, 241, 243, 250-260, 305
Transformations 转型, 转换 289-302 354
 in thought 思想转型 120-130, 144-152, 197-198, 200-201, 212-214, 291, 296-302
 social 社会转型 201-203, 209, 224, 229, 257-61, 304-314
Transport 交通 51, 60-64, 92, 132-133, 136, 239, 271, 303
 costs 交通成本 25, 47-48, 96, 167, 177, 181, 183, 189, 244

Underdevelopment 不发达 262-264
Unemployment 失业 122, 124, 271, 276, 279
United States 美国 24-26, 78, 87, 93-95, 110-112, 130, 140, 143, 165-166, 170, 173-175, 271-272, 275-278, 282, 308
Urban Modelling 城市建模 47, 168-169, 303
(*see also* Land Use, theory of)
Urban Renewal 城市更新 106, 136, 141, 143, 174-175, 280

Urban System 城市系统
  disequilibrium in 城市系统中的不均衡 48-49, 55-56, 63-64, 136
  dynamics of 城市系统动力 48-49, 55-56, 192-193, 243-245, 307-310
  social structure of 城市系统的社会结构 60-64, 67-68, 72-79, 80-95, 131-134, 142-143, 163-167, 169-171, 196, 204-205, 260-261, 269-270, 272-273, 276-284, 307-309
  spatial structure 城市系统空间结构 of 26-27, 32, 35-36, 44-46, 48-49, 55-57, 60-73, 83-84, 87-95, 112-113, 117, 131-144, 161-162, 165, 172-176, 186-187, 196, 260-261, 270-271, 273, 280-284, 307-310

Urbanism 城市化 9, 16-17, 114, 192, 195-197, 203-204, 216-223, 228-284, 302-314
  genesis of 城市化起源 209, 216-223, 231, 293-294
  mode of production and 203-206 (see also Cities) 生产方式

Urbanization 城市化 52-55, 79, 192, 231-284
  global 全球城市化 228, 231-232, 237, 245, 261-263, 306-308, 313
  of the countryside 乡村城市化 204, 261, 275, 308, 313

Utilitarianism 功利主义 98

Utility 效用 65, 79-81, 90-91, 153-157, 161-163

Values 价值 11-12, 212-213, 261
  in exchange 交换价值 138, 153-194, 211-212, 214, 226, 228, 235, 253, 257, 260-262, 284, 309
  in use 使用价值 138, 144, 153-194, 211, 214, 226, 228, 235, 257, 260-261, 264, 312
  systems of 价值体系 79-86, 90-91, 98-99, 154, 157, 214, 278-281, 293
  theory of 价值理论 154, 157, 184-185

Venice 威尼斯 252
Verification 验证 12, 41-44
Vietnam 越南 24, 264
Voting 投票, 选举 75-78, 80, 90-91

Wage System 工资制度 54, 116, 181, 225, 243-244, 259, 274
Wealth 财富 53, 158-159, 163-164, 173-176, 267
Welfare State 福利国家 54, 178-192, 205, 276-278
Woollen Industry 毛纺织业 259

Zoning 分区制 61, 65-68, 136, 166, 192

译 后 记

翻译书籍是我们站在学海边的沙滩上,为远航做准备。本书中许多重要概念的中文译词值得反复推敲,这些概念是沙滩上的一枚枚贝壳,通过仔细搜寻、对比和把玩,带给我们启发和乐趣。这里我们利用译后记对一些重要术语的翻译做点说明。

(1)模式

Formulation 作为一个多义词我们将其翻译为"模式",代表两种不同的理论研究思维。哈维按照自我思想演进的实践逻辑而非按照先验设定框架的逻辑将书籍划分为两大部分,并分别冠以自由主义的模式(liberal formulations)和社会主义的模式(socialist formulations),对自由主义和社会主义内涵的把握通过具体的研究文本呈现出不同的特征。当然,模式(formulation)作为一种强调思想层面的类别,也能与当代中国语境关联并希望能启发中国学界的探索。此外,mode 和 pattern 也翻译为"模式",mode 译作模式时表示做某事的特定方式;pattern 强调事物在形态上呈现的规律。当然,pattern 也常翻译为"格局",在本书中我们则将 configuration 翻译为"格局",后者强调格局是生成中的外部形式安排。

(2)社会进程与空间形式

社会进程与空间形式(social processes and spatial form)是本

书的核心概念。将 processes 译为"进程",代表特定的历史发展方向,是综合了无数过程的更宏观整体的视野。Form 译为"形式","式"则代表基本范畴,对空间本质的探索力求把握其形式。这样翻译能表达哈维综合空间与社会哲学的理论气魄和追求。

(3) 城市与城市化

本书中 city 和 urban 都译为"城市",前者聚焦相对固定的空间形式和行政实体,后者注重生活方式和生成中的空间,基于"社会进程—空间形式"思想,作者在书名中使用 city。除此之外,还需要注意城镇(town)、大都市(metropolis)、大都市带(megalopolis)在内涵上的区别。哈维在描述城市系统的地理分异时使用了中心城市区(central city area)。在中心城市区中存在核心和边缘的区位差异,其中核心称为市中心[urban centres(英式)、downtown(美式)],市中心又包含内城区(inner city)、中央商务区等不同社会经济属性的区域。其中内城区指大城市中的一片低收入地区,是"贫民窟"的委婉说法。Urbanism 和 urbanization 都译作"城市化",urbanism 涵盖物质、经济、社会等维度的综合性城市化,urbanization 聚焦物质维度的城市化。哈维在书中更多使用前一种表达。

(4) 关于社会正义

哈维在书中对正义一词的使用不多且相对集中在第三章,但社会正义思想遍及全书,通过一些严格的概念区分呈现。例如,需要(need)和需求(demand),需要(need)指向促进人的发展的各种使用价值,需求(demand)指向基于市场逻辑的商品的量。同样，分配（distribution）与配置（allocation）也是哈维严格区分的概念，分配是以公平为原则对物品进行的社会性使用，配置则是以效率为原则对市场中的资源进行的生产性使用。这些概念组的区别都基于哈维所强调的社会正义的伦理。除此之外，也应注意平等（equality）、均衡（equilibrium）、平衡（balance）和正义的联系与区别。

（5）关于地理概念

一般认为地理学中的专业名词具有相对固定的译法，它们构成地理叙事的基石，译者在翻译时已遵循学科规范进行了翻译，但诸如区域（region）、区位（location）、领域（territory）、地方（place）、尺度（scale）、邻里（neighborhood）、社区（community）概念可能对读者而言意味着不同的东西，我们希望读者不必拘泥于概念的桎梏，能透过这些概念大胆发挥地理学想象力，聚焦现实的问题来理解作者希望借由地理概念想要表达的具体涵义。因而在阅读译著时，要思考的问题不是"什么是地理概念"，而是"不同的人类实践如何创造和利用独特的地理概念"。

（6）共同利益

哈维在书中使用过共同利益（common good）、公共利益（public interest）的概念。公共利益与共同利益的本质区别在于社会性与公有性，尽管共同利益具有公共利益的某些属性，但共同利益不一定是公共利益。共同利益既可能具有私人性质，也可能具有公共性质，这取决于作为共同利益基础的利益关系的本质属性。相关联的是物品（goods）一词。Goods 有"产品、物品"

涵义，一般指社会主体通过适度竞争生产或提供的为特定社会成员所消费的物或服务。产品适用于市场条件下生产的有形物品、无形服务、组织、观念或它们的组合，物品则涵盖更广泛的生产条件和社会背景。

(7) 租金/地租

租金（rent）理论是政治经济学的重要组成部分。哈维在本书中聚焦的是城市住房问题，借用了马克思的地租理论，特别提出要注意区分阶级垄断地租（class monopoly rent）和个体垄断地租（individual monopoly rent）。一些地方明确提出地租（ground rent/land rent），大多数地方则是 rent，根据哈维的理论主旨，大部分 rent 译为"地租"，少部分根据具体语境译为"租金"。

(8) 一体化

一体化（integration）是哈维在第六章重点讨论的概念。哈维在本书中借用了卡尔·波兰尼提出的经济一体化的三种模式：互惠（reciprocity）、再分配（redistribution）、市场交换（market exchange）。Integration 可以翻译为"融合""一体化""整合"，在理论研究中使用"一体化"和"融合"较多。"一体化"基于对现象的刻画，融合则具有伦理规范的内涵，三种经济模式不一定产生融合的效果，但都将主体、要素纳入一个整体。翻译为"一体化"能涵盖不同社会形态和历史阶段经济发展的基本特征。

(9) 转型

转型是事物在结构形态、运行模式和社会观念等方面发生根本转变的过程。哈维在书中使用的 transition 和 transformation 都可以译为"转型",前者强调过渡之中,侧重无形的变化;后者强调转型的彻底结果,侧重有形的变化,可以比较广泛的用来表示各种变革。哈维使用后者较多。

(10) 流通

在《资本论》中,流通(circulation)和循环(circuit)是相互联系但有区别的概念,流通中存在多种循环模式,应对二者进行区分。哈维在本书中研究的是剩余价值的地理流通(geographic circulation),侧重剩余价值流通在地区和地理空间上的表现形式。此外,在地理学中还有经典的地理循环(geographical cycle)理论,侧重与地理相关的地学对象的周期运动规律。

最后,需要说明的是,叶超、张林、张顺生翻译了初稿,叶超和罗燊进行了校对,对此十分感谢。同时,真诚感谢为本书出版付出辛勤劳动的商务印书馆李平老师、李娟老师、孟锴老师。

译者
2022 年 6 月 6 日

图书在版编目（CIP）数据

社会正义与城市 /（英）戴维·哈维著；叶超，张林，张顺生译. --北京：商务印书馆，2025. --（汉译世界学术名著丛书）. --ISBN 978-7-100-25448-9

Ⅰ. B82

中国国家版本馆CIP数据核字第2025NH9780号

权利保留，侵权必究。

汉译世界学术名著丛书
社会正义与城市
〔英〕戴维·哈维 著
叶超 张林 张顺生 译
叶超 罗燊 校

商 务 印 书 馆 出 版
（北京王府井大街36号 邮政编码100710）
商 务 印 书 馆 发 行
北京市白帆印务有限公司印刷
ISBN 978-7-100-25448-9

2025年8月第1版　　开本 850×1168　1/32
2025年8月北京第1次印刷　印张 13¼
定价：68.00元